아름다운
세상을
찾아서

정하성 시사칼럼집 6

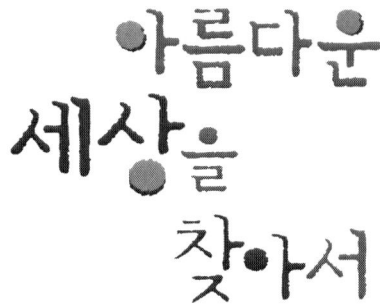

아름다운
세상을
찾아서

정하성 지음

KSI 한국학술정보㈜

프롤로그 *prologue*

흐드러지게 핀 벚꽃이 잿빛 포도 위에 떨어져 주변을 하얗게 만든다. 벚꽃터널을 지나갈 때의 기분은 마치 선녀가 하늘을 날아오르는 것을 연상하게 한다. 순수하고 깨끗함이 인간의 욕심과 분노를 씻어 주고 행복의 미소를 열어 준다. 해마다 맞이하는 봄이지만 금년 봄은 잦은 비와 늦추위를 이기고 찾아온 시간에 핀 꽃이기에 더욱 사랑스럽다.

봄꽃처럼 아름다운 세상이 되었으면 하는 바람을 항상 가져 본다. 봄꽃은 폭염과 폭우를 감내하며 열매를 키워 간다. 찬바람이 불어오는 가을날이면 튼실한 열매를 맺는다. 추운 겨울이 오면 또다시 새봄을 기다린다.

수억겁의 세월을 변함없이 이처럼 윤회하는 자연의 이치가 참 재미 있다는 생각이 든다. 사람들은 권력과 금력 그리고 명예를 위해서 물불을 가리지 않고 고달프게 살아가는데 여유 있고 경쟁 없는 대자연의 이치를 생각함은 다 부질없을지도 모른다.

그러나 역사와 후손들을 위해서 기여하는 일에는 최선을 다하여야 함을 알고 있기에 틈틈이 시간을 내어 칼럼을 썼다. 급변하는 세상살이를 때로는 날카롭게 지적하고 칭찬도 하였다. 눈물을 흘리며 감동을 주는 일에는 격려와 희망을 기원했다.

아주 사소하고 하찮은 일에도 관심을 갖고 자세하고 크게 보면서 문제를 찾기도 하였다. 사람이 세상을 살아가며 너무나도 다양한 사건들이 생겨나는데 이를 현명하게 극복해 가야 한다. 이에 미력과 지혜를 보태고자 노력했다.

여기 칼럼은 그동안 신문에 주기적으로 발표한 기명칼럼을 모은 것이다. 이를 사회, 문화, 경제, 아동 · 청소년, 정치, 환경 6개 분야로 구분하여 편집하였다. 우리 사회에서 있어서는 안 될 일에는 원인을 규명하며 대안을 제시하였다. 감동을 주는 아름답고 선한 일에는 격려와 칭찬을 아끼지 않았다.

발전하는 문화를 위해서 우리가 해야 할 과제를 찾아내며 육성방안을 찾기도 했다. 자본주의 사회의 구조적 모순을 안타까워하며 휴먼 이코노믹 문제를 접근하기도 하였다. 모두가 잘살 수는 없지만 행복할 수 있는 물질의 현명한 소유와 이용에 대하여 고뇌하였다.

아동과 청소년이 내일의 희망과 소망을 이뤄서 진정으로 행복할 수 있도록 사회의 기능과 역할을 강조하였다. 아직도 후진 속에서 국민에게 실망과 외면을 주는 저질 정치에 대하여 단호하게 비평하면서 선진정치 구현을 위한 노력을 담았다. 날로 악화되는 환경을 살리고 쾌적하고 아름다운 환경 속에 살 수 있는 대안을 찾기에 정성을 기울였다.

세상을 긍정적으로 보아야 문제를 찾고 현명한 대안을 찾을 수 있다. 이를 실현하고 개선할 수 있는 기회와 여건이 있음에도 불구하고 외면하는 사회를 올바로 잡아갈 수 있도록 여론을 만들어 가기에 부지런했다. 물론 때로는 부족하고 고통이 따르지만 노력하면 이뤄질 수 있다는 확신을 갖고 자신의 힘으로 해결할 수 있는 길을 찾아보았다.

모든 사람들이 신나고 재미나는 세상을 행복하게 살아가길 진정으로 바라면서 칼럼을 지속적으로 쓸 것이다. 함께 만족과 이상을 추구하면서 웃으며 살아가는 세상은 반드시 올 수 있다. 독자 여러분들에게 세상을 보고 사물을 판단하는 데 도움이 되는 글이 되었으면 하는 소망이다.

2010년 5월
한밭들 괴정학당에서
정하성 씀

 ··· Contents

문 화

경 제

환 경

사회

scene 1 :

아름다운 조화사회를

　자연은 공간에서 나타나는 사물의 현상으로 조화를 이뤄 음양의 원리를 이루고 있다. 자연의 일부분인 인간도 조화를 이루는 삶을 살아가야 한다. 그러나 빈·부의 차이로 부조화를 이루어 갈등과 반목을 키워 가고 있는 현실이다. 이것을 인간의 가치와 의식구조의 변화를 통하여 제도와 방법을 개선하여야 한다. 함께 살아가는 삶의 지혜를 실천해 갈 때에 평화롭고 행복한 사회를 건설할 수 있다.

　우리가 신봉하고 있는 자유민주주의 실현은 사회구성원이 상호 간에 배려와 협력을 통한 노력으로 사회를 조화롭게 이끌어 가는 데 있다. 상호 간의 협력은 빈부, 가치, 희소자원 등의 공유와 활용의 만족도를 충족시키기 위한 첫 번째 요소다. 이를 위해 영향력을 미치는 지도자의 도덕성과 전문성이 절실하다. 이것이 부족한 지도자가 집단이나 사회를 이끌어 갈 때에 구성원들로부터 냉소적 의심과 권위의 부정으로 기능과 역할을 못 하게 된다. 빈부의 격차는 사회의 양극화를 초래하여 불만과 원망의 사회를 만들어 간다.

많이 가진 자가 더 가지려고 힘을 행사하고 없는 자는 뺏기지 않으려고 수단방법 안 가리는 사회에서는 조화와 상생의 기대를 할 수 없다. 가진 자가 자발적으로 나누려 하고 못 가진 자가 안분자족(安分自足) 하려는 마음을 가질 때에 사회는 행복해질 수 있다.

샌드위치를 먹으며 망원경으로 팔레스타인 가자지구의 건물이 파괴되고 어린이와 부녀자가 죽어 가는 모습을 바라보며 환호성을 지르는 이스라엘 사람을 보면서 환멸과 분노가 치솟는다. 생명은 존귀하며 인권은 모든 사람이 누려야 할 천부적인 권리로서 이것을 부정하거나 파괴하는 사람은 인류의 공적이기 때문이다. 게임하듯 사람의 죽음을 하찮게 생각하는 국민과 국가는 인류공공의 적임을 명심해야 한다.

"특권을 누리는 우리와 고통을 받는 그들은 똑같은 지구상에 존재하며 우리의 특권이 그들의 고통과 연결되어 있을지도 모른다는 사실에 숙고해야 한다."는 수전 손택의 말을 상기할 때다. 팔레스타인 국민의 고통이 이스라엘 국민의 고통이라고 생각할 수 있는 인간애의 공동체는 불가능한가. 공동체를 먼저 생각하는 국민이 되어 서로 양보하고 봉사하는 마음을 가져야 인류의 평화와 행복을 기대할 수 있다.

조화의 사회는 브루스 라슨의 '바람과 불꽃'이라는 책에서 격려의 위력보다 더 힘이 있음을 강조하고 싶다. 이익은 공동체의 이익을 생각하면서 이것과 조화를 이루는가를 생각하며 반드시 일치하도록 노력해야 한다. 올바른 직업윤리도 공동체의식에서 나옴을 알아야 한다. 공동체구성원은 각자의 역할과 일에 대하여 자긍심을 갖고 정직하게 수행해야 한다. 전체를 위해서 자신이 하고 있는 일이 얼마나 중요하고 가치 있는가에 대한 높은 자긍심을 갖는 일이 시급하다.

자긍심은 자기만족과 행복의 터전이 되고 타인을 존중할 수 있는 기본이 되기 때문이다. 아름다움은 인간이 함께 어울려서 기쁨을 만들어 내는 조화로움에서 온다는 사실을 한시도 잊어서는 안 된다. 경제가 어렵고 참기 힘들어도 시련을 극복하여 아름답고 조화로운 삶을 생각하면서 자긍심과 소명감을 가지고 살아가야 한다. 중국의 후진타오 주석의 정치이념인 '과학적 발전과 조화사회'의 건설은 좌우도 아닌 중도의 시장 경제와 공산주의를 함께 버무리는 이론과 경험의 조화라고 말할 수 있다. 진보적 가치인 공동체나, 보수적 가치인 자유민주주의가 함께 협력과 지혜를 통한 조화로운 방법을 찾아야 할 때다.

중국의 후진타오 주석은 연설에서 도시와 농촌, 지역별 격차를 해소하기 위해 조화로운 발전촉진을 강조했다. 지역 간, 학력 간 격차를 극복하여 조화로운 사회를 만들어 가는 일에 국정의 방향을 두고 있다. 빈부와 지역의 격차를 더 이상 방치할 경우 국가보위에 위협을 느낄지 모른다는 생각에서 나온 것 같다. 성장과 균형이란 상반된 현실을 극복할 수 있는 슬기로운 정책구현이 관건이다.

상호 간의 공생윤리를 실현해 가려고 노력할 때만이 기대할 수 있다. 다원주의가 만든 슈퍼파워의 인도는 종교와 세속, 재벌과 거지, 첨단과 학기술과 원시가 공존하는 사회이지만 불안과 갈등폭발의 가능성 내재가 당면문제이다. 개발과 보전, 공익과 사익, 수도권과 지방도 갈등과 반목을 뛰어넘어 기능과 역할배분으로 상생의 방법을 모색해야 한다.

'좋은 것을 더욱 좋게'(To make the best better) 하려는 사회적 노력을 종합적이고 통합적으로 기울여야 한다. 우리 기업도 양성평등의 아름다운 조화를 통해서 능률을 향상시켜서 발전을 모색해야 한다. 사회도 계층 간의 협력과 나눔의 윤리실천을 통해서 극복해 가야 한다. 모든 사람이 보기 좋고 행복한 아름다운 사회는 균형과 조화를 이룰 때에 가능하다. 실현하기 불가능할 정도로 어려운 현실을 어떻게 극복해 가느냐에 대한 전 인류의 고민과 노력이 있어야 한다.

도덕의 재건을 통해서 수탈과 종속의 역사를 종식하고 수평적 존중과 협력의 역사를 만들어 가야 한다. 아름답고 조화로운 사회는 인간이 추구해야 할 목표이기도 하다. 이의 실현을 위해서 정책적, 사회적, 세계적 노력을 기울여 가야 한다. 선진국과 후진국의 조화로운 발전을 위해서 세계가 협력하고 노력해야 한다. 조화를 상실한 사회는 불균형과 사악한 투쟁과 파멸만 있을 뿐이다.

도덕과 신의와 협력을 기대하기 어렵기 때문이다. 모든 사람이 존중받고 행복하며 희망을 노래하는 아름답고 조화로운 사회는 신이 바라는 사회이고 우리가 소망하는 꿈일지 모른다. 이것은 아무리 험난하고 어려워도 극복하며 추구해 가야 할 인류의 소명이며 길임을 강조한다. 진실로 노력할 때에 이 꿈은 조금씩 다가올 수 있는 사회임을 확신할 수 있다.(2009. 1. 21.)

scene 2 :

섬마을의 아름다운 전별금

　바쁘고 고달픈 현대인을 더욱 지치고 짜증나게 하는 끔찍한 사건이 종종 발생한다. 우리를 경악시키는 반인륜적 살인사건의 발생은 사회를 비극으로 몰고 가고 있다. 뿐만 아니라 노인을 상대로 엉터리 건강보조식품을 판매하는 사기꾼이 판치는 세상이다.

　만물이 기지개를 켜는 새봄의 소식과 함께 남녘의 섬 완도군 약산면에서 아름다운 사연이 우리를 기쁘게 해 준다. 약산면사무소에 근무하는 공무원이 임지를 떠나면서 행한 따뜻한 미담이 잔잔한 감동을 준 사연이다. 전남 완도군 약산면 낙도에서 근무하던 한 공무원이 인사발령이 나서 섬을 떠나게 되었다. 면사무소에 근무하면서 매월 1만 원씩 월급에서 적립하여 돈을 모았다가 전근 갈 때에 전별금으로 주었다. 몇 년을 정성껏 모은 이 돈의 합계가 121만 원이다. 군청으로 발령을 받은 전출자는 이 돈을 어려운 이웃을 위해서 써 달라며 약산면 상조회에 기부하였다. 하위직 말단 공무원이 주민을 섬기는 마음씨가 아름답다. 주민을 섬기는 공복(公僕)의 자세가 칭찬받아 마땅하다.

재벌가나 거금을 상속받은 사람의 수백억 원의 기부보다 우리를 감동시키는 것은 넉넉하지 않은 공직자가 수년간 매월 1만 원씩 모은 의미 있는 돈을 가치 있게 사용했기 때문이다. 재화는 크기와 양보다 그 속에 담긴 마음과 진실이 사람을 감동시킨다. 어려운 사람이 어려운 사람의 사정을 안다는 것과는 차원이 다른 이야기이다. 아무리 하위직 말단 공무원이지만 매달 1만 원씩 남을 위해 기부할 수 있는 마음을 가졌다는 사실이 아름답다. 수년간 꾸준하게 모은 정성스런 돈을 어려운 이웃을 위해 기부하는 마음은 항상 변치 않는 사랑이 묻어 있다.

개인이나 집단 그리고 자치단체나 국가의 행정도 가난하고 고통받는 사람을 위해서 혜택을 줄 수 있는 정책을 펴야 한다. 요즈음처럼 경제여건이 어려울 때일수록 베풀고 나누는 시책이 절실하다.

수원시는 조례에도 명시되어 있는 결식아동배려를 위한 무상급식지원 사업을 수년간 외면하고 있어 시민의 빈축을 사고 있다. 조례가 제정되어 결식아동을 합법적으로 지원할 수 있게 되었음에도 불구하고 3년째 예산을 지원하지 않고 있는 시민외면행정은 지탄받아 마땅하다. 복지행정의 사각지대 노출은 단체장의 철학과 행정능력을 의심하게 한다. 돈이 없어서 밥을 굶는 청소년들에게 무엇보다도 우선적으로 지원해야 함은 물론이며 수원시의 조속한 시행을 촉구한다.

미국국민의 기부문화의 생활화는 기부를 통한 절세 때문이다. 최근 부시 미 대통령이 감세정책을 내놓자 빌게이츠와 버핏 같은 거부가 반대하고 나섰다. 이유는 이로 인한 기부문화의 붕괴를 우려해서다. 우리나라도 비영리민간단체 지원법에 의해서 등록된 단체에 기부를 하면

세법상 공제를 받게 되어 조금씩 기부문화가 커 가고 있다. 그러나 기부문화의 확산과 생활화를 위한 제도정비와 사회적 분위기 조성이 절실하다.

최근 뉴욕시 공공도서관 확장공사에 블랙스톤의 스티븐 슈워츠 회장이 거금 1억 달러를 기부하여 찬사를 받고 있다. 분당의 우산할아버지로 유명한 78세의 김성남 할아버지는 버려진 우산 2,500개를 수리하여 모 부자가정에 기증했다. 남을 도와주는 일은 재화의 과다를 막론하고 어떤 자세를 갖느냐에 달려 있다. 항상 나누고 함께하려는 마음이 있으면 언제든지 기부할 수 있다.

이명박 대통령은 부처의 업무보고를 받는 자리에서 공직자의 서번트(servant) 정신을 강조했다. 서번트 정신은 머슴이 주인을 섬기고 헌신 봉사하듯이 공직자에게 국민을 위해서 질 좋은 서비스를 제공하며 섬기는 겸손한 자세를 주문한 것이다. 공복(公僕)의 윤리를 강조한 것이다. 시의적절한 당부다.

서비스는 끝이 없으며 지속적이고 헌신적인 노력을 요구하고 있다. 관료주의의 무소불위한 권력을 국민을 위해 흔들어댄다면 세상은 살아가기 힘든 지옥과 같을 것이다. 날로 높아지는 국민의 욕구를 충족시켜 주기 위해서 공직자는 불철주야 봉사정신으로 헌신하여야 한다. 공인의 섬기는 마음은 국민으로부터 찬사와 지지를 받으며 참된 지도자로 추대될 수 있다. 일반서민들이 벌이는 아름다운 기부와 봉사정신이 우리에게 잔잔한 감동을 주는 이유는 진실하게 남을 섬기는 자세 때문이다.

자신이 가진 것은 정직과 건강한 몸뿐인 아주 가난한 여자미용사가 수십 년간을 이어온 자원봉사활동은 사회의 귀감이 되고 있다. 한 달에 두 번 쉬는 날을 이용해서 거동이 불편한 노인들에게 무료로 이발을 해 주고 봄, 가을에는 논과 밭을 헤매면서 버려진 배추, 무를 주워서 양념 없이 소금으로만 담근 백김치를 담아 전해 주는 따뜻한 사람을 보았다.

이들의 나눔의 정신이 심금을 울리며 우리에게 희망의 불씨를 활활 타오르게 하고 있어 다행스럽다. 나누는 소시민들의 아름다운 사연이 새봄에 힘차게 퍼져 나가길 바란다. 희생을 감수하면서 조건 없이 생활화된 봉사활동을 하는 사람이 늘어날수록 우리 사회는 밝아지리라.

수백억 원, 수천억 원을 횡령하거나 뇌물로 수수하고 시치미를 떼며 거짓말을 하는 정치인과 기업인은 아름다운 섬마을 공무원의 마음씨를 한 번쯤 되뇌어 보길 바란다.

봄기운과 함께 찾아온 섬마을 공무원의 아름다운 이야기가 어려운 서민들에 위로가 되고 다른 공직자에게 사표가 됐으면 한다. 우리 사회는 이처럼 아름답고 마음씨 고운 사람들이 있어 행복해질 수 있음을 다시 한 번 고맙게 생각한다.(2008. 3. 14.)

scene 3 :

노인의 눈물 외면 말아야

인간은 노년의 삶이 유복해야 인생을 잘살았다고 한다. 젊은 시절은 고생을 해도 늙어서 편안할 수 있다는 희망이 그들을 위로했다. 희망마저 꺼져 가는 현실이 안타깝다. 오늘의 노인세대는 자신의 희생으로 가족을 부양하고 사회와 국가를 위해서 오직 일만 한 사람들이다. 자신의 노후를 위해서 저축하거나 준비할 여유가 없었다. 이들은 지는 석양의 노을처럼 측은하고 외로운 눈물로 죽음을 기다리고 있다.

노인자살률이 급증하고 있는 현실이 말해 준다. 무엇이 이들을 죽음으로 이르게 만들고 있나 심각하게 생각하고 대안을 찾아야 한다. 여생을 지탱할 수 없어 극단의 선택을 하는 노인에게 정신과 영혼이 메마르지 않도록 사회적 보호를 해 주어야 한다. 희미해져 가는 효(孝)라는 유교가치에 노인부양을 기대하기란 현실적으로 어려움과 문제가 많다. 이제 노인문제는 개인이나 가정의 책임에서 탈피하여 사회와 국가가 나서서 해결해야 할 문제다. 물론 전통적 가족관을 복원하여 가정에서 봉양하는 일이 필요 없다는 것이 아니다.

부분적으로는 이 같은 노력이 필요하지만 총체적으로는 국가의 준비와 책임이 중요함을 강조하는 말이다. 1인당 국민총소득 2만 달러를 넘은 우리의 현실을 직시할 때에 사회나 국가의 책임영역은 한계가 있어 아직은 가족의 노력이 필요다. 그러나 한자녀가정과 자녀들의 직장과 사회활동으로 부모 봉양이 현실적으로 어렵다.

노부모에 대한 사회와 국가의 보호시스템을 만들어야 한다. 가정에서의 노부모 봉양의 한계와 문제를 심각하게 생각해서 다양한 방안을 찾는 일이 시급하다. 노인의 가정에서 기능상실보다 역할에 대한 기회소멸과 외면이 더 큰 문제다. 보건복지가족부에 따르면 노인자살률이 인구 10만 명당 393.4명으로 최근 10년 사이에 60세 이상 노인들의 자살률은 평균 3배나 급증했다. 세계에서 노인자살률이 한국이 유독 높은 이유는 존재가치의 상실, 가족의 외면, 역할과 기능상실에 따른 절망감 때문이다. 오늘도 자살을 생각하면서 눈물로 세월을 보내는 많은 노인들에게 눈물을 닦아 주고 웃음을 줄 수 있는 사회서비스가 절실하다.

노인을 위한 사회복지시설이 열악하고 급격한 고령화와 핵가족화로 인한 정서적 유대감의 결핍은 노인을 더욱 고독하고 외롭게 만든다. 독거노인의 18.5%가, 가족부양노인의 10%가 자살충동을 느끼고 있다. 자살충동 대신 가슴 설레는 기다림과 환희를 맛볼 수 있는 기대와 일거리는 물론이고 새로운 사회관계를 만들어 주어야 한다. 하나밖에 없는 생명을 끊으려는 마음이 생기게 되는 현실원인을 진단하여 대책을 찾아야 한다. 우리나라는 2000년에 고령화 사회에 진입했고 2018

년이면 고령사회가 도래한다.

빠르게 노인이 된 이들은 노년의 삶에 대한 준비와 대책을 세울 여유가 없었다. 시대적 특성 때문에 어쩔 수 없이 노년준비를 못한 이들에 대한 보살핌과 배려가 이뤄져야 한다. 의료기술발달과 건강에 대한 관심고조로 평균수명이 연장되고 있으나 복지욕구충족은 기대에 미치지 못해 삶의 갈등만 증폭시키고 있다.

기초노령연금과 노인 장기요양 보험은 그나마 다행이나 이를 더 발전시켜서 마음 놓고 노후를 살 수 있는 장기적인 대책을 세워야 한다. 사회안전망을 구축하여 위급 시 민첩한 대처와 원만한 사회관계를 확대해 가는 일이 절실하다. 가족, 사회, 국가가 함께 보호하는 공동대책과 참여문제를 해결하기 위해 중지를 모아야 한다. 아울러 정책적 배려와 연구도 절실하다. 1사1촌 자매결연을 맺듯이 1사원 1노인 자매결연 맺기 운동을 전개할 필요가 있다. 노인의 사회적 문제를 공동으로 대처하고 해결해 갈 수 있는 방법이 될 수 있기 때문이다. 노년의 삶이 의미가 있고 즐겁고 행복할 수 있도록 사회공동체가 참여하고 돌보는 노력을 기울여야 한다.

청년, 청소년, 노인이 함께 즐길 수 있는 스포츠, 놀이, 게임 등을 개발해 가야 한다. 노인구호와 서비스 업무를 전담하는 기구설립이 필요하다. 노인구매력이 증가되어 2008년을 고령화 친화산업원년으로 정했는데 수입이 없어 구매능력이 없는 다대수의 노인에 대한 대책이 문제다. 노인취업을 위한 광주, 전남에 있는 6곳의 사회적 기업 같은 회사를 전국적으로 확대하여 운영할 필요가 있다.

베이비 붐 세대가 2012년부터 은퇴가 시작되는데 이들에 대한 대책이 없는 현실을 어떻게 풀어 갈지 걱정이다. 노인건강을 위한 프로그램 개발을 서두르고 재가 및 지역사회 보호사업의 확대와 가정봉사원 파견센터에 간호사 배치 제도를 만들어 가야 한다.

호주의 호스텔 같은 시설을 확대하고 가정간호 서비스도 가족과 공동으로 방안을 찾아야 한다. 노인여가를 스트레칭, 아쿠아로빅 운동, 게이트볼, 음악, 영화 감상에 보낼 수 있는 체계적인 서비스제공이 절실하다. 노인의 사회가치 창조와 역할 및 기능 발현의 제고가 요구된다. 분쟁과 갈등 조정자와 상담자로서 역할을 하거나 가정과 지역사회의 어른으로 기능을 하여야 한다.

예절교육, 한자교육, 미풍양식의 전수, 동화구연, 교통지도, 청소 등의 일거리를 찾을 수 있다. 노인이 빈곤에서 탈피하고 건강한 노년기로 행복한 세상 만들기에 앞장서야 한다. 소득보장, 의료보장, 주택보장 등 복지제도를 확대하고 노인 학대 예방센터, 건강지원센터도 건립하여야 할 문제다. 노령화 사회에서 양극화가 뚜렷한 현실 문제를 해결하여 상대적 박탈감을 해소시켜 주는 문제도 시급하다. 빈곤을 극복하고 건강을 유지시켜 주는 문제를 이제 가정, 사회, 국가가 혼연일체가 돼서 해결해 가야 한다.

폐지를 하루 종일 주워야 5,000원을 벌 수 있는 빈곤한 노인들에 대한 경제적 지원과 일자리 만들기에 관심을 가져야 한다. 노인의 일하고 싶은 욕구를 충족시켜 주는 사회를 만드는 일이 중요하다. 경제적인 여유가 있는 노인은 실버타운(고급실버타운이 우리나라에 10개 있음. 36평은 보증금 3억 원에 월 240만 원, 60평짜리는 보증금 9억 원에 월 300만 원의 생활비를 내야 한다.)에서 여생을 편안하게 보낼 수 있지만 극소수의 특수 부유층을 빼고 대다수 서민은 그림에 떡이다.

서민노인을 위한 대중적인 실비의 실버타운을 정부나 지자체에서 건립하여 운영하여야 한다. 문제는 엄청난 예산을 어떻게 확보하느냐가 관건이다. 지금부터라도 지자체와 정부는 노인복지기금 조성, 기업과 사회참여를 위해 다각적인 노력과 방안을 강구하는 일이 시급하다.(2008. 5. 25.)

scene 4 :
노출의 계절, 성범죄주의를

전국이 폭염특보가 내려진 가운데 중복을 지나가고 있으나 무더위로 인한 사망자가 속출하고 있다. 금년은 마른장마가 이어지다가 폭우가 내리더니 땡볕 무더위가 기승을 부린다. 여름이야 땀 흘리고 더워야 제맛이 나지만 고통스럽기 짝이 없다. 더위를 피해서 바다와 산과 들로 피서를 떠나는 등 야단법석이다. 짧고 얇은 옷을 입고 부채질을 하며 냉수로 샤워를 해도 더위는 식혀지지 않는다.

금년은 국제유가 급등과 불경기로 냉방온도를 높여 어느 정도 더위를 감수해야 한다는 것이 사회적 분위기다. 있는 사람이야 시원하게 에어컨으로 온도를 조정하고 보양식에 화채를 들며 더위를 식히지만 없는 사람은 어쩔 수 없이 흐르는 땀방울로 더위를 감내해야 한다. 추우나 더우나 없는 사람들의 고통스러움은 어쩔 수 없다. 그래서 사회복지서비스의 확대와 공공재화의 공유를 주장하는가 보다.

모든 사람에게 공통적으로 야기될 수 있는 여름철의 노출로 인한 성 비행 발생에 각별한 주의가 요망된다. 노출은 자기애의 표현으로 볼 수 있으며 자신의 외모에 대한 자기만족이다. 자연스럽게 자신의 몸을 표현하므로 자신감을 가질 수 있으며 자랑할 수 있다고 생각한다. 이것이 타인의 성적 욕구를 자극해서 사회적 문제를 야기한다면 자제하여야 마땅하다. 특히 남성 성은 시각에 의한 성적 자극을 강하게 느끼게 되므로 여성들의 지나친 노출은 삼가는 것이 좋다.

성 비행은 일방적으로 음란한 눈짓, 말, 포옹, 성교 등을 의미하는 것으로 발생요인이나 자극적 요소를 제거시키는 사회적 노력이 절실하다. 성폭력범죄는 신체와 정신 및 언어폭력을 포함하는 포괄적 개념으로 올바르게 인식하여야 한다. 최근 들어 성폭력범죄가 기승을 부리고 있다. 오랜 역사 속에 배어 있는 남성우월주의와 여성비하적인 사고가 아직도 남아 있어 문제다.

특히 여성들은 노출의 계절에는 자신의 몸매관리에 신경을 쓰면서 저칼로리 음식을 섭취하여 날씬한 외모를 유지하려 노력한다. 노출패션 옷은 점점 더 짧아지고 허벅지를 드러내는 미니스커트, 핫팬츠, 배꼽, 어깨 등이 보이는 홈터네크 라인 차림이 대중화되고 있다. 이러한 노출의복은 열정의 여름날에 강렬한 성적 자극을 느끼게 하므로 자제하여야 한다. 성범죄가 노출패션에 영향을 받기 마련이어서 각별한 주의를 기울여야 한다. 여성노출이 성범죄와 상관관계가 있는 필요조건이 될 수 있다.

가정에서도 사춘기 청소년을 둔 부모들은 함부로 옷을 벗거나 과한 노출을 해서는 곤란하다. 젊은 남성들은 성적 자제력이 부족하여 성적 자극을 받아 우발적이고 순간적으로 성범죄를 저지를 위험성이 크다.

노출은 최소한의 성적 자극을 방지할 수 있는 범위 내에서 허용되어 신체적 아름다움의 표현과 자극의 범위가 조화를 이뤄 가야 함을 강조한다. 한때 유행했던 영화의 벗기고 내보이는 문화는 상당한 문제가 야기됐음을 상기할 필요가 있다. 여름철 의복문화를 연구하여 정착시켜 가는 일도 중요하다.

자신의 건강을 위해서 적절한 운동을 하며 well-being열풍으로 균형 있는 식생활은 성적 건강도 함께 증진시켜 성 욕구를 팽창시켜 주게 된다. 여기에다 노출의복이 성적 자극을 한 몫하고 있다. 남녀노소를 불문하고 자신의 이미지를 바꿔서 주목을 끌고 싶어 하는 욕구는 노출패션을 확산시켜 가게 한다. 개인의 자유로운 패션선택과 의상문제를 제재할 수는 없지만 지나친 노출문제는 사회적 함의를 통해 조절해 갈 필요가 있다. 자극적인 노출로 인해서 올바른 성적 결정권이 왜곡당해서는 곤란하기 때문이다.

성은 상호존중과 이해 속에서 사랑을 구현해 가는 진실한 사회관계가 수반되어야 한다. 사랑의 터전에서 성적 선택권과 결정권이 이루어져야 함은 물론이다. 사랑은 참되고 아름다운 남녀관계로 이어져서 새 생명을 창조해 가는 공통의 기쁨임을 명심하여야 한다. 절제된 성윤리를 확립하여 성 욕구를 승화시킬 수 있는 방법을 찾아야 한다. 성욕은 본능적인 것으로 정신적인 자제력으로 극복할 수밖에 없어 교육과 훈련이 필요하다.

사회문화의 특성 속에 성교육과 훈련이 중요함을 다시 한 번 강조한다. 가정, 학교, 지역사회, 국가가 함께 건전한 성 윤리를 위한 사회적 노력을 기울여 가야 할 때다. 성 유해환경 등 성적 자극 요소를 제거하면서 성욕을 자제하여 승화시켜 가는 훈련과 노력이 요구된다. 심야 케이블 TV, 인터넷의 음란 사이트 등을 정화할 수 있는 자정노력을 시민운동차원에서 실시하여야 한다. 성적 자극의 기회박탈과 유해환경의 단절만이 성문제를 해소시킬 수 있다.

우리나라가 세계에서 성범죄 3위라는 불명예를 씻기 위해서도 노출을 극복하려는 노력이 절실하다. 성적 자극을 주는 노출의 계절이 공포와 비극의 시간이 아닌 추억과 아름다움을 창조하는 시간이 되어야 한다. 건전하고 건강하게 여름철의 무더위를 이기며 보내는 일이 중요하다. 야성과 열정이 넘치는 여름을 보람되고 뜻있게 보낼 수 있는 남녀공동의 놀이프로그램 개발 보급도 필요하다.

특히 피서지에서 손쉽게 할 수 있는 프로그램은 새로운 공동체문화를 만들고 이웃을 이해하고 사랑할 수 있는 계기가 될 수 있다. 이제 피서가 단순히 더위를 피해 옷을 벗고 문제를 일으키는 차원에서 탈피하여 수준 높은 문화와 사회관계를 맺어 가는 데 두어야 한다. 일상생활 속에서 남녀가 자연스럽게 교제하고 협력하면서 서로의 특성을 이해해 갈 때에 성범죄를 줄일 수 있다.

여름철 피서에서 성범죄를 줄일 수 있는 다양한 방법을 개발하고 모색하는 일에 관심과 중지를 모아가야 할 때다. 아름답고 성스런 성문제를 피서철에 정착시켜 가려는 노력을 함께하여야 할 때다. 정도를 벗어나지 않는 노출의 멋스러움을 지키고 더위를 피하면서 성범죄를 방지하는 다각적인 주의와 노력이 필요함을 강조한다.(2008. 7. 25.)

가정폭력은 사랑의 복원으로

 지속되는 경제 불황은 서민들의 삶을 갈수록 어렵게 만들고 있다. 일자리를 상실한 가장은 심리적, 경제적, 사회적 삼중고를 겪으며 술에 의존하게 되는 경향이 많다. 취한 술은 감정을 격화시켜 부부싸움과 가정폭력의 원인이 되기도 한다. 날로 가정폭력이 심화되고 있어 더 이상 방치할 수 없는 지경이다.

 부부간의 단순불화로 목숨을 끊는 살인까지 이어지고 있다. 사소한 문제로 시작된 가정폭력이 상습적으로 이어지고 있어 문제다. 가정폭력이 다양화되며 흉폭화되어 가고 있다. 아내가 거짓말을 한다고 남편이 흉기로 위협하고 폭력을 휘두른다. 밥을 해 주지 않는다는 이유로 주먹과 둔기로 무자비하게 폭력을 휘둘렀다. 말 안 듣는다고 야구방망이로 때린다. 남편의 의처증으로 상습적인 폭력에 시달리기도 한다.

 정상적인 사회관계에서는 발생할 수 없는 일들이 우리 주변에 비일

비재하게 일어나고 있다. 폭력은 반사회적 행위로 어떠한 이유에서도 용납할 수 없는 범죄행위다. 가장 사랑하고 존중하여야 될 가정구성원을 힘으로 지배하려 해서는 안 된다. 가정폭력은 이혼 후에도 집요하게 이어져 벗어나기가 힘들다는 것이 큰 문제다. 가정폭력 원인은 배금주의와 극단적 이기주의 등 윤리의식의 부족과 자존심과 자아 존중감의 상실에 의한 인격파괴에서 비롯된다. 또한 상황판단에 대한 능력 부족, 공격성향의 통제능력 약화, 사회적 고립, 사회문화적 구조 등 다양한 요인에 의해서 발생한다.

최근 여성부 조사에 따르면 배우자 폭력이 40.3%, 아동학대가 66.9%이며 폭력의 유형은 정서적인 폭력이 33.1%, 신체적인 폭력이 11.6%, 성적인 학대 10.5%로 나타냈으며 다문화가정의 경우 47.7%가 부부폭력이다. 언어폭력과 정신적인 폭력도 간과할 수 없는 현실이다. 우리나라의 가정폭력은 90% 이상이 남성에 의해 자행되고 있다. 폭력을 행사하는 대상도 배우자, 부모, 자녀 등 다양하다. 자신의 지적 능력 부족과 사회관계의 미숙에서 오는 오해로 폭력을 행사하기도 한다. 어려서부터 가정에서 폭력을 보고 자라난 청소년이 후일 가장이 되었을 경우 폭력을 행사하게 된다. 사회에서의 왕따를 당하거나 실직하여 사회관계가 단절되었을 때에 가정폭력을 행사하게 된다.

백만 명이 넘는 다문화가정에서 많이 발생하는 폭력은 사회문화적 구조에서 비롯되는 것으로 볼 수 있다. 부부간의 성장 과정과 배경이 상반되어 가치관이 다르고 풍습이 다른데 사랑으로 이를 극복하지 못할 경우 폭력을 행사하게 된다. 가정폭력의 사회화를 지적할 수 있다.

어렸을 때부터 가정에서 폭력을 보고 성장한 경우 결혼 후에도 가정폭력을 행사할 가능성이 높다. 가정폭력의 문제는 주기적으로 반복되면서 강도가 강해지는 데 있다. 가해자와 피해자 모두 폭력에 길들여진 사람들이다. 어린 시절부터 폭력이 단절된 평안한 사회에서 생활해 가는 것이 가장 이상적이다.

폭력예방을 위해서는 다양한 의사소통방법을 찾아 관계개선을 하기 위한 많은 노력을 기울여야 한다. 부득이 폭력이 발생할 때에는 경찰서, 보호기관 등 관계기관에 신고하여 도움을 청한 후 후속조치를 취하여야 한다. 건전한 가족관계를 형성하여 신뢰를 쌓고 사랑을 키워 가는 일이 가장 중요하다.

사랑하고 평안한 가족관계를 유지하기 위해서는 가정의 기본적인 기능이 발현되는 것이 우선이다. 가족구성원이 안정되고 편안하며 의식주문제를 해결해 주는 고유 기능이 원만하게 이루어져야 한다. 부부 간의 사랑, 구성원 간의 오락, 휴식기능이 이뤄지는 기초기능도 원만하게 수행되어야 한다.

사회변화에 따라 적응할 수 있는 다양한 능력수행의 터전이 되어야 하며 약화될 수 있는 부분을 보완해 줄 수 있는 파생기능이 이루어져야 한다. 이러한 기능이 여러 요인에 의해서 발현되지 않아 갈등과 반목을 불러일으키게 되어 가정폭력으로 나타나게 된다. 물리적인 강압에 의해서 자행되는 폭력은 어떠한 이유에서도 용인될 수 없는 악행임을 인식하여야 한다. 폭력은 현대사회에서 가족이 수행하는 기본적인 관계와 역할을 파괴하여 불행하게 만들므로 반드시 근절되어야 한다.

가정폭력범죄의 처벌 등에 관한 특례법에 대한 홍보를 강화하여 가정폭력은 반드시 처벌을 받는다는 사실을 인식시켜 주어야 한다. 부부를 중심으로 가족구성원들이 신뢰를 회복하고 사랑을 실천하여 가정폭력을 근절시켜 가는 일이 중요하다. 가정폭력의 근절 없이는 행복하고 건전한 사회를 만들어 갈 수 없다.

　가정폭력은 학교폭력과 사회폭력을 유발시키는 잠재적 폭력이 됨을 인식하여야 한다. 가정구성원 간의 정직과 신뢰로서 사랑을 키워 가는 노력이 절실하다. 사랑만이 폭력을 근절할 수 있으며 행복한 사회를 만들어 갈 수 있기 때문이다.(2008. 8. 18.)

scene 6 :

교장공모제의 기대

누적된 교육계 비리가 밝혀지면서 대책으로 학교장공모제의 필요성
이 확산되고 있다. 사회의 모범이 되고 사표가 되어야 할 교육계가 부
정부패로 얼룩져 기능과 역할을 상실한 채 불신을 가중시키고 있는 현
실이다.

교육자의 도덕성을 회복하여 신뢰를 다시 쌓아 가는 일이 당면한 과
제다. 고질적인 교육 비리는 막강한 인사권을 휘두르는 교육감과 학교
행정을 전횡하는 학교장에서 비롯된다. 교과부가 교육감의 인사권을
분산시키는 교장공모제를 대책으로 내놓았다. 전국 초·중·고교의
절반인 5,500개 학교장과 전국 180개 지역교육청의 교육장도 내부 공
모제를 통해 선발하기로 했다. 교육장과 교장의 공모제로 학연, 지연이
복마전처럼 얽힌 교육계 인사 비리와 부패의 고리를 끊을 수 있을지
의문이지만 일단은 기대해 볼 만하다.

학교장에게 학교교육과 경영에 대해 최대한 자율성을 부여하되 높은 수준의 도덕성과 책무성을 수행할 수 있도록 여건을 조성하는 일이 절실하다. 국정감사에서 나타난 교장 구성비는 전체 교원의 2.3%지만 징계건수는 10.7%, 뇌물·횡령 등 부패 징계는 31건으로 전체 93건 중 3분의 1을 차지한다. 교장의 부패와 부도덕성을 유추해 볼 수 있는 지표다. 교육계의 한심하고 처참한 실상이다.

시민·사회단체들이 공개한 교육 비리를 보면, 기간제 교원들은 교감과 교장에게 몇십만 원씩 바치고, 방과 후 학교교사 관리업체는 학교에 정기적으로 상납을 한다. 학생수련회 장소를 일방적으로 정하여 뇌물을 받는 등 학교장 비리는 저질적이며 다양하다. 선량한 교육자의 사기를 떨어뜨린다는 비판도 있지만 학교 운영에 전권을 휘두르는 교장의 비리와 부패를 더 이상 묵과할 수 없는 현실이다. 공모제 확대가 교장의 권한만 강화시켜 또 다른 비리의 양산으로 이어질 수 있어 이의 제도적 대책 마련이 필요하다.

초빙형 교장의 임기 연장방지, 일반 교사 대상 교장공모제 확대, 독립적인 외부 인사가 참여하는 인사위원회, 학부모가 참여하는 학교운영위원회 활성화, 근무평정제도 개선 등 교육단체들이 내놓고 있는 여러 대안들도 검토해서 교육 비리 근절 대책을 세워야 한다. 각종 인사제도를 개선하고 감사기능을 강화하는 등 종합적인 대책을 철저히 마련하기 바란다.

지난 91년에 지방자치제가 실시되면서 시도교육감에게 모든 권한이 집중돼 교육비리가 자리 잡을 수 있는 구조적인 문제가 많다. 교육비리가 학교장 중심으로 발생하고 있는 만큼 교장 선발 제도를 투명하고 과학적으로 개선해야 한다. 임명제보다는 개방형 공모제 등을 도입해 객관성을 확보하는 일이 시급한 이유다.

교장을 도덕성 높고 사명감 있는 외부 전문가나 일반 교사들 가운데 선발하는 방법도 찾아볼 만하다. 계속되는 교육비리 사건으로 인해 성실한 대부분의 교사들이 피해 보는 일이 있어서는 안 되며 학교교육의 정도가 왜곡되어 장기간 비난받고 불신이 고조돼서도 곤란하다. 교육당국이 앞으로 현재 전체 학교의 5%에서 시범 운영되고 있는 교장공모제를 50%로 확대하겠다는 방침은 환영할 만하나 철저한 검증과 제도보완을 먼저 마련해야 한다.

앞으로는 초·중·고 교장 전원을 공모제로 임용하는 방안을 검토하고 준비할 것을 주문한다. 교장공모제가 교육자치를 한 단계 더 격상시킬 수 있다는 데 이견이 없음을 존중하기 바란다.

현재의 초빙형 공모제는 연임이 끝난 교장들의 정년 연장을 위해 악용될 수 있고, 또 다른 형태의 청탁 등 비리가 개입될 소지가 커서 재고해야 한다. 교장공모제가 도덕성이 높고 우수한 교사를 바로 교장으로 승진할 수 있는 제도를 만들어야 한다. 내부공모제 또는 개방공모제로 바꾸는 방안도 검토하길 바란다.

공모제가 교장이 되기 위한 제도로 정착되면 교장이 아이들 가르치는 것보다는 인기영합에 치우칠 우려에 대한 대책 마련도 필요하다. 정부는 6월 말까지 공청회 등을 거쳐 교장공모제를 확정할 계획이다. 교장과 인사담당 장학관의 재산 등록제를 도입하여 부정부패를 근절하고, 수석교사를 2012년까지 2,000명으로 확대하여 잠재적 교장인력을 육성할 계획이다. 학교회계시스템(에듀파인)을 활용해 학교의 예산 집행 상황을 전 교직원이 실시간으로 조회할 수 있도록 하고, 복식부기에 의한 회계처리, 자산관리시스템과 연계할 방침이다.

제도개선도 중요하지만 근본적 문제는 교장의 양심과 도덕성에 있음을 인식하여 선발과정에 도덕적 요인이 우선적으로 비중 있게 적용해야 한다. 따라서 외부전문가 영입을 대폭 확대하고 교육경력보다 도덕성을 중시하여 선임하여야 한다. 교육 비리의 근본원인이 왜곡된 승진구조와 정부의 경쟁교육 강화에 있어 복합적인 대책 마련이 중요하다.

교장공모제를 통해서 교육계의 비리와 구조적 모순을 개선하고 교육자의 양심과 도덕성 함양을 위한 교육과 훈련이 장기적이고 제도적으로 확립되길 기대해 본다.(2010. 3. 20.)

scene 7 :

성매매 단속의 풍선효과

　인간의 성행위는 인류 역사의 시작과 더불어 종족보존을 위한 본능적 행위에서 비롯됐다. 지금은 성 일탈이 쾌락과 생계를 위해서 성매매로 이루어지고 있어 사회문제가 되고 있다. 기관장의 업무행태에 따라서 성매매에 대한 과소의 단속이 이루어져 왔다. 이번에도 대전시유천동과 서울시동대문 장안동을 중심으로 성매매 집결지 단속이 경찰서장의 강력한 의지에 의해서 이루어지고 있다.

　대전시유천동 집창촌의 경우 7월부터 경찰이 단속을 실시하여 2개월 만에 67개 업소가 모두 문을 닫았다. 이들에 대한 전업과 직업훈련 및 교육 없이 강제적 방법에 의해서 폐업을 했기에 잠재적 요인은 사라지지 않았다. 업주에 대한 재취업교육과 알선을 당국은 외면해서는 안 된다.

　성매매특별법이 시행된 지 4년이 지났지만 효과는 기대 이하다. 강화된 법이 아니라 과거의 윤락행위방지법과 비슷하기 때문이다. 단속과 처벌도 성매매 집결지에 집중되고 있어 주택가, 이발소, 원룸, 상가 등지로 은밀하게 퍼져 나가고 있다. 2005년에는 성매매업소가 5,841곳이던 것이 금년 9월에는 9,451개로 배나 증가하였다. 성매매 종업원 수도 2007년 말 현재 2,500명에 이르고 있다. 경찰은 올 상반기만 2만 명의 성매매사범을 적발했다. 그 결과 성매매 집결지가 41%로 단속 전보다 55%나 감소되었다.

최근 여성부에서 성문화와 성의식을 조사한 결과를 보면 2005년에는 성매매가 사회적 범죄행위라고 의식하고 있는 사람이 53.8%였으나 금년에는 79.6%로 나타났다. 성 매매춘이 범죄행위인 줄 알면서도 근절되지 않는 것은 잘못된 성 가치, 성 의식, 약한 처벌 때문이다. 단속과 도시정비 사업에 힘입어 옛 성매매 집결지역은 재개발되어 윤락가, 홍등가의 낙인은 없어지고 있으나 음성적인 방법으로 확산되어 근절되지 않고 있다. 안마시술소, 오피스텔, 휴게텔, 전화방, 인형방, 스포츠 마사지로 위장하여 은밀하고 지능적으로 성매매 행위를 하고 있다.

경찰기동대의 강수에 업주는 숨바꼭질을 하며 영업을 계속하고 있다. 성매매 업소 인근 주택가 20 - 30미터마다 한 개씩이라는 말이 현실을 웅변해 준다. 과거에는 개인별 성매매 업소가 온라인, 오프라인을 통한 1:1의 매매춘이 이루어졌으나 지금은 기업형으로 변한 것도 문제 해결의 어려움이다.

뿐만 아니라 동남아시아를 비롯한 미국 등지로 성매매법 제정 이후 매춘여성이 대거 유입하였다. 국내의 성구매자는 명목은 골프나 관광 이지만 실제는 성 매매춘을 자행하고 있다. 경찰의 해외성매매방지 단속에는 한계가 있어 효과를 기대하기 어렵다. 성매매는 성범죄를 증가시키며 여성의 인권을 침해하고 가족을 파괴하며 성병 감염을 발생시켜 사회문제를 양산시켜 가고 있다.

성 산업의 역기능을 공론화하고 대안을 모색해 가야 한다. 성매매를 합법화하여 음성화를 막아야 된다는 주장과 각종 사고와 범죄노출로 불법화의 뿌리를 뽑아야 한다는 두 주장이 있으나 재론의 여지없이 매매춘은 근절되어야 함을 강조한다. 성은 새 생명을 창조하는 본질로서 사랑과 존경의 관계 속에서 이루어져야 하기 때문이다.

인천시의 경우 지자체를 비롯한 행정기관, 기업체 등에서 기금을 만들어서 자활센터를 설립하여 매춘여성에게 기술을 익히게 하고 피해여성 1인당 200만 원씩을 지원하고 있다. 자활센터에서는 1,200명의 매춘여성이 컴퓨터, 미용자격증을 획득하여 새로운 길을 걷고 있는 사실에 주목하여야 한다. 성매매는 불법이며 범죄라는 사실의 인식을 확산시키고 성구매자 처벌강화와 행정적, 법적 처분을 병행해야 한다.

건전한 성문화 조성과 성매매 여성인권개선에 노력해야 할 때다. 단속의 풍선효과 역기능도 고려하여 중장기계획을 수립하여 지속적인 노력만이 성매매를 근절할 수 있다. 청소년기부터 성윤리교육을 강화하고 가정과 사회의 건전한 성도덕 기풍조성에 앞장서야 한다. 성매매가 없는 아름다운 성윤리의 구현을 위해서 도덕적, 사회적, 정책적인 노력을 기울일 것을 촉구한다.(2008. 9. 19.)

scene 8 :

윤리경쟁력 제고

경쟁이 치열하며 사회분화가 세분되고 복잡할수록 인간이 도리를 지켜서 올바른 행동을 하여야 한다. 불신과 범죄가 만연하는 것은 윤리의 실종에서 온 결과다. 노 전 정권의 부패스캔들로 세상이 떠들썩하며 국민의 분노가 큰 것은 사회정의와 진실을 유난히 강조하던 노무현에 대한 배신감과 이중인격 때문이다.

4.29보선은 이슈 없이 여야 간 책임공방만 있어 유권자는 정치에 신물이 난 듯 외면하고 있다. 진정한 반성이나 뉘우침은 없고 비방과 변명으로 일관한 결과다. 사회관계적 도리인 최소한의 진실과 신뢰마저 사라진 것 같다. 윤리가 바로 서지 않고서는 사람을 존중하고 사랑하는 마음이 존재할 수 없으며 미래의 희망을 기대하기 어렵다.

특히 정치지도자는 높은 윤리성을 요구하고 있으나 윤리지수는 바닥이다. 성직자와 교육자마저도 서슴지 않고 일탈을 하는 비윤리적 행위가 자행되고 있다. 기업성장에서 윤리가 중요한 요인이 되고 있으나 이들의 윤리의식부재는 사회를 불안하게 만들고 있다. 멜라민, 석면, 탤크 파동 등 연이은 식품과 의약품사고의 근원은 기업윤리부재의 결과이다. 소비자의 불신과 국민의 원망은 결국 기업을 망하게 한다는 사실을 간과해서는 안 된다.

오늘날 경영환경은 급속한 세계화로 인해 세계 모든 기업이 동일한 평가기준을 통해 평가되고 있으며 부패라운드(Corruption Round)의 등장으로 기업윤리가 사회의 중요한 이슈로 등장하고 있다. 기업윤리는 조직구성원에게 행동의 규범을 제시하며 건전한 시민으로서 인간의 윤리적 성취감을 충족시켜 준다. 기업 활동에 대한 윤리적 · 비윤리적, 부도덕적 부패행위 등을 구분시킴으로써 사회의 이득이 되는 행위의 기준을 제시하고 있다. 식, 의약품은 국민의 건강과 생명에 직결된 만큼 기업인들의 높은 윤리를 요구하고 있다.

우리의 기업윤리가 국민의 수준을 못 따라가 불만을 사고 있음을 기업인은 인식하여야 한다. 선진국의 경우 기업에 대한 권고 규정이 있으나 기업 스스로 윤리규정 준수를 엄격하게 준수하고 있다. 그렇지 않으면 살아남지 못하는 사회시스템 때문이다. 윤리는 인간행동에 대한 올바른 판단기준을 제시함으로써 구성원의 심리적 갈등을 완화시켜 준다.

뿐만 아니라 만족감과 성장 · 발전을 저해하는 문제점 등을 해소시켜 주는 기능을 한다. 기업윤리의 글로벌 스탠더드가 마련되고 이를 갖추지 못한 기업은 국제시장 진출이 어려워짐을 명심해야 한다. 윤리는 21세기에 교육, 사회, 종교, 기업이 반드시 갖추어야 하는 경쟁력으로 등장하고 있다.

과거에는 기본적으로 기업을 운영하는 데 있어 법적 · 경제적으로 아무런 문제가 없으면 경영 활동을 전개할 수 있었으나 지금은 법적·경제적 책임 외에 윤리적 책임이 추가되었다. 3M, 존슨 앤 존슨, 록히드 마틴 같은 기업들은 하나같이 윤리경영을 미래의 핵심 역량으로 간주하여 많은 투자를 하고 있음에 주목해야 한다. 윤리경쟁력은 선택이 아니라 행복한 선진국으로 가는 필수 조건이다.

사회, 교육, 기업 등 모든 분야에서 윤리강화 프로그램을 실시하는 일이 우선돼야 한다. 윤리지수를 향상시키기 위해서 체크리스트를 만들어서 수시로 평가하면서 결과에 따라서 포상을 실시한다. 지역사회에서 윤리향상을 위한 주민들의 노력과 함께 사회교육을 강화한다. 지자체나 국가에서 윤리지수 향상 노력으로 사회교육을 강화하고 캠페인을 전개하여야 한다. 사이버공간에서는 벤허광고, 기업광고, 정부홍보를 통해서 윤리를 실천하는 것이 편리하고 아름답다는 인식을 확산시켜 가야 한다.

TV 시청률이 높은 프로그램의 방영에 앞서 국민 윤리캠페인을 전개할 필요가 있다. 담배, 음료수 등의 상표에 윤리규범을 명시하는 방법도 생각해야 한다. 글로벌경쟁에서 윤리는 기본이며 이것을 상실하면 회복하기 힘든 상황이 오게 된다. 아동과 유치원생을 대상으로 놀이나 게임프로그램에 윤리 확립을 위한 내용을 삽입하여야 한다. 이들에게 교사와 부모가 윤리행위에 대한 사회화 기능을 강화시켜 가야 한다.

초, 중, 고의 교과과정에 윤리과목개설을 의무화하여 실천교육을 강화하여야 한다. 대학과 MBA과정에 기업윤리교육을 도입하고, 기업의 윤리준법체제를 강화하여 나갈 때에 국제경쟁력을 높여 갈 수 있다. 물질가치가 판치고 문명의 편리함이 인간의 가치를 물화중심으로 변화시켜 가고 있으나 사랑하고 존중하는 인간의 본질적 가치는 결코 훼손될 수 없다.

봄꽃의 아름다움처럼 우리 사회의 진정한 아름다움을 위해서도 윤리가 바로 서야 함을 강조한다.(2009. 4. 22.)

scene 9 :

천붕지탁(天崩地坼)의 슬픔이

노무현 전 대통령이 23일 오전 6시 40분에 서거한 지 6일 후인 29일에 국민장으로 장례식이 거행되었다. 육십여 성상의 모진 세월을 살아온 제16대 대통령이 비극적으로 생을 마감했다. 민족통합과 인간다운 삶을 실천하며 역사의 위대한 발자취를 남기고 우리 곁을 홀연히 떠났다.

우리 민족사에 추모객이 300만 명을 넘는 통한과 애통의 물결을 이룬 적이 없었다. 제주에서, 서울에서, 강원에서 전국 방방곡곡에서 천리 길, 만 리 길 멀다 않고 만사를 뒤로한 채 눈물 뿌리며 봉화마을로 달려가는 추모의 물결은 냉혈동물의 피까지도 뜨겁게 데워 주었다. 자신의 부모가 돌아가신 것보다 더 슬퍼하며 오열하는 위대한 민중의 눈물의 의미를 결코 외면해서는 안 된다.

지역 간, 계층 간, 통합 없는 남북통일도 없다며 무던히도 국민통합을 위해서 열정을 쏟았다. 지역균형발전과 빈부의 격차를 해소하려 지혜를 짜며 밤을 지새웠다. 밀려오는 고독과 슬픔을 우리들은 일찍이 알지 못했다. 기득권자와 수구세력의 질풍노도 같은 저항을 극복하려 밤을 새웠다.

격정의 시대를 무욕과 열정으로 살아왔던 그가 감내할 수 없는 자존심과 명예가 짓밟히자 죽음을 택한 것이 너무나 가슴 아프다. 왜 그리 억울하고 비통하게 우리는 그를 몰고 갔는가. 단말마적인 상황에 몰린 그를 위해 아무것도 할 수 없었던 민중이 가슴을 친다.

생을 이별하는 마지막 순간까지 경호원을 배려한 인간적인 마음이 다시 한 번 가슴을 울린다. 젊은이에게도 머리 숙여 인사하는 겸손함, 논두렁길을 자전거로 손녀를 태우고 달리던 평화스러운 모습이 자꾸 떠올라 눈물이 난다. "삶과 죽음이 자연의 한 조각이 아니겠는가."라는 그의 철학은 인간과 유기체의 통합가치를 철학으로 승화시켰다.

우리 민족에게 커다란 충격을 준 노 전 대통령의 서거는 이제 국민을 하나로 뭉치게 하는 계기가 되어 다시 부활하여야 한다. 너무나 인간적이고 진솔해서 '바보 노무현'이라는 소리를 들었던 위대한 당신. 권력을 휘두르며 국민 위에 군림하던 대통령이 아닌 온 국민이 가까이하고 싶었던 '노짱'이었다. 아마 당신 같은 사람이 언제 이 땅에 다시 올까 마음이 저려 온다. 노짱은 우리 국민승리의 상징이었고 기대와 바람의 대리인이었다.

바보 노무현은 약자를 넓은 마음으로 보듬고 감싸 안은 위대한 휴머니스트였다. 빈부와 권력을 가리지 않고 누구나 함께 어울릴 수 있는 사람이었다. 때로는 어린아이보다 더 지순하였고 불의를 보면 참지 못하고 결코 타협하지 않았던 정의의 사도였다.

가족의 허물을 자신에게 덮어씌우고 매일 매도하는 고통을 끝내 견디지 못하고 목숨을 끊어 해결하려 했던 심정을 우리는 한 번 생각해 보아야 한다. 이 시대의 어리석고 용렬함이 위대한 그대를 죽음으로 몰았다. 밝혀진 진실은 아무것도 없는데 부정부패의 원흉으로 몰고 간 결과다. 자살은 비사회적 행위로 결코 용서받지 못할 행동이다.

그러나 이마저도 규범과 가치를 흔들어 놓은 그의 서거였다. 마지막 자존심을 지키기 위해 목숨을 끊었다. 배경과 학벌이 없는 경계인으로 겪었던 설움과 고통을 이겨낸 진정한 승리자였다. 고통받는 주변 사람을 생각하며 고뇌하고 밤잠을 이루지 못했던 그였다. 빈농의 자식으로 태어나 고난의 세월을 의지와 땀으로 극복하고 현실에 타협하지 않는 원칙을 고수하며 지역주의 타파를 위해 헌신했던 소신의 원칙주의 정치가였다. 어린 시절부터 5공화국에 이르기까지 민주화 투쟁에 앞장섰다.

이 시대의 영웅이며 지도자였기에 그의 죽음 앞에 진보와 보수는 이념의 색을 지우고 충격과 비통함에 빠져 추모의 물결을 이뤘다. 권위를 버리고 귀향하여 농사를 지으며 막걸리를 마시는 지극히 인간적이고 소탈한 당신을 죽음으로 몰고 간 우리는 사죄하여야 마땅하다. 남북으로, 동서로, 보, 혁으로, 계층으로 갈기갈기 찢어 놓은 자가 누군가. 모두가 회개하며 위대한 이 시대의 지도자의 죽음을 위해, 아니 소박한 한 인간을 위해 기도할 때다.

천국에서 평안을 누리시라고 마지막 자존심을 지키고 주변 사람의 고통을 혼자 짊어지기 위해 홀연히 떠난 임의 마음은 영원히 잊지 못할 것이다. 부디 모든 것 잊으시고 평안한 영면을 누리소서. 귀천의 골목에서도 "누구도 원망하지 마라."는 마지막 유언은 국민통합과 상생의 꿈을 우리에게 웅변으로 전하고 있다.

이제 용서하고 포용하며 더불어 살아가는 평범한 진리를 실천할 때다. 임께서 남긴 위대한 사랑과 통합의 유지를 길이 기리겠으니 부디 편히 영면하소서.(2009. 5. 28.)

scene 10 :

독거노인 100만 명 시대

　고령사회의 도래는 다양한 사회문제를 야기하고 있다. 여러 사정으로 가족과 떨어져 홀로 살아가는 노인의 외로움과 서글픔을 이제는 사회와 국가가 외면할 수 없는 실정이다. 경제사정의 악화는 노부모의 봉양은 고사하고 자신의 하루 연명하기도 힘들게 사는 사람이 많다.

　일반적으로 독거노인을 비롯한 많은 노인이 겪는 3대과제는 외로움 문제와 소득문제 및 건강문제다. 프로이트(Sigmund Freud)는 노년기에는 초자아 기능의 퇴행이 일어나고 다양한 갈등 또는 환경에 연관되어 과도한 죄책감이 나타나거나 역으로 죄책감이 없는 것으로 나타날 수 있다고 하였다. 함께하는 인정문화를 창출하여 일반적인 변화에 적응하면서 자신을 바꾸어 가는 일을 도와주어야 한다.

　에릭슨(Erikson)은 이 시기에 긍정적이며 적응적인 방향과 부정적이고 부적응적인 방향 가운데 어느 한 가지로 나아가는 특성을 존중해 주어야 한다고 주장하였다. 과학·의학의 발달 및 경제적 수준 향상으로 노인의 수명이 연장되어 노인인구가 급속하게 증가하는 가운데 독거노인이 크게 늘어날 전망이다.

독거노인문제는 노인 개인과 가족, 사회와 국가의 문제로 확대된다. 독거노인에 대한 올바른 이해가 없이는 앞으로 발생할 각종 노인문제를 해결할 수 없다. 독거노인문제는 사전예방이 중요하므로 철저한 준비와 대책을 세워야 한다. 노인의 성격은 한 개인의 정신적 지능과 행동양식이 복합적이고 상호의존적 체계의 고유한 특성을 나타난다.

노년기 전반에 우울증 경향이 증가하는데 신체적 질병, 배우자의 죽음, 경제적 사정의 악화, 사회와 가족들로부터의 소외 및 고립, 일상생활에 대한 자기통제의 불가능, 지나온 세월에 대한 회한 등이 원인이다. 에릭슨의 발달이론에 의하면 노년기에 접어들면 자신이 지금까지 살아온 생애를 돌아보면서 자신의 생애가 가치 있는 삶이었는지를 탐색해 보게 되므로 지속적인 가치창출을 할 수 있도록 도와주어야 한다.

노인은 지나온 일생을 정리하면서 그동안 이룩한 일에 대한 행운, 성취의 감정과 큰 과오 없이 살아오고, 자녀들이 성숙한 데에 대하여 감사하는 태도를 갖는다. 긍정적이고 자아 통합적 자세로 살아갈 수 있도록 사회교육지원이 필요하다. 독거노인은 전통적 가족관계와 기능을 복원시켜 주어야 한다. "아버님 날 낳으시고 어머님 날 기르시니 두 분 곳 아니면 이 몸이 살아 있을까 하늘 같은 가없는 은혜 어찌되어 감사하오리." 조선 전기 문인 양사언의 글처럼 가족공동체 정신을 복원하여 독거노인이 취미를 즐기고 일터에서 능력껏 일하며 사회 봉사하는 기쁨을 누리도록 해 주어야 한다.

노년기에 알맞은 학습, 여가 프로그램개발과 수행이 절실하다. 독거노인에게 인간답게 생활할 권리를 보장해 주어야 한다. 노인의 소일이 무료함과 시간낭비로 이어지지 않도록 생산복지와 여가를 위한 청, 노 프로그램이 활성화되어야 한다. 함께 사는 세상구현을 위한 재기복지 봉사센터의 확대운영과 방문서비스의 확대가 절실하다. 독거노인은 가족재결합과 자매결연을 활성화하여 공동체생활과 교류관계를 증진시켜서 외로움을 해결해 가야 한다.

일자리와 사회역할의 상실에 따른 소득이 없어 경제적 고통 속에 심리 정서적으로 복합적인 어려움을 겪고 있어 정부의 지원이 활성화돼야 한다. 독거노인의 건강을 위한 전문적인 의료서비스와 지속적인 운동을 하도록 보살펴 주어야 한다.

노인은 적응력의 저하와 건강악화를 위해 건강박람회 등을 통한 다양한 정보와 방법을 획득하도록 해 준다. 독거노인은 빈곤, 고독, 소외의 고통이 심하므로 특별대책을 세워야 한다. 내리사랑의 기쁨을 누릴 수 있도록 사회결연활동도 활성화되어야 한다. 지역사회 자원봉사자의 순회의료서비스 활동도 강화시켜 가야 한다. 일본의 버스서비스 순회방문제도를 검토하여 도입할 필요가 있다. 전문 토털서비스를 확대하며 개호복지를 활성화해 가야 한다. 교회 등 종교기관과 자원봉사단체에서 독거노인가정에 인력을 파견하여 대화와 돌봄 서비스를 확대해 간다.

독거노인에게 관심을 갖고 사랑을 실천하며 이들을 존경하는 사회 분위기 조성이 절실하다. 독거노인의 모임과 네트워크를 활성화시키는 한편 전통가족, 대가족제도의 장점을 인식시켜 가는 일에서 희망을 찾아야 한다. 경노서비스 프로그램의 일환으로 전문직의 자원봉사단을 운영하여 의료서비스와 학습서비스, 급식서비스 등을 지속적으로 지원해 준다.

노인의 일일쉼터와 장기보호센터를 확대하고 돌봄이 전문 서비스단을 운영한다. 기관 단체 개인, 가족 공동체가 함께하는 독거노인 종합지원센터를 운영하는 것도 바람직하다. 앞으로 독거노인의 증대가 예상되는데 이들에게 행복 창조의 다양한 방법을 찾아야 할 때다.

백만 독거노인들이 아름다운 노후를 계획하여 건강하고 즐거운 삶을 영위해 갈 수 있도록 여건을 만들어 주며 지원해 주는 일은 우리 책임이며 의무이다.(2009. 6. 2.)

다가오는 초고령화 시대

    초고령화 시대를 앞두고 대상자, 정부, 국민, 가족 모두가 관심을 갖고 적극적으로 대응하여야 한다. 우선 인간존재의 가치적 차원에서 접근하여 근본문제부터 풀어 가야 한다. 정부에서 연명할 정도로 지원해 주는 지원금 이전에 마지막 인생을 어떻게 가치 있게 살아가느냐의 문제다.

    학교졸업 후 직장 잡아 결혼생활을 하다 보면 어느덧 노인이 되어 노안, 백내장, 퇴행성관절염, 치매 등의 만성질환으로 병원을 찾게 된다. 생활고를 걱정하며 건강이 약해진 노인들은 수발 문제를 어떻게 해결할까를 고민한다. 건강보험·연금보험·요양보험과 같은 사회보험제도로는 불충분하기 때문이다. 노인은 병치레가 많아 의료비를 많이 지불하게 되고, 수명이 늘어나 연금 재정도 고갈위기를 맞게 된다. 수발을 필요로 하는 노인의 증가는 사회적 부담이 커지기 마련이다.

보험료를 부담해야 할 젊은 층이 상대적으로 줄어드는 데 문제의 심각성이 있다. 65세 이상 노인 인구비율을 보면 2020년에 17.7%, 노인 의료비 비중은 43.8%나 된다. 사회 보험료를 부담하는 사람은 20~49세 연령층인데 2020년에는 2.7명이, 2040년에는 1명이 노인 한 명을 부양하게 된다. 정부와 전문가들은 2050년 국내총생산(GDP) 대비 의료비 지출은 약 27%, 재정수지 적자는 GDP의 10%대, 잠재성장률은 1% 밑으로 떨어질 것이라 전망하고 있다. 출산율이 1.19명으로 세계에서 가장 아이를 안 낳는 나라 대한민국의 2050년은 65세 이상 노인이 전체 인구의 40%에 이르게 된다.

노인인구의 폭증과 생산인구 급감은 노동생산성을 떨어뜨리고 의료·복지 부담을 키워 우리 경제를 어렵게 만들 수밖에 없다. 국민연금과 건강보험 등 각종 사회보장 부담에 조세 부담을 합하면 미래 세대는 소득의 약 50%를 노인 부양을 위해 부담해야 할 전망이다. 인구감소로 부담액은 갈수록 늘어나게 되어 삶이 어려워질 수밖에 없다. 해결방법은 출산을 장려하는 정책을 지속적으로 추진하여 생산인구를 늘려 가야 한다.

사회보험의 구조 개혁을 서둘러야 하며 재원 조달에서 보험료 외에 세금의 비중을 높여 나가야 한다. 연금제도는 개인이 적립한 만큼 연금을 받도록 하는 완전 적립 방식으로 바꾸어야 미래 젊은이들의 부담을 줄일 수 있다. 연금제도보다 더욱 시급하게 개혁해야 할 것이 의료비를 부담하는 건강보험과 수발비를 부담하는 요양보험이다.

노인의료비는 젊은이를 비롯한 사회에 커다란 부담이 된다. 요양시설에서 수발을 받는 노인은 결국 요양보험의 비용도 많이 쓰게 된다. 건강보험과 요양보험을 미래적 차원에서 개혁하여야 한다. 건강보험제도는 많은 문제를 전체적으로 개혁하고 효율적 관리를 위해 제도의 분권화를 통해 경쟁이 가능하도록 한다.

건강증진사업을 체계적으로 추진하여 예방이 가능토록 해 주는 일도 중요하다. 젊은 시절부터 건강을 관리하여 질병을 사전에 예방하도록 한다. 보건소 진료 사업은 농산어촌 지역을 제외하고는 중단하여 경비과대지출을 막아야 한다. 세금에서 사회보험 재원의 일부를 충당하면 미래의 젊은이들의 부담이 그만큼 줄어들 수 있다. 도시 빈민자들이 크게 늘어나고 있는데 이들에 대한 연금 부담률이 높아지는 현실에 맞는 의보대책을 강구해야 한다.

연금 외에 소득이 없는 노인들에 대한 생산참여와 지원 시스템개발도 서둘러야 한다. 월수입의 15%가 고스란히 국민연금에 들어가지만 연금을 타 가는 노인들이 늘어나는 현실을 인식해서 장기적으로 정확한 대책을 수립해야 한다.

앞으로 젊은이들은 건강보험료도 부모 세대의 두 배를 내야 할 형편이다. 세금도 크게 올라서 소득 대비 세금비율이 30%를 돌파할 전망이다. 금융위기보다 무서운 감세 논란, 성장률 예측, 내수활성화 대책 등이 완전히 무의미해지는 시대가 올 수 있다. 경제적 부담으로 아이를 믿고 맡길 곳이 없어 자녀를 낳지 않으려는 것이 한 이유다.

정부의 적극적인 유아양육지원정책과 다산유인정책이 절실하다. 지금처럼 미온적인 출산정책을 쓸 경우 젊은이에게 암울한 미래를 남겨주는 결과를 초래하게 된다. 출산율이 이미 수년째 1명대 초반으로 고착화된 상황에서 출산율을 인구유지 수준인 2.08명까지 끌어올리기란 현실적으로 불가능한 일이다. 그러나 점진적으로 출산율을 높일 수 있는 사회, 정책적인 노력을 기울여야 할 때다. 저출산 흐름을 되돌리기는 늦었지만 이제라도 적극적인 출산장려정책을 과감하게 시행할 것을 주문한다.

　저출산에 의한 인구감소로 미래에 닥쳐올 대재앙의 피해를 줄이려는 노력을 부단히 기울여야 한다. 다산이 애국이고 사회발전의 근간이 되는 시대의 의미와 윤리를 심각하게 생각할 때다. 다산을 장려하는 획기적인 지원을 국가뿐만 아니라 사회도 함께 참여할 것을 강조한다.(2009. 8. 8.)

scene 12 :

세계자살예방의 날에

9월 10일은 생명의 소중함을 인식시키고 자살을 예방하기 위한 WHO와 국제자살예방협회가 공동으로 제정한 세계자살예방의 날이다. 자살은 인간존재의 근원을 파괴하고 천리를 거부하는 행위로 어떤 경우에도 정당화될 수 없다. 하루 33명, 연간 1만 2,174명, 매 42분마다 1명꼴로 자살을 한다는 통계청 발표다. 자살은 비사회적인 죄악으로 관련 있는 주변 사람에게 엄청난 고통을 초래하게 만든다.

OECD 국가 중 우리나라의 자살률이 가장 높으며 특히 75세 이상 자살률은 평균보다 8.3배나 높다. 노령층의 자살률이 높으며 이혼자의 자살률은 배우자가 있는 사람에 비해 4배 이상 높은 것은 인간관계의 모순과 실패의 단면으로 볼 수 있다. 자살은 10월에 가장 많이 발생하며 작년에는 무려 65.6%나 증가했고 시간은 오후 12시 등 낮 시간대에 주로 발생했다. 20~30대의 사망원인 1위가 자살로 나타났다.

지난해 전체 자살자의 성별은 남자가 여자보다 1.8배 많았고 나이가 많아질수록 높았다. 자살의 원인은 개인적인 문제를 비롯해서 가정, 사회, 국가의 다양한 문제에서 찾을 수 있다. 개인적인 성격과 유전, 심리적 특성, 환경, 정신병리 등 다인적인 요소가 복잡하게 작용해서 발생한다. 학교문제, 실직과 생활고, 배우자와 갈등, 질병(주로 우울증) 등에 의해서 자살이 발생하고 있다. 다양한 행태의 자살은 우리를 경악시키고 있으며 자살이 사망의 압도적 원인이 되고 있다.

경제적인 고통을 참지 못하고 불안한 미래를 살아가기가 두려워서 목숨을 끊는 일이 빈번하게 일어난다. 의지박약과 자신감 결여의 결과로 볼 수 있다. 자살수단은 목맴, 살충제 중독, 추락, 기타 순이었다. 자살이 중요한 사망원인이 되고 있어 사회와 국가가 공동책임의식을 느끼고 대책을 마련해야 한다. 청소년이 자살을 생각하는 비율도 매우 높게 나타나고 있는데 이들에 대한 예방교육을 실시하여야 한다.

자살예방이 매우 중요한 이유가 여기에 있다. 사회학자 뚜르겡 (Durkheim)은 자살을 체계적으로 연구하면서 원인을 사회에서 찾는 관점에서 출발했다. 그는 이기적 자살, 이타적 자살, 가치 혼란적 자살, 숙명론적 자살로 구분하여 설명하고 있다. 자살증후군을 살펴보면 언어적 증후, 행동적 증후, 상황적 증후를 나타내게 된다. 이런 증후를 나타낼 때 가족, 사회, 국가에서 신속하게 접근하여 대책을 마련하고 안정적인 심리와 희망을 제공해 줄 때에 자살을 예방할 수 있다. 다양한 자살원인을 분석하여 대안을 찾는 노력이 절실하다. 먼저 청소년 자살예방교육, 강박관념과 고통에서 탈출시키려는 사회적 노력을 해야 한다.

자살예방의 순차적이고 용이한 방법부터 도입하여 대안을 만들어 실천해 간다. 민간단체의 체계적 교육 준비와 지지망 구축과 자살예방

활동을 강화시켜 가는 일도 중요하다. 자살예방과 생명존중을 위한 프로그램을 운영하여 자신과 타인의 삶에 대한 소중함과 생명의 역동성을 깨닫게 해 준다. 새드 스톤(sad stone), 유서 쓰기, 영정사진 촬영, 임종 체험, 입관 등의 프로그램을 통해 삶의 소중함을 자각할 수 있게 한다. 자살은 어느 정도 국가 정책으로 예방이 가능한 만큼 적극적인 정책개입이 시급하다.

보건복지가족부에서 국가자살예방위원회를 설치하고 생애주기별 정신건강 서비스추진을 서둘러야 한다. 우리 사회가 자살의 심각성을 이해하지 못하고 있는데 국민홍보와 교육을 강화시켜 가야 한다. 자살의 심각성과 위험성이 수위를 넘고 있는 현실을 더 이상 외면해서는 안된다. 자살예방을 위한 전 국민의 관심 속에 생명에 대한 인식전환이 요구된다. 가족해체에 대한 방안을 마련하여 건강하고 행복한 생활을 영위해 갈 수 있는 기풍을 조성해 가야 한다.

자살이 만연하는 공동체는 결코 행복할 수 없음을 인식하여 함께 살아가는 슬기로움을 찾아야 할 때다. 사회적 지지망을 중심으로 상담기관들의 체계적 상담과 정부의 돌봄과 희망프로젝트를 활성화시켜 갈 것을 주문한다. 세계자살예방의 날을 맞아 '자살예방 및 생명존중 문화 조성을 위한 법률안' 제정을 강력히 촉구한다. 전문가집단의 지혜와 국민의 중지를 모아서 합리적이고 효과적인 법률이 제정되길 바란다.

자살예방에 대한 법적 지원과 사회교육을 강화하여 일상생활에 삶의 가치와 보람을 창출해 갈 수 있는 기회제공도 중요하다. 인명은 인간이 좌우할 수 없는 창조주의 섭리임을 알고 따라야 함을 인식하기 바란다.(2009. 9. 6.)

scene 13 :

매 맞는 사람들의 비애

가정폭력 피해자가 날로 늘어나고 있어 대책 마련이 시급하다. 인간의 존엄성을 생각할 때 폭력은 있을 수 없는 일이다. 가정폭력 피해자를 사회적으로 해결이 안 될 때에 강력한 공권력 집행으로 보호해 주어야 한다. 가정에서의 신체적약자인 아내, 노인, 어린이의 폭력이 무방비상태로 노출되어 있다.

가정폭력 피해자의 70% 이상이 여성이지만 아내에게 맞는 남편도 증가 추세에 있다. 2005년 이후 가정폭력 발생 건수 중 남편 학대는 매년 증가하여 작년에는 353건으로 늘어났다. 반면 아내 학대는 꾸준한 감소를 보여 전체 가정폭력 비율도 아내 학대는 조금 낮아졌고 남편 학대는 높아졌다. 작년에는 전체 1만 1,461건 중 아내 학대는 72.8%, 남편 학대는 3.0%를 나타나고 있다. 여성 피해자가 80%를 차지할 정도로 여성에 대한 가정폭력 문제가 여전히 심각한 수준이다.

노인과 어린이의 가정폭력도 외면할 수 없는 일이다. 방기하거나 폭력과 학대로 고통 속에서 삶을 살고 있어 인권 보호를 받지 못하고 있다. 노인 학대건수는 매년 증가하다가 작년에 213건, 올 7월 말 현재 111건 등으로 감소세로 돌아섰다. 노인은 여생을 행복하게 살아갈 수 있는 권리를 가정과 국가에서 보장해 주어야 한다. 아동 학대는 큰 변화가 없다가 작년 59건, 올해 7월까지는 41건을 기록해 증가 추세를 보이고 있다.

어릴 때 학대는 공격성이 강한 성격을 갖게 하여 폭력이라는 악순환을 초래하게 된다. 폭력아동은 지능도 떨어져 장래 육성에 큰 문제를 나타나게 된다. 폭력 없는 사회를 만들기 위해서 폭력을 추방하는 사회기풍조성과 지속적인 교육계몽 활동이 필요하다.

가정폭력범죄의 처벌 등에 관한 특례법 제29조 임시접근금지, 제40조 보호처분과 사회봉사명령 제도를 더욱 강화하여 재발방지를 막아야 한다. 여성폭력 예방교육 강화사업인 학교기반 성인지적 인권교육을 강화 확대해 갈 것을 주문한다. 지속적인 교육만이 폭력을 추방할 수 있는 효과적인 방법이기 때문이다. 각급 학교 학생에 대하여 가정폭력, 성폭력, 학교폭력 등 여성폭력 예방교육이 개별법령에 따라 의무화되어 독자적인 정책영역에서 별개로 다루어져 왔으나 실효성의 한계를 넘지 못하고 있다.

가정폭력, 성폭력교육 등 폭력관련 예방교육의 효율화를 위해서 표준교재와 전문교사를 확보하여 체계적으로 관리해 가야 한다. 여성폭력 관련 예방교육이 개별법에 따라 각기 의무화되어 있으나 학교 현장에서는 교육시수 확보가 어려워 외면되고 있는 실정이다. 또한 비슷한 내용을 개별법에 따라 조금씩 달리 규정하여, 예방교육이 지엽적인 업무로 되면서 실효성 부족 문제가 제기되고 있다.

폭력의 대물림과 다양한 폭력이 확산되는 원인은 왜곡된 성의식과 타인에 대한 존중감의 결여와 평화적 갈등해결 능력부족의 소산으로 볼 수 있다. 평화로운 관계의 중요성 인식, 폭력의 범주 이해, 폭력의 대물림 인식, 타인존중의 중요성, 원만한 갈등해결 능력 향상 등에 대해서 사회교육을 강화시켜 가야 한다.

교사나 전문 강사에게는 체계적인 폭력예방 교육 자료를 활용하도록 한다. 가정폭력, 성폭력, 학원폭력 등의 교육전문가 양성도 시급한 과제다. 가정폭력방지법에 대한 대국민홍보를 강화하여 국민들의 법인식을 제고시켜 가는 일도 중요하다. 노인, 어린이, 아내의 가정폭력근절을 위해서 신고체계 확립, 강력한 법집행과 처벌을 강화하여야 한다.

모든 폭력의 근원이 되는 가정폭력을 예방하기 위해서는 부모, 아동, 청소년을 대상으로 통합적 폭력예방 교육이 절실히 필요하다. 사랑과 배려문화를 향상시켜 평화로운 가정문화창달을 위해 노력해야 한다. 가정폭력의 정상과 일탈의 구분을 명시하여 폭력방지를 위한 철저한 사회참여와 노력을 기울여야 한다.(2009. 9. 27.)

scene 14 :

리베이트 근절을

물건을 팔기 위해서 대량구입에 관여하는 구매자에게 사전에 조건을 제시하며 금전을 살포하는 리베이트는 유통구조를 문란시키는 범죄행위이다. 소비자에게 피해를 주는 것은 물론 유통구조와 상품개발과 정당한 경쟁을 방해하는 비윤리적 행위로 근절되어야 한다. 의약품은 소비자의 건강과 직결되고 있어 왜곡된 공급과 소비구조를 제도적으로 개선하여야 한다. 재화를 구입하거나 수송 등의 용역을 이용하면서 미리 표시가격을 완불하여 구매자에게 다시 돌려주는 소급상환금인 리베이트가 성행하고 있다.

특히 의약계는 관행처럼 오랫동안 심하게 유지되어 오고 있으나 교묘하게 법망을 빠져나가 근절되지 않는다. 이달 초 제약협회에 접수된 익명의 리베이트 제보로 의료계와 제약업계가 떨고 있는 현실이 실상을 말해 준다. 리베이트는 19세기의 일반적인 가격전술이었던 대기업들이 가격할인 경쟁을 통해 자신들의 세력을 유지하고 확대하기 위한 수단으로 이용해온 것이 지금까지 지속되고 있다.

리베이트는 고객들의 바람직한 구매행위를 자극하는 정당한 동기에서 이용되기도 하나 많은 문제가 있어 없어져야 마땅하다. 최근 8개 제약회사가 11개 병원에 처방을 대가로 금품을 제공했다는 제보에 대하여 제약협회가 조사에 나섰다. 불법부정행위에 대하여 검·경이 나서야 되는 것이 당연하나 어찌된 일인지 제약협회가 제 식구를 조사한다니 기대할 것이 없을 것 같다.

리베이트의 실상을 철저하게 밝혀서 형사 처분 등 강력한 사법권이 행사되어야 한다. 공정거래위원회는 2007년 12월과 금년 1월에 17개 제약회사가 7,228억 원의 리베이트를 준 것으로 추정하고 403억 원의 과징금을 물린 현실이 입증하고 있다. 2005년 부패방지위원회는 리베이트로 인한 소비자 피해 규모가 최소 2조 800억 원에 이를 것으로 추산하고 있다. 어마어마한 돈이 소비자의 주머니에서 나간 꼴이다.

혹자는 의약품 값이 부담이 돼서 치료를 받지 못하고 고통당하는 사람이 있음을 인식할 때에 리베이트는 반드시 없어져야 한다. 리베이트는 의약품 구입 대가로 제약회사들이 의사와 병원에 금품과 향응을 제공하는 행위가 대부분이다. 이 비용은 제약회사가 부담하지만 결국은 약값에 반영돼 소비자에게로 돌아간다는 사실이다. 의사들이 리베이트에 따라 약을 처방하므로 소비자는 약효가 좋은 약을 먹을 기회를 상실하며 비싼 약을 복용하게 된다. 심지어는 부작용까지 감수해야 하는 문제를 야기하고 있다.

제약회사들은 리베이트를 주기 위해 질 좋은 약을 개발하기보다는 복제 약을 고가에 파는 전략을 택하므로 의약산업을 후퇴시키는 원인을 제공한다. 국내 복제 의약품 가격이 오리지널 대비 79%로 선진국 평균보다 18%나 높은 것도 이 때문이다. 신약개발연구비도 국내 제약 회사의 매출액 대비 연구개발 투자 비율이 5.29%로 다국적 제약회사 14%보다 턱없이 낮다.

이러한 구조적인 모순의 기저에는 리베이트가 작용하고 있다. 우리 나라의 건강보험 지출비중 약제비가 차지하는 비중이 선진국보다 월등 히 높은 것도 이 때문이다. 과다한 리베이트는 건강보험 재정을 악화 시키고 서민의료부담을 가중시킨다. 지난해 약제비는 건강보험 총지출 의 29.4%를 차지해 경제협력개발기구 회원국 평균보다 훨씬 앞지르고 있다.

의약품 리베이트는 소비자에게 경제적 부담을 주고 건강보험 재정 을 악화시키는 범죄행위이다. 공정위가 과징금을 부과하고 보건복지가 족부는 리베이트 제공 사실이 적발될 경우 약품 가격을 20%를 깎는 조치를 취하고 있으나 실효성이 없다. 약값 인하 조치만으로는 근절되 지 않으므로 허가취소, 형사 처분, 과중한 범칙금 등의 강력한 대책을 세워야 한다.

더욱이 음성화되고 지능화되어 가는 리베이트를 근절시키기 위한 제도개선과 관련 법 제정이 시급하다. 리베이트 관행이 사라지지 않는 데는 뇌물을 제공한 제약회사들만 약한 처벌을 하는 것이 원인이다. 쌍벌죄를 적용하여 뇌물수수죄와 뇌물공여죄로 다스려야 할 것이다. 현재 국회에는 리베이트를 받은 의사를 함께 처벌하는 규정을 담은 의 료법 개정안이 1년 이상 계류되고 있는데 제약업계의 로비 때문으로 유추할 수 있다.

제약회사가 제멋대로 결정하는 약값 체계도 리베이트의 온상이 되므로 철저한 원가분석기관의 관리감독이 요구되고 있다. 객관적이고 과학적인 분석에 기인하여 소비자에게 공개하는 것이 옳다.

선진정의사회구현의 첫걸음은 리베이트 근절부터 시작되고 리베이트 근절은 의약계에서 시작되어야 함을 강조한다. 어떠한 명분도 국민 생명과 건강이 직결된 문제에 부당한 방법을 이용하려 해서는 안 됨을 강조한다.(2009. 10. 21.)

scene 15 :

출산은 국력이다

인구는 생산과 소비활동의 기초가 되며 국력과 밀접한 관계가 있다. 세계경제가 13억 4,000만 명인 중국을 주목하고 있는 이유다. 전 세계가 출산장려를 위해 안간힘을 쓰고 있으며 유럽을 중심으로 한 선진국은 40여 년 전부터 출산장려를 위해 노력을 기울였지만 현상 유지도 어려운 실정이다. 우리나라의 출산율이 2년 연속 세계에서 최하위이다.

유엔인구기금과 인구보건복지협회의 발표에 의하면 한국의 합계출산율은 1.22명으로 세계에서 제일 낮다. 출산이 애국인 시대가 도래했다. 출산은 사랑의 결실이며 인류의 미래이기 때문이다. 최저출산율에 급속한 노령화는 미래를 걱정스럽게 만든다. 한국은 세계에서 가장 낮은 출산율로 2050년에는 인구가 지금보다 400만 명 이상 줄어들 것이라는 유엔의 전망이다.

프랑스는 출산과 보육을 도우려 해마다 GDP의 3% 이상을 쏟아붓고 있으나 우리 정부가 저출산 문제를 해결하기 위해 쓴 금년 예산은 국내총생산 대비 0.4%(4조 8,000억 원)에 불과하다. 우리보다 앞서 저출산 현상을 경험한 선진국의 사례를 타산지석으로 삼아야 한다.

저출산 문제를 해결해야 떨어지는 생산력과 줄어드는 세원을 해결할 수 있다. 보수주의자들은 저출산의 이유를 여성의 고학력화와 만혼, 직업 활동에서 찾는다. 진보주의자들은 정부의 지원 부족과 가사 노동의 성별 분업, 일하는 여성을 위한 기업의 지원 부족을 문제 삼는다. 저출산은 이념적 시각이 아닌 현실의 문제로 다양한 실정에 맞는 대책을 마련해 가야 한다.

모든 국민이 출산은 인간존재의 책무이며 삶의 제일가치라는 의식 변화가 우선되어야 한다. 저출산의 현실적인 원인으로 과중한 양육부담과 사교육 부담을 들고 있다. 세금 우대, 아버지의 출산 휴가, 이민 유입 장려, 값싸고 질 좋은 보육 시설, 소액현금지급 등 너무 안이하게 대처하고 있는 실정이다.

출산장려금 확대와 맞벌이 부부를 위한 육아시설과 탁아소 및 육아휴직 확대가 절실하다. 남성 육아휴직도 법적으로 의무화하고 육아휴직에 따른 불이익 철폐를 법제화해야 한다. 취학 전 아동에 대한 현실적인 교육비지원과 공교육 정상화를 통한 사교육비를 절감시켜 주어야 한다. 미래위원회가 입학 연령을 한 살 낮춰 양육비 부담을 덜어주고 자녀를 셋 이상 낳으면 정년 연장을 비롯한 인센티브를 주는 방안을 만들고 있다.

복수 국적 허용과 개방적 이민정책으로 한국인을 늘려 가자는 아이디어도 내놓았다. 미래기획위원회가 제안한 자녀 양육비 부담 경감, 일과 가정의 양립기반 확대, 한국인 늘리기 프로젝트는 대부분 불가피성이 인정되는 정책과제들이다. 문제는 국가정책과 국민 참여와 실천이 성공 여부를 쥐고 있다. 저출산 대책은 국가 미래를 볼 때 해결하고 넘어가야 할 당면한 국정과제다. 정부는 물론 기업과 학교, 지역사회 모두가 함께 문제를 풀어 가기 위해 고민하고 비용도 분담해야 한다. 지금처럼 사교육비가 많이 들고 여성들이 일과 보육을 병행하기 어렵다면 우리나라 출산율은 세계에서 유일하게 1.00 아래로 떨어질지도 모른다.

맞춤식 출산·보육 지원을 저소득층에서 중산층으로 대폭 확대하고 가족친화 경영을 잘하는 기업들에는 파격적인 인센티브를 줘야 한다. 프랑스, 러시아, 호주의 저출산 대책은 낳기만 하면 국가가 키워 준다는 것이 기본정책이다. 러시아 일부 지역은 임신의 날을 지정하고 호주는 퇴역군인들이 앞장서서 2명 낳기 캠페인을 벌여 출산율 상승세의 효과를 봤다. 프랑스의 출산과 양육은 국가의 책임이라는 철학이 출산 장려운동을 성공시켰다.

다양한 가족형태를 인정하는 사회적 분위기 덕에 미혼모와 동거부부도 출산을 꺼리지 않게 됐다. 직장여성을 대상으로 출산 전 유급 휴가를 제공하고 아이가 만 3세가 될 때까지 휴직이 가능하도록 했다. 물론 출산 전·후 휴가로 인해 직장에서 쫓겨나는 일이 없도록 법으로 규정하고 있다. 러시아는 유엔으로부터 2050년이 되면 현재 1억 4,000만 인구가 3분의 1로 줄어들 것이라는 시한부 선고를 받고 나서 직장인들이 하루 쉬면서 아이 낳는 일에 전념하라는 정책을 펴고 있다.

최저 수준의 출산율을 보이고 있는 일본은 만혼으로 인한 만산, 과중한 교육비, 주택 마련 비용 등을 출산의 방해요소로 꼽고 적극적인 복지정책을 펼치고 있다. 우리나라도 이제 선진국이 경험한 탄력근무제를 수용하고 과감하게 혜택을 주는 출산정책을 하루속히 추진할 것을 촉구한다. 엄마를 위한 일과 육아의 핵심정책과 가정공동체 복원사업을 병행해 가야 한다.

저출산을 해결하지 못하면 경제성장도, 국가 안보도 기약하기 어렵고 국가경쟁력도 뒤떨어질 수밖에 없다는 사실을 인식해야 한다. 출산으로 인해서 얻는 기쁨을 만끽할 수 있도록 사회분위기를 조성하는 일도 중요하다. 출산이 애국이고 국력인 시대에 다산을 장려하는 사회와 국가의 노력이 절실한 때다.(2009. 12. 6.)

scene 16 :
탈북자에 관심을

탈북자가 2만 명을 넘고 있으나 이들 대부분은 남한사회에 적응하지 못하고 어렵게 생활하고 있다. 핍박에서 벗어나 자유를 찾아서, 기아에서 벗어나려고, 혹은 사상 범죄로 낙인 찍혀서, 다양한 이유로 목숨을 걸고 남한 땅을 찾은 탈북자에 대한 사랑의 대책을 세워야 한다. 대부분 이들은 우리 사회에 적응을 못 한 채 비참한 생활을 하고 있다.

우리 사회의 온전한 구성원으로 편입하여 정착하기 위한 사회적 관심과 정책적 지원이 절실하다. 탈북과정이 중국에 머물거나 경유해야 하는 지정학적 특성 때문에 중국의 협력이 필요하다. 많은 브로커들의 사기행위로 이들 고통은 더욱 심하다. 과다한 금전을 요구하거나 갖은 협박을 일삼는다는 보도다. 이번 방문한 시진핑 중국 부주석은 탈북자를 인도주의의 견지에서 처리하겠다 하나 비인간적 행위가 자행되고 있는 현실이다.

어느 군의관의 양심선언은 탈북자 · 황인종 · 백인 · 흑인 등 780여 명이 장기적출자로 희생됐다고 폭로했다. 비인간적 행위를 방지하기 위한 정부의 노력이 절실하다. 탈북자의 남한 입국은 미국과 국내 반북단체들에 의해서 기획된 탈북이 대부분이다. 남한입국 탈북자를 보면 이남에 거주하는 87%는 월 100만 원 이하의 수입으로 생활하고 있으며 단 1%만이 200만 원 이상 수입을 얻고 있다. 이남에 거주하는 탈북자들은 북한이탈 주민보호에 관한 법률에 의해 정착금 2,830만 원을 받고 영구임대주택을 받는다. 후속조치가 미약하여 이들의 삶이 곤궁하다. 다양한 탈북자를 위한 정책과 시설마련이 시급한 실정이다.

국제사회의 뜨거운 감자가 된 탈북자 문제를 주체적 입장에서 해결하기 위해 정부차원에서 노력해야 한다. 탈북자들은 단순히 생계를 목적으로 한 사람들, 중국에 남아 있으려는 사람들, 한국으로 가려는 사람들로 대별할 수 있다. 탈북자는 한국 사회적응훈련을 위해서 의무적으로 하나원에 입소한다. 퇴소할 때 300만 원을 지원받아서 가구와 생활용품 등을 산다.

3개월에 한 번씩 보조금 100만 원을 줘서 300만 원을 더 받는다. 직장을 다니고 있는 탈북자에 한 해 1년 동안은 월 50만 원씩 추가 지원이 이루어진다. 1년 이상 다니면 월 70만 원씩 준다. 이런 혜택을 받는 탈북자는 전체의 20%도 안 된다. 한국에 입국한 탈북자들의 30%가 북한에 있는 가족들에게 송금하고 있으며 이들이 돈을 버는 목적이 북한에 있는 가족들에게 송금하는 데 있다.

탈북자가족의 한국입국 문제를 남북대화 시에 논의하여야 되는 이유다. 탈북자들이 한국에 와서 느끼는 가장 큰 어려움은 새로운 문물이나 문화와 외적 변화다. 이에 대한 훈련과 적응을 정책적으로 지원해 주어야 한다. 탈북자에게 교육과 훈련을 통해서 뒤떨어진 삶의 질을 향상시켜 주는 시책도 절실하다.

남북한 사회체제 차이가 너무 크므로 탈북자 스스로의 노력으로는 한계가 있어 지원과 시민의 노력이 요구된다. 새로운 법과 제도를 만들어서 탈북자의 취업과 복지 등을 지속적으로 지원해 주어야 한다. 탈북자들이 북한의 민주화를 위해 노력하는 사람과 통일기반 인적 자원으로 활용하는 방안모색도 마련할 필요가 있다.

2,400만 북한주민의 자유와 평화의 실현은 탈북자가 앞장서도록 지원해 주는 것이 바람직하다. 탈북자를 핵심주체로 키워서 미래에 대비하는 통일 역군들로 만드는 노력도 병행해야 한다. 일부 탈북자는 남한에서 폐해를 보면서 오히려 자유민주주의 체제에 반감을 키우고 있다. 한국에서 뿌린 삐라나 라디오를 들고서 남한사정을 알게 된 이들이다.

그러나 현실의 벽은 너무 높아 극복하기 어려운 이들이다. 탈북자를 사랑과 아량으로 감싸고 도와주는 국가 사회적 노력이 절실하다. 탈북자주민 지원법이 축소됐는데 이를 다시 개정해 법적인 환경을 좋게 만들어 가야 한다. 정부에서는 탈북자들이 사회에 필요한 존재가 되기 위해 온 사람들이라는 것을 국민들에게 이해시킬 필요가 있다.

이들에 대한 관심과 온정이 매우 부족하며 일부 종교단체에서 포교목적으로 지원하고 있으나 이마저 미미한 실정이다. 탈북자에 대한 남한 사회적응 훈련의 체계적이고 장기적인 대책과 지원책을 수립하여 실천해 가야 한다.

특히 자녀들의 사회화 훈련과 교육지원이 절실하다. 자유민주주의의 특성과 경쟁사회에서 승리하기 위한 자율적인 노력의 중요성을 인식시켜야 한다. 획일적 사고에서 탈피하여 자율과 능력이 숭상되는 남한사회에 대한 자세한 이해를 시민단체와 지자체에서도 효율적으로 시켜야 한다.

탈북자와 남한사회의 시민단체, 지자체가 힘을 모아 탈북자의 성공적인 정착과 행복한 삶을 위해 지속적인 노력을 기울여야 한다. 탈북자도 소중한 우리 사회 구성원으로 아끼고 사랑해야 한다.(2009. 12. 22.)

scene 17 :
새마을 육성조례 제정을

새마을운동에 대해서 글을 쓰면 뜬금없이 웬 새마을운동이냐며 반문하는 사람을 보게 된다. 심화되는 빈부격차와 극단적 이기주의 속에 혼란과 갈등의 사회문제를 해결하기 위한 한 방법으로 새로운 새마을운동의 지속적인 추진이 필요하기 때문이다. 새마을운동은 해방 이후 반세기에 걸쳐서 가장 잘된 국민운동으로 평가받고 있으나 국가와 국민의 관심이 적은 현실이다.

새마을운동은 지역사회 주민의 자발적이며 자조적인 협동노력에 의해 주민들 스스로 문제를 해결하여 살기 좋은 터전과 사회를 만들어가는 데 목적이 있다. 주민들의 생활태도와 정신자세를 혁신하고 경제적·사회적·문화적 생활환경을 개발·발전·개선해 가는 자발적인 운동이다. 근면·자조·협동정신으로 어제보다 나은 내일의 사회를 만들려는 시민의 노력에서 비롯된다.

새마을운동은 39년 전에 국민 개개인의 생활향상과 경제성장은 물론, 국가의 발전과 국민의 중흥을 이룩하려는 조국근대화 사업에 크게 기여했다. 1970년 박정희 전 대통령이 제창한 후 국민 각자가 지역사회 공동체 내의 한 구성원으로서의 공동개발, 공동발전을 위해 협동으로 실천하였다. 지역사회 주민이 주체가 되는 민간주도의 지역사회개발운동을 전개했다. 국민정신을 일깨우는 의식개혁운동이자 생활개선운동이며 경제발전운동이었다.

새마을운동 하면 낡은 유물처럼 생각하는 사람이 있으나 이는 아주 잘못된 인식이다. 위대한 역사 속에서 다시 발전해야 할 시대의 희망으로 되살아나야 한다. 우리 민족사에 새마을운동처럼 민족의 에너지를 하나로 모아서 획기적으로 발전시킨 사례가 없다. 최근 경기도 시흥시새마을 운동조직육성과 지원에 관한 조례가 제정된 데 대하여 격려의 박수를 보내고 싶다. 제165회 시흥시의회 임시회의는 새마을 운동조직 육성과 지원에 관한 조례를 통과시켰다.

따라서 그동안 사회단체보조금으로 일부 지원되던 사업비를 내년부터는 정식 예산에 확대편성해서 지원할 수 있는 제도를 만들었다. 그동안 명맥만 유지돼 왔던 새마을운동의 활성화가 기대된다. 사회단체보조금으로 연간 약 8,000만 원을 지원하던 것을 본예산에 편성토록 하고, 각종 새마을 운동의 활성화를 위한 사업이 본격적으로 추진될 전망이다.

시흥시 새마을운동조직 육성 및 지원 조례는 새마을운동의 계승발전을 위한 각종 새마을사업, 조직의 운영 및 행사비, 회원의 능력향상을 위한 교육훈련비, 사기진작을 위한 사업비를 예산의 범위 안에서 지원할 수 있도록 규정했다.

새마을 운동조직의 회원이 자원봉사활동 중 발생하는 재해 또는 사

망 등의 사고에 대비한 보험 또는 공제에 가입하도록 하였다. 새마을
운동을 통한 지역사회 발전에 크게 기여한 회원이나 단체에 대해서는
포상할 수 있도록 했다. 그동안 새마을운동 조직에 지원되는 예산이
불안정적으로 지원돼 왔고, 회원이 자원봉사 기간에 사망하는 사고가
발생했는데 지원이 전무였다.

　1970년 4월 22일 새마을 가꾸기 운동 제창으로 시작된 새마을운동은
1980년에는 새마을운동중앙본부를 창립하여 민간주도로 본격적인 활동이
이뤄졌다. 2000년에는 UN공보처(DPI)연합회원 자격을 획득하여 국제적
단체로 위상을 높였다. 2002년엔 UN경제이사회 NGO회원에 가입하여
세계 속의 새마을 운동을 추진하고 있다. 사회변동과 정치적 변화로 인한
논란 속에 새마을운동이 폄하되는 일은 없어야 한다.

　지자체의 조례제정은 지원과 보상을 규정함으로써 새마을운동의 활
성화를 도모할 수 있게 됐다. 경기도 수원시에서 관련 조례를 제정하려
했으나 일부 의원과 단체의 반발로 무산된 것은 정치논리로 접근한 결과
다. 새마을운동은 수많은 시민단체 중 하나로 명목뿐인 하나의 단체로
보아서는 안 된다. 국가와 사회차원에서 실체적 존재성과 활동성을 존
중하여 지원하는 것이 바람직하다. 몇 명의 회원으로 활동하고 있는
많은 일반 사회단체와 동일시해서는 안 된다. 몇 사람의 언론플레이와
집단행동으로 요란한 시민단체와는 차원이 다르다.

　새마을운동이 국가발전의 정책 기조가 됐던 운동이기에 앞으로 더
욱 발전됐으면 좋겠다. 이미 1년에 8억 7,000만 원 정도가 지원되고
있는 경기도 새마을단체지원을 위해 명문화시키자는 조례제정 발의자
의 참뜻이 전달되지 않은 것이 아쉽다.

　새마을단체는 정식 지원할 수 있는 조직육성법이 있다. 그러나 지원

의 세부 사항을 규정할 필요가 있어 조례제정을 추진한 것이다. 형평성에 어긋나고 지방선거를 의식한 것이라는 주장은 새마을 조직의 실질적인 활동을 모르고 하는 소리다.

새마을운동단체는 현재 17개 시, 도 지부와 232개 시, 군, 구 지회로 구성되어 있다. 본회는 새마을지도자 중앙협의회, 새마을부녀회 중앙연합회, 직장공장 새마을운동중앙협의회, 새마을문고 중앙회, 새마을금고 연합회가 회원단체로 가입해 있다. 이 외에도 새마을사랑모임, 한국대학교수 새마을연구회, 새마을 교통봉사대, 새마을 후원회가 유관단체로 활동 중이다.

현재 전국에서 새마을지도자 17만 8,294명, 회원 189만 5,392명, 총 207만 3,686명이 활동하고 있다. 이들의 활동은 살아 있는 조직체로서 사회문제와 생활의 질을 향상시키기 위해서 열심히 활동하고 있다. 지역사회에서 존경과 지지를 받아서 현직 지도자 970여 명이 지난 지방선거에 출마해서 약 47.9%인 465명이 당선되어 전체의 12%를 차지하고 있다.

경기도의 경우 도의원 12명, 기초의원 31명 등 43명이 새마을운동 전·현직 지도자이다. 새마을운동 출신자들의 당선은 새마을운동은 사회봉사가 생활화된 살아 있는 조직이라는 반증이다. 이를 사회와 국가 발전을 위한 활용에너지로 이용하는 것은 당연한 일이다.

나눔과 사랑의 윤리를 실천하는 새마을운동으로 사회갈등을 풀어가야 한다. 온고지신(溫故知新)의 지혜를 새마을운동에서 찾아서 글로벌시대를 선도해 가는 동력으로 삼아야 한다. 협동과 봉사의 실체인 새마을운동이 조례제정으로 활성화되길 바란다.(2009. 11. 14.)

scene 18 :

국격을 높여야

사회정의는 공정경쟁과 부정부패의 근절 없이는 불가능하다. 사회정의는 민주주의와 인본주의의 기본가치다. 법과 원칙이 존중되는 정의사회만이 정당한 노력을 통한 경쟁이 이뤄질 수 있다. 공정하고 투명한 사회는 피땀 어린 자율적 노력을 촉진시키게 한다. 법질서원칙 확립은 선진화의 핵심인프라라고 할 수 있는 중요한 당면과제다.

G20 정상회의가 열리는 내년을 국가브랜드 제고의 원년으로 삼기 위한 기본요건으로 첫째 법원칙을 확립해야 한다. 정부가 쇠고기 파동, 용산사태 등을 거치면서도 법질서에 대해서 결코 타협하지 않은 것은 잘한 일이다.

국정운영의 정도는 부패를 근절하여 법치를 이행하는 원칙존중에 있다. 먼저 지도층에서부터 공직자, 고위직, 정치인 등을 포함해서 비리를 없애는 일에 솔선수범해야 한다. 이들은 권력을 갖고 있어 부정부패를 저지를 수 있는 가능성이 있기 때문에 철저하게 관리하는 시스템을 확립해야 한다. 공정하고 신속한 법 집행과 민원처리는 국격을 높이기 위한 기본적인 요소다.

전국철도노조 파업 사태 등에서 정부가 원칙 있는 대응으로 국민적 지지와 신뢰를 얻었다. 정치권의 비리 의혹에 대해서도 원칙 대응을 주문한다. 권력과 금력 앞에서 공평성을 상실하는 고무줄 법집행은 불행을 키울 뿐이다. 법질서 확립은 국격 제고를 통한 선진화의 선결요건이다.

선진일류국가 건설을 위해서는 경제적인 성과 외에도 국가의 품격을 높여야 한다. 법질서가 민주주의와 시장경제를 지키는 사회간접자본이 돼야 함은 물론이다. 국제투명성 기구 한국 본부가 발표한 지난해 부패인식 지수에서 한국은 10점 만점에 5.5점을 얻어 경제협력개발기구 회원국의 평균(7.04점)을 크게 밑돌았다. 아직도 부패공화국이란 오명을 벗어나지 못하고 있는 현실이다.

베일리(Baylli)는 부정부패에 대해 금전, 지위의 획득, 영향력의 확대 또는 사적 이득을 위해 법적 규범이나 공공의 의무에서 일탈하는 것으로 관료가 자기에게 주어진 권한을 남용하여 뇌물을 수수하는 행위라고 정의한다. 공직자의 윤리의식이 제고되고 시스템이 부정부패를 못 하도록 확립돼야 한다.

국격 향상과 국가브랜드 제고를 위해서는 공직, 토착비리의 근절이 절실하다. 삼성, 현대, LG 등 대기업의 회사브랜드 가치가 국가브랜드 가치보다 높아 국가경제를 이끌고 있다. 이같이 우리는 대기업의 브랜드가치가 국가브랜드 가치를 앞질러 세계시장을 선도한다. 법무부가 선진 법질서 확립과 안전한 사회 구현에 역점을 두고 있다.

법과 원칙을 지키는 노사관계 및 시위문화 정착과 아동성폭력 범죄 엄정 대응, 지역 토착비리 등 부패범죄 척결, 서민 배려에 무게를 둔 법집행을 중점과제로 추진한다. 문제는 기관의 공정성을 담보하면서 국민의 지지를 받아야 가능하다. 변함없는 법질서 확립 원칙을 위해 불법파업에 대한 무관용 기조에 따라 폭력행위가 수반된 파업행위, 정치목적의 파업도 불법필벌의 원칙을 확립해 가야 한다.

불법파업에 따른 공공부문의 손해에 대해 적극적으로 손해배상 소송을 제기함은 물론이다. 6월에 실시되는 지방선거에 대비해 선거과정의 금품 살포 및 허위사실 유포 차단에 주력하여야 한다. 토착 세력의 이권 개입과 공무원 비리를 철저히 수사하는 일에 최선을 다해야 한다. 기업의 대규모 비자금 조성과 유출 행위를 근절하는 방법을 모색하고 실천해야 한다. 시민인권보호를 위하여 구속영장을 재청구할 때는 시민으로 구성된 위원회의 심의를 거치도록 한다. 사법시스템 전자화도 추진하여야 한다.

기초생활수급자나 장애인 등에게 과태료 부과를 엄격하게 제한하는 규정신설도 필요하다. 범죄 피해자나 장애인, 소년·소녀가장, 독거노인 등 소외계층의 주거환경 개선이나 경제적 형편이 좋지 못한 서민들을 위한 이동 빨래, 산동네 연탄 배달 등에 사회봉사 집행 분야를 확대해 가는 일도 서둘러야 한다. 서민배려 정책과 함께 범죄 피해자의 심리 치료를 위한 복지센터를 설립하여 갱생제도를 만들 것을 주문한다.

범죄피해구조금 상한을 5,000만 원으로 상향하여 억울한 사람이 없도록 한다. 수많은 모순을 제거하고 제도를 손질하여 국격을 높여 가는 일에 앞서길 바란다. 부정부패란 어느 사회에서나 지속적으로 존재하여 온 사회병리현상의 하나이다. 금년은 부정부패를 근절하여 국격을 높여 글로벌시대의 경쟁에 장애요인을 없애고 당당히 선진국 진입을 이루기 위한 정의와 진실한 세상을 만들어 가야 한다.

그레샴의 법칙이 적용되지 않는 노력한 만큼 대우받는 정정당당한 사회건설에 최선을 다해야 할 때다. 부정부패가 발붙이지 못하고 일한 만큼 대우받는 아름다운 세상 만들기에 최선을 다해 가야 한다.(2010. 1. 14.)

scene 19 :

계층이동의 꿈

    인간은 누구나 지금의 위치보다 더 나아지기를 바라며 경제적으로는 풍요롭고 사회적으로는 번영한 다양한 관계를 유지하면서 살고 싶어 한다. 생득적인 계층구조의 벽 때문에 좌절과 갈등을 겪으며 극복의 한계를 숙명으로 받아들이는 대부분 사람들의 고통을 헤아려야 한다.

    막스베버는 계층구조를 지배체계, 권위체계로 정당성의 신뢰와 행정기구로 유형을 카리스마적인 지배와, 전통적인 지배, 합법적인 지배로 구분했다. 일반적으로 계층을 사회적인 평가와 위신의 대소, 특권유무, 직업, 교육, 거주, 지역비교로 구분할 수 있다. 마르크스는 계급을 생산수단에서 공동관계를 맺는 사람으로, 다렌도르프는 계급이론의 맥락에서 사회계층으로 보고 있다.

    우리나라 사람의 25%가 자신이 중산층이라고 생각하며 대부분이 중산층보다 못하다고 인식한다. 경제위기 이후 우리나라 사람들의 계층구조가 타원형에서 삼각형으로 변화되어 사회의 불만이 고조되고 안정성 문제가 제기된다. 복지수준 향상 등으로 중산층의 비율증가는 사회 안정과 민주주의 발전의 토대확립으로 이어져야 하나 현실은 부익부·빈익빈의 현상을 나타내고 있다.

타원형 계층구조를 이뤄 안정과 발전을 꾀하기 위해서 지속적인 국가정책과 제도의 발달로 상류층과 하류층의 비율이 비슷하고 중산층이 늘어나야 한다. 경제학자들은 소득 기준으로 중위소득 50% 이상을 상대적 중산층으로 그 밑을 상대적 빈곤층으로 구분한다. 중산층의 폭을 넓히고 튼튼하여야 사회가 안정되고 통합하는 협력이 강한 방향으로 갈 수 있다.

한국사회의 계층은 세계경제위기를 겪으며 심각하게 사회의 양극화를 비롯해서 직업, 교육, 빈곤, 농어촌, 다문화 문제가 당면문제로 제기되고 있다. 일용직 노동자와 자영업자, 농어민, 실직 젊은이, 불우노인 등의 고달픈 생활을 외면하지 말아야 한다.

지난 40년 동안 한국사회의 계층과 불평등 문제를 연구해 온 프랑스 사회학자인 피에르 부르디외가 확산시킨 구별 짓기인 계층과 계급문제의 갈등과 모순도 해결해야 할 당면과제다. 450만 명의 실업자가 양산되고 심화되어 온 사회의 양극화와 불평등문제 해결에 적극적으로 정부가 나서야 한다. 지난 반세기 동안 급속한 직업구성의 변화, 다른 경제협력개발기구 국가들과 비교해 상대적으로 많은 자영업자와 특수고용노동자의 문제도 마찬가지다.

지난 학년도 서울대 신입생의 아버지 교육수준을 조사한 결과 대학원 졸업 28%, 대졸 53%로 대졸 이상이 대부분이다. 1981년도의 보호자에 비해 대졸학력이 두 배 가까이 상향되었다. 현재의 입시제도가 상류층집 자녀들에게 유리할 수밖에 없는 현실이다. 우리 사회가 극복하고 해결하여야 할 우선문제는 계층 간의 격차 해소보다 취약계층의 삶의 질 향상과 빈곤 퇴치다.

지나친 양극화로 인한 계층 간 간극을 좁히는 노력은 필요하지만 사회적 하향평준화를 초래해서는 안 된다. 중산층의 삶을 규정짓는 절대적 기준의 생활수준을 설정한 뒤 정책적 · 제도적 뒷받침을 한다면 전 국민의 중산층화도 가능하다. 빈민층이 자신도 중산층으로 거듭날 수 있다는 확신과 꿈을 키워 가도록 사회적 경제적 배려를 위한 정책을 펼쳐 가는 일이 우선이다.

사회계층화 현상은 평등사회 실현에 가장 큰 걸림돌이 될 수 있다. 사회 구석구석을 들여다보면 재산의 차이, 권력의 차이, 지식의 차이에 따른 인도의 카스트제도와 같은 사회 불평등 현상이 존재하는 것이 우리의 현실이다. 이를 해결하기 위한 방법으로 제도적인 측면에서는 경제문제를 해결하기 위한 재산 재분배가 필요하다. 또한 권력문제는 시민참여시설과 기회를 확충하여 시민의 소리를 직접 듣고 그것을 실천하기 위한 국가운영에 일반 시민들이 권력행사를 할 수 있게 도와주어야 한다.

지식의 차이를 해결하기 위해서는 공교육의 강화가 필요하다. 지식문제를 해결하기 위해서 개인에게 만족할 수 있도록 국가가 교육기능을 제공해야 한다. 국가경쟁력을 높여서 국가가 발전하면 개인도 발전한다고 생각하며 국가도 이러한 개인의 노력에 보답하는 국가정책을 실시해야 한다.

권력문제도 개인의 적극적인 사회참여로써 해결할 수 있도록 제도를 개선해야 한다. 사회 불평등을 해소하기 위해서 제도적, 개인적 개혁은 상호보완적인 관계를 유지해야 한다. 선진국도 한 계층을 올라가는 데 백 년이 걸린다. 쉽지 않은 계층이동을 조금 수월하게 할 수 있도록 하류계층에 대한 정책과 배려가 필요하다.

열심히 노력하면 한 계층, 한 계층 상승할 수 있다는 꿈을 가질 수 있도록 사회적 제도적 보완이 필요하다. 함께 더불어 행복하게 살아가는 공통지향성을 실천해 가야 한다.(2010. 3. 7.)

scene 20 :

펀(FUN) 리더십

세상이 복잡하고 경쟁이 치열한 가운데서 여유로운 웃음을 즐기며 일상을 영위해 가는 삶은 만족과 행복을 가져다준다. 경쟁과 생존의 강박관념에 싸여 직장생활과 경제활동을 하는 사람들에게 여유와 웃음은 소중하고 절실하다.

이와 같은 소망을 현실에서 구현해 갈 수 있는 한 방법이 '펀의 리더십'으로 야기되고 있어 주목을 끌고 있다. 펀의 리더십은 50세가 넘은 한국 출신 재미교포가 주창한 것으로 미국 각 기업과 대학, 비엔나와 포르투갈, 두바이, 유럽 각국을 누비며 전 세계적으로 열풍을 일으키며 각광을 받고 있다.

이니셜 펀(FUN)은 신나게(Fun), 독창적으로(Unique), 보살피라(Nurturing)는 의미를 지니고 있다. 이를 최근 재미교포 진수 테리가 주창하여 미국은 물론 전 세계의 경영발상전환에 커다란 충격을 던져 주고 있다. 자발성과 기대감이 없을 때에 신나는 마음을 기대할 수 없다. 글로벌시대에 경쟁의 핵심은 독창성에 있으며 다양성 시대에는 이웃공동체를 보살피는 관심과 배려가 절실하다.

이런 차원에서 펀의 리더십이 필요하며 모든 사람들에게 각광을 받을 수 있다. 그는 웃는 회사가 성공하며 재미있는 사람이 일도 더 잘한다는 확신을 갖고 이를 구현하기 위해서 다양한 방법으로 분위기를 바꾸고 종업원에게 기대와 활력을 불어넣어 주고 있는 기법을 강조한다.

심각한 일일수록 웃음으로 대응하라고 역설하는 새롭고 파격적인 펀 경영 전문가다. 현재 미국 전체 기업과 조직이 진수 테리의 '펀 경영' 배우기에 열을 올리고 있단다. 조급함과 당황함이 결과적으로 많은 손실과 피해를 준다는 것을 다시 검토하여 문제를 극복하려는 방법과 시간적 여유를 찾으려는 지혜. 함께 독창적으로 신나게 일하므로 직장에서 사회에서 불평불만을 해소하고 기쁨을 창출해 갈 수 있다. 당황하는 상대방에게 부담을 주지 않고 웃음으로 안정과 자신감을 줄 수 있는 마인드를 실천할 수 있는 방법이기도 하다.

진수 테리는 한국에서 박사 과정 중 도미하여 음식점 종업원과 최저임금을 받는 의료부품 조립공을 거쳐 외국인 노동자들을 숙련시키는 공장 작업반장과 미국 의류회사 컷루스의 부사장을 역임했다. 샌프란시스코에서 라이노(코뿔소) 비즈니스 클럽을 설립했다. 또한 그녀는 미국 연방정부로부터 수출 공로상을 수상하고 2004년 펀 경영을 기반으로 한 글로벌 리더십 컨설팅회사 AGC를 설립했으며 미국 ABC - TV에 의해 '아시아 지도자 11인'에 선정됐다. 좌절과 실패를 모르는 끊임없는 미래의 도전자다.

진수 테리는 현재도 음반 취입, 만화영화 제작, 만화책도 발간하고 펀 경영책도 펴내고 있다. 지금은 미국인 남편에게 비행기 조종을 배우고 있는 포기할 줄 모르는 역동적인 도전자다.

재미없는 사람은 조직에서 대우받을 수 없으므로 신바람과 활력을 불어넣어 주고 창의성을 촉진시켜서 애사심을 갖게 해 주는 일에 전력을 기울이고 있다. 학습과 연구 그리고 삶 모두가 재미가 있어야 효율성이 높고 능력발휘가 된다는 주장이다. 그렇지 못할 경우 이탈을 생각하며 좌절하게 된다. 절대적인 긍정과 자신감이야말로 성공의 필수요소라는 점을 항상 강조한다. 유쾌함과 유머와 편안함을 갖춘 진수 테리는 친화력과 웃음의 대가이기도 하다.

실리콘밸리의 CEO들에게 너무 심각하지 말라고 충고를 아끼지 않는다. 직원들의 창의성을 키워서 회사를 만들고, 직원들의 실수와 잘못을 축하하며, 신나는 메시지로 전 세계를 펀으로 사로잡는 긍정적 낙관적 주의자다. 경영기법과 모든 사람들이 효과적으로 활용할 수 있는 펀 경영 논리를 확산시켜 가는 노력이 필요한 때다.

실패를 두려워하지 않고 자신의 단점을 오히려 독특한 트렌드와 개성을 지닌 매력으로 승화시킬 줄 아는 사람이 성공하는 시대임을 증명한 진수 테리다. 그녀는 흑인 힙합그룹과 함께 취입한 노래로 그래미상에 도전했고 빌보드 입성을 노리고 있다. 무한한 가능성에 항상 도전하고 주위사람을 포용할 수 있는 태도가 중요함을 보여 주고 있다.

재미없는 사람이라는 이유로 회사에서 해고당한 뒤 아예 펀 경영 트레이너로 변신한 '역발상의 대가' 진수 테리는 오늘도 그녀가 세계를 웃음천국으로 만들며 좌절과 실의에 빠진 사람들에게 희망과 꿈을 심어 주려 최선을 다하고 있다는 사실이다. 이제 진수 테리의 펀 리더십을 우리 기업은 물론 모든 조직에 도입할 것을 권하고 싶다.

사회변동에 따른 대처와 선도자적 역할은 창조적 발상과 도전에 있음을 우리에게 강조하고 있다. 400만 명의 백수가 일자리를 찾지 못하고 실의와 좌절에 빠져 있는데 편 경영에 참여하여 희망과 새 삶의 터전을 이뤘으면 한다.

미래는 항상 준비하고 도전하는 사람에 의해서 이루어지기 마련이므로 의지와 능력을 키워 가는 일에 최선을 다하길 바란다.(2010. 4. 19.)

문화

다양성 시대의 언론기능

지금처럼 매스미디어의 중요성과 영향력이 큰 때도 없었다. 미디어 정책의 개선과 자율권 사이에 갈등이 심하다. 권부의 언론장악기도와 도를 넘는 언론기관의 자율권이라는 시비는 쉽게 가라앉지 않을 전망이다.

지난 4월 18일 캠프데이비드 별장에서 개최한 한·미 정상회담에서 미국과 6개월간 끌어온 쇠고기 수입문제를 전격 타결했다. 언론에서 검증되지 않은 광우병 발생 위험성을 보도하자 국민의 반발은 타오르는 장작불에 휘발유를 뿌린 것처럼 들끓었다. 그 결과 3개월 가까이 협상 무효화를 부르짖으며 거리의 촛불은 사그라지지 않고 있다.

산적한 국내외 문제해결을 위해 한 걸음도 나가지 못하고 있는 안타까운 실정이다. 보·혁으로 나누어진 세력들이 쇠고기문제를 이슈화하여 연일 촛불데모를 벌이고 있다. 지면과 스크린을 차지하는 비중도 너무 큰 것 같다.

　다양한 가치를 추구하는 사람들이 긴밀하게 상호작용을 하면서 살아가고 있는 오늘의 사회에 언론의 기능과 역할이 어느 때보다 중요하다. 이번 일은 농수산부가 검찰에 수사 의뢰한 MBC 시사보도 프로그램 광우병 보도가 결정적인 영향을 미쳤다. 4월 29일 MBC TV에서 방영된 PD수첩 '미국산 쇠고기, 과연 광우병에 안전한가.'라는 보도는 시의성이 적절했으나 내용의 왜곡과 사실관계의 미흡으로 갈등을 확대 조장시키는 결과를 초래했다. 이를 확대 재생산시킨 것은 2000년부터 급성장한 포탈, 다음의 토론방 아고라의 역할에 있다고 해도 과언이 아니다.

　이제 포털사이트의 영향력은 기존 신문방송을 능가하고 있다. 속도와 다양한 수용자를 장점으로 하는 언론영역으로 자리 잡은 포탈은 언론사에서 제공받은 뉴스를 게이트 키핑 과정에서 제목을 자극적으로 선정하며 상업적으로 악용하고 있어 문제가 크다.

　자율적인 옴부즈맨제도를 통한 자정 노력이 요구될 뿐 별다른 방법이 없는 것도 극복해야 할 과제다. 포탈이 가지는 인터넷 접근성이 용이한 현실이다. 세계에서 인터넷 이용자가 3위인 우리나라 국민이 이용자의 88.1%가 포털 서비스를 받고 있다. 문제는 포탈의 이목 끌기, 흥미 위주의 악성댓글 달기에 대한 무책임성에 있다.

　대중을 자극하고 선동하며 감정에 불을 붙여 중립가치를 훼손하고 국민의 자율적 선택권을 혼란시키기 때문이다. 뿐만 아니라 언론주도권 쟁탈전이 도를 넘어 보수와 진보 진영의 심각한 대립과 갈등을 증폭시키는 결과를 초래하고 있다. 언론은 거울처럼 진실과 사실을 보도하면서 공공의 이익과 미래를 위해 선도하는 대안과 방향을 제시하는 것이 우선되어야 한다. 다음으로 대안 있는 비평과 부정적인 문제를 중립가치에 입각해서 제기하여야 한다.

언론이 상업주의나 이념과 결탁하여 편향된 보도로 선동과 자극을 조장하면서 확산시켜 간다면 어떠한 권력도 막을 수 없다. 언론의 영향력은 시대에 따라 달라지기 마련이지만 지금처럼 급속도로 변화한 때가 없다. 최근 언론재단의 언론수용자 의식조사에 따르면 신문 정기구독률이 34.6%이다. 1996년에는 69.3%로 12년 만에 반으로 떨어졌다.

여기에는 언론기능을 변화시킨 구조적 문제와 신문에 대한 불신이 작용한 것으로 볼 수 있다. 미국 언론학자 필립마이어 교수의 신문은 사라진다는 예견을 무시할 수 없는 현실인 것 같다.

라스웰(H. Lasswell)은 언론의 기능을 환경기능(뉴스보도), 상관조정기능(정보소식의 중요한 것. 사설, 논평, 해설) 문화적 유산전달기능(지식, 규범, 가치, 태도, 행위양식, 사회화에 기여하는 문화전통계승)의 3대 기능을 주장하였으며 이 외에 오락기능(심리적 보상, 긴장해소, 오락, 스포츠, 연속극, 신문소설)이 있다. 매케일(D. McQuail)은 여기에다 동선적 역할을 추가시켰다. 즉 국가이익증대, 사회발전 특정가치와 행동 유형을 확산시키는 에이전트 역할을 담당한다고 했다.

언론의 기능이 대내외적 환경요인에 의해서 왜곡되거나 변형되어서는 곤란하다. 사회구성원에게 역기능을 미쳐 갈등을 조장하기 때문이다. 미디어정책을 정치적으로 해석하는 사회적 분위기는 참여, 공유, 개방이라는 인터넷 상징가치를 위협하고 있으며 사고와 표현의 자유를 침해할 수 있어 문제다. 자연적인 국민소통의 창구를 장악해서는 안 된다.

마셜 맥루한의 "미디어는 메시지다."라는 말은 내용과 가치의 중요성을 강조한 말이다. 사실과 공익가치를 전달해야 함을 의미한다. 지금처럼 이념과 가치대립으로 언론 마음대로 보도해서는 안 된다. 역사의 지탄과 국민의 심판을 받기 마련이다. 보수지향적인 언론기관은 구타 당한 경찰기사를 부각시켜서 촛불시위자의 폭력성을 독자에게 각인시키려 한다.

진보지향적인 언론기관은 경찰의 과잉 진압보도에 적극적이다. 언론의 정파적인 이해관계에 따른 신문, 방송기사는 독자와 시청자의 불신을 증폭시킨다. 메시지를 잡는 것은 진실한 사회의 흐름을 잡는 것이고 이것은 바로 민중의 힘이 된다. 언론이 공공성과 독립성을 훼손할 때에 존재가치와 의미를 상실하게 됨을 인식하여야 한다. 신문 법 및 언론중재법을 개정하여 포탈뉴스의 사회적 책임을 부여하는 문제도 시급하다. 포탈 저널리즘을 신문 법을 개정하여 의무와 책임을 강조하여야 한다.

직접규제보다는 구성원들의 자율적 합리적인 방안을 모색하여 개선할 필요가 있다. 언론이 공정성, 진실성, 공익성을 외면하고 자의적으로 기능을 발현한다면 어떤 무기보다도 강력한 무기가 되어 인류사회에 해악을 끼칠 것은 두말할 여지가 없다. 언론종사자의 윤리와 가치관이 중요한 이유다.

자정노력이 사회와 국가, 인류에게 순기능을 할 수 있도록 끊임없는 쇄신과 자기관리가 중요하다. 언론종사자의 가치편향, 감정, 개인가치, 정파지향, 이념성을 철저하게 배제하고 경계하여야 한다.

다양한 언론매체는 보편성, 가치중립성, 진실성, 긍정성, 미래지향성을 존중하며 상이한 구조와 방법의 특성을 존중하면서 기능과 역할을 다해 주기 바란다.(2009. 7. 8.)

scene 2 :

함께 나누는 사랑

연말이 찾아왔다. 해마다 벌어지는 자선냄비 종소리가 정겨워져야 할 때다. 그러나 금년은 암울하고 여유가 없는 것 같아 마음이 슬프다. 연이어지는 기업체의 부도, 감원소식은 연말을 더욱 우울하게 해 준다.

새싹의 꿈을 지켜 가는 겨울나무처럼 희망의 불씨를 지켜 가는 일이 중요하다. 함께할 때만이 불씨를 지켜 갈 수 있다. 일 년 내내 모은 돼지저금통의 동전을 통째로 모금함에 넣고 흐뭇한 미소를 짓는 초등학생을 볼 때에 가슴이 뭉클하다. 십시일반의 미풍양속으로 어려운 이웃과 함께하는 우리 사회가 정말로 아름답다.

1995년 IMF가 왔을 때에 금모으기 운동을 자발적으로 벌였다. 국민의 단결과 참여가 국가의 위기를 극복했다. 함께하는 공동체의 위력을 우리는 역사 속에서 체험해 왔다. 세계에 불어닥친 금융위기는 어려운 사람들에게 더 큰 고통을 감내하라고 요구하고 있다. 새벽 농수산시장

문화 99

에서 70대 할머니가 대통령을 붙잡고 하루 2만~3만 원을 벌기 위해 새벽부터 떨고 있으나 날이 갈수록 장사가 너무 안 된다는 하소연이다.

대통령도 눈시울을 붉혔다는 보도다. 없는 사람은 추위를 이길 연탄과 식량이 우선이다. 밥 퍼 봉사활동은 몇 년째 꾸준히 노숙자에게 식사를 대접해 주고 있다. 연탄은행도 가난한 사람에게 겨울나기 연탄을 배달해 주고 있다. 아직도 우리 사회에 연탄과 쌀을 걱정해야 하는 사람이 많은 현실을 인식하여야 한다. 인정 많은 한민족은 어려울수록 이웃과 함께하며 살아왔다.

남의 처지를 헤아리며 도와주는 미덕은 세계에서 도덕적 경쟁력을 높여 줄 수 있다. 우리뿐만 아니라 세계적인 쿵푸스타 성룡(成龍)도 4,000억대의 전 재산을 사회에 기부하겠다고 밝혔다. 평소에도 수입의 일정액을 꼬박꼬박 기부해 왔던 그이기에 감동이 크다. 공수래공수거(空手來空手去)의 철학을 실천하겠다는 마음이다.

이미 자신재산의 80% 이상을 기부한 워런 버핏 버크셔 해서웨이 회장, 수백억 달러의 거부인 빌 게이츠 마이크로 소프트회장 등이 대표적인 거액기부자다. 우리의 류근철 한의사는 뒤축이 찢어진 구두를 20년째 신고 다니며 구멍 난 내의를 입는 짠돌이다. 그는 자신의 대부분 재산 578억 원을 KAIST에 기부하였다. 우동장사 김복순 할머니가 2억 8,000만 원을 경희대에, 평생 김밥을 팔아 모은 50억 원을 충남대에 기증한 이복순 할머니, 옷감가게를 하면서 모은 10억 원을 서울 가톨릭대에, 30년간 방직공장에서 일해서 번 아파트(2억 500만 원)를 이명기 할머니는 동국대에 기증했다. 아프리카, 중앙아시아, 남미지역의 가난한 아이에게 정기적인 후원자가 있다.

남녀노소, 빈부를 떠나 국민 모두가 나눔의 사랑에 동참할 때에 사회는 풍요롭고 아름다워진다. 방송사 자선 프로그램을 보면서 휴대폰 전화로 1,000원, 2,000원씩 보내는 사람을 볼 때 콧등이 찡하며 가슴을 울린다. 한국인의 기부지수는 지난해 55.0%로 2005년보다 13.6%가 줄어들었다. GDP대비 기부액이 미국의 3분의 1에 불과하다. 경제적으로 어려울 때에 도와줄 사람들이 많다. 공동모금회는 작년보다 많은 모금목표를 정했다. 국민 모두가 참여하여 목표달성에 앞장서야 한다.

함께 나누는 사랑은 어느 때를 막론하고 아무리 강조해도 부족하다. 연말 망년회도 눈에 띄게 줄어들고 기부하는 사람이나 물품기증자도 작년에 비해 많이 줄어들었다는 하소연이다. 나누고 돕는 방법을 찾아 실천하는 지혜가 필요한 때다. 철이나 유행이 지나 입지 않는 옷이나 구두를 깨끗하게 손질하여 필요한 사람에게 전달하는 방법이 있다.

음식이 남을 때는 푸드 뱅크에 갖다 주면은 필요한 사람이 아주 요긴하게 먹을 수 있다. 우리나라의 1년간 음식쓰레기를 돈으로 환산하면 연간 11조 원이며 북한의 1년 예산은 14조 원이다. 이를 북한 동포에 지원해 주면 굶주림에서 벗어날 수 있다. 한 사람이 할 수 없는 일도 함께하면 위대한 역사를 만들어 가듯이 해낼 수 있다.

1950년 6·25전쟁으로 많은 사람이 산골마을로 피난을 갔다. 생면부지의 사람에게 먹을 것을 주고 잠을 잘 수 있도록 방을 내주었다. 따뜻하고 감동적인 한민족의 함께하는 공동체 정신이 없었다면 수많은 사상자를 냈을 것이다. 함께하는 정신은 70년대 새마을운동을 전개하여 빈곤, 무지, 질병을 퇴치시키고 잘사는 국가의 기반을 만들었다. 이렇듯 역사 속에서 우리 민족의 위대한 정신을 찾아서 세계적인 금융위기를 극복해 가야 한다.

온 국민의 실천으로 다시 한 번 위대한 한민족의 슬기를 세계만방에

과시해야 할 때다. 반만년을 우리 민족은 꿋꿋하고 지혜롭게 나라를 지키며 문화와 역사를 발전시켜 왔다. 온 국민이 함께 나누는 사랑보다 더 귀한 것은 없다. 몸과 마음으로 나눔에 참여하자고 호소한다.(2008. 12. 8.)

scene 3 :

먹을거리의 안전보장을

안심하고 먹을 음식을 걱정해야 하는 시대가 됐다. 건강유지를 위해서는 몸에 좋은 청결한 음식을 먹는 것이 기본인데 농약을 비롯한 유해물질이 뒤범벅인 식품이 판치는 세상이다. 농수산물의 생산과정, 유통과정, 요리과정, 보급과정 모두가 안전성이 보장돼야 한다. 식재료인 농수산물의 안전성이 담보되지 않아 소비자가 불안하게 걱정하며 구입하고 있다.

광우병, 멜라민, 유해식품파동으로 사람이 먹고사는 음식에 대한 위험이 도를 넘고 있는 현실이다. 중국에서 발생한 멜라민파동은 우리 사회를 경악시켰다. 멜라민이 든 분유를 영유아가 먹어 신장결석으로 사망한 사실이다.

여기에다 화학 약품을 이용해 만든 인조계란은 우리에게 큰 충격을 주었다. 중국 공장에서 생산해 온 새우깡과자에서 발견된 생쥐머리도 국민의 눈을 의심하게 했다. 그러나 잠깐일 뿐 쉽게 잊어버리고 언제 그랬느냐는 듯 다시 반복되는 불량식품은 근절되지 않고 있다. 초등학교 앞 문방구에서 판매되고 있는 오색찬란한 사탕, 껌, 젤리, 과자 등의 위생 상태는 불결하기 짝이 없고 유해성분은 전혀 검증되지 않은 채 판매되고 있다.

식품첨가 색소는 과잉행동장애의 원인이 된다. 식중독위험이 있는 화학물질이 범벅인 색소불량식품이 범람하고 있으나 단속무풍지대다. 누구나 안전한 식품을 늘 요구하고 있는 심리를 악용해서 소비자를 속이고 우롱하며 불량식품을 판매하고 있으나 속수무책이다. 값비싼 친환경, 무항생제, 농축수산물의 생산 및 유통과정에 대한 불신의 골이 높아지고 있는 것도 한 사례다.

중부일보에 따르면 소비자에게 신뢰를 주기 위해서 경기도에서는 전국 최초로 도매시장, 대형유통매장, 백화점 등지에서 판매 중인 농축산물에 대한 무기한, 무제한, 무차별로 먹을거리 안전성의 검사를 실시한다는 보도다. 이를 위해 대형유통매장에 무기한, 무제한, 무차별의 3無검사를 강화한다.

무기한은 월 1회 이상 정기검사를 실시하고 검사성적표를 매장에 개시해 놓도록 했다. 무제한은 도매시장, 할인매장, 백화점 등 대형유통매장에서 판매 중인 농축수산물을 수거하여 검사를 실시한다. 무차별은 지역과 계절을 따지지 않고 불시에 수거하여 유통점유율이 상위권에 들어 있는 제품이나 유기농 등을 품질인증 농축산물일 경우 집중적으로 수거 및 검사를 실시한다. 3무 검사는 수동적인 조치가 아니라 경기도가 먼저 나서서 주도적으로 안정성 검사를 실시한다.

얼마 전 경기도 내에서 유통되는 농축산물의 70% 이상을 차지하고 있는 농협 하나로 마트, 롯데마트, 이마트, 홈플러스, GS스퀘어, 엔씨, 현대백화점 등 110개의 유통매장 및 백화점, 물류센터와 먹을거리 안전협약을 체결했다. 선의의 약속이행을 통해 유통구조를 개선하고 소비자로부터 신뢰를 얻는 기회가 돼야 할 것이다.

유통매장 안전성 검사는 식품가공 전에 농약잔류 및 잔류물질 등 허용기준 고시 항목을 검사한다. 도매유통매장과 도내 74개 매장을 관할하고 있는 6개 물류센터를 중심으로 제품수거를 집중수거 관리한다. 수거검사에서 불합격판정을 받은 식품은 전량 회수하여 폐기 처분했다. 불량식품이 소비자에 공급되기 전에 사전 차단하겠다는 발상은 잘한 일이다.

식재료는 사후 약방문이 되어서는 안 되기 때문이다. 먹을거리 안전관리의 가시적인 성과는 소비자 불만 일사천리(1472) 시스템이 한몫하고 있는 것으로 판단된다. 문제는 단속에는 한계가 있어 자발적인 판매업자와 소비자의 감시활동이 지속되어야 한다. 얼마 전 중국의 수입 수산물을 모 방송사에서 현지취재를 해서 보도한 적이 있다.

사람이 도저히 먹을 수 없는 불결하고 오염된 시설에서 수산물을 손질하여 우리나라에 수출하는 현장이었다. 미국과 일본에 수출하는 수산물은 현대화된 시설에 위생적으로 가공을 해서 수출을 하고 있었다. 이유는 우리나라 수입업자는 값싼 제품을 요구하고 미국과 일본 업자는 청결하고 값비싼 제품을 요구하기 때문이란다.

수입업자와 중간상인들의 뼈저린 반성이 있어야 한다. 자신의 이익을 위해서 수단방법 가리지 않고 국민건강은 안중에도 없는 사람에 대한 엄격하고 강력한 제제가 절실하다. 유통 업자를 상대로 철저한 사회교육을 강화시켜 가야 한다. 사업허가요건에 위생과 국민건강 및 공공가치와 윤리도덕 수강시간을 의무화하고 분기별로 유통 관련 교육을 받도록 제도를 강화해야 한다.

불합리한 유통구조개선을 위해서 업자의 자율규제와 시민감시체계를 확립시켜 가야 한다. 식품범법자를 중형에 처하도록 형법을 개정하여 엄한 처벌을 제도화시켜야 한다. 수입 시에 검역과 통관시스템을 강화시켜서 불량식품 수입의 근절방안을 다각적으로 모색해 가야 한다.(2008. 12. 21.)

다문화가정에 관심을

다문화가정이 격고 있는 다양한 문제해결은 이들을 공동체구성원으로 인식하고 관심을 가질 때에 실마리를 풀어 갈 수 있다. 다문화가정에 대한 관심과 사랑이 절실한 이유다. 우리 이웃에 있는 다문화가정의 어려움을 함께하려는 마음을 가져야 한다. 이들에 대한 각별한 배려로 감싸 안으며 격려와 희망을 주어야 한다.

이들은 우리 사회와 자연환경과 역사와 전통문화가 다르다. 가슴에 저며 오는 고향생각과 그리운 사람을 뒤로한 채 새로운 삶의 둥지를 튼 사람들이다. 허전하고 외로운 마음에 새로운 정을 키워 가길 갈망하고 있다. 다문화가족은 이제 우리 사회의 중요한 사회구성원으로 다양한 역할을 하고 있음에도 이들의 권익은 제대로 보호받지 못하고 있는 실정이다.

우리나라에 거주하고 있는 다문화가족이 전체 인구의 2%에 해당되는 100만 명을 상회하고 있으나 이들은 주변인으로 당당하고 떳떳한 삶을 살아가지 못하고 있다. 일부 농촌지역이나 중소도시에는 외국인 결혼이주자가 30～60%에 이른다.

세계화와 초일류국가 건설이 본격화되어 가고 있는 가운데 경제적으로는 단일시장 형성을 서두르는 글로벌시대이다. 우리나라의 다문화시대는 6 · 25전쟁을 전후해서 대규모적인 초기 국제결혼과 혼혈1세대를 중심으로 도래하기 시작했다. 낮은 정체성과 소속감은 자신감을 갖지 못하여 자포자기하기 쉽고 성취의욕을 저하시켜 준다.

자신이 외국인이라는 인식을 갖고 있어 한국생활이 항상 이방인처럼 느껴질 수밖에 없는 이들이다. 한국인이라는 자긍심과 미래에 대한 비전과 꿈을 갖지 못한 채 생활하고 있다. 국가와 사회차원에서 희망을 심어 주는 정책적인 지원이 절실하다.

다문화가족에게 좌절감을 극복하고 부푼 꿈과 자신감을 심어 줄 수 있는 다양한 방법을 모색하는 일이 중요하다. 전문 직종에서 일하기를 원하나 현실적으로 거의 불가능하므로 소망을 잃고 쉽게 좌절하게 된다.

미래의 가능성에 대한 확신을 심어 주는 일과 잠재력 개발을 위한 자발적인 노력과 정책적인 지원을 조화 있게 활용하는 지혜가 필요한 때다. 주변인으로 머물고 있는 다문화가족을 주류에 편입시키기 위한 제도적이고 정책적인 지원과 노력이 절실하다.

자신이 보는 나와 타인이 보는 나의 차이를 줄이기 위한 노력을 통하여 현실의 거리를 좁혀 가야 한다. 마치 이상과 현실의 괴리를 조정해 가듯 인식의 변화를 통해 통합사회를 건설하는 데 함께 참여하여야 한다. 다문화가족이 자신감과 희망을 실천해 갈 수 있는 교육과 훈련이 필요하다.

지역사회에 다문화센터를 설립하여 언어, 한글독해를 위한 사회교육을 실시하도록 한다. 열등의식을 자신의 개성과 장점으로 변화시켜서 당당한 생활을 영위해 갈 수 있도록 지원해 준다. 자포자기하지 않고 난관을 극복하며 아름다운 생각과 긍정적인 사고를 키워 주어야 한다. 다문화청소년을 비롯해서 이들이 갖고 있는 잠재된 열등감을 극복하여 진취적인 사고를 갖고 당당하게 살아갈 수 있도록 지속적으로 사회적 관심을 기울여야 한다.

사람을 진정으로 사랑하지 않는 이웃이 결코 다문화가족을 이해할 수 없다. 다문화가족의 부족함을 자신의 개성과 장점으로 살려서 발전해 갈 수 있는 사회시스템을 만들어 가야 한다. 다문화가족 구성원의 개성과 능력 성장을 위해서 공인성과 자랑스러움을 키워 주기 위한 자아존중프로그램을 실시하는 일이 중요하다.

소외되고 무시당한다는 오해를 불식시키고 특별한 기회를 제공하여 자신의 의지력을 키워 주는 노력이 우선이다. 특히 다문화자녀들에 대한 교육문제는 시급하다. 대전과 충남지역에는 다문화학생이 2,244명이 있는데 이들은 일반학교에서 수업하므로 부적응이 매우 심각하다. 이들을 위한 대안교육 같은 별도의 학급과 학교의 운영을 서둘러야 한다. 농어촌의 경우 형편이 더욱 열악하여 진학포기와 학습저하가 심각하다.

이들을 위한 프로그램 개발과 동아리 활동 및 별도의 교실과 학교를 건립하여야 한다. 대학생과 다문화가정과 일대일 멘토링 프로그램을 활성화시켜 부적응 학습문제를 해결해 가야 한다. 지역사회지도자와 자매결연을 맺어 이들이 다문화가정의 희망설계사 역할을 하여 좌절에서 희망의 힘을 찾을 수 있도록 도와주어야 한다.

다문화가정의 2세들이 소외계층으로 전락되는 것을 방지하기 위한 지자체 차원의 지원도우미 역할이 절실하다. 이러한 문제를 종합적으로 해결하기 위해서는 다문화 기본법을 하루속히 제정하여야 한다. 다문화정책을 비롯한 모든 문제에 대하여 컨트롤타워 역할이 매우 중요하기 때문이다. 다문화 총괄 조정기구를 만들 수 있는 법적 기반이 이루어질 때에 각종 법령의 무분별한 난립을 방지할 수 있다.

우리는 앞으로 교육, 경제, 사회, 문화해소를 통한 다문화강국을 만들어 글로벌시대를 선도해 가야 한다. 일상적인 삶은 권력이나 재물보다 관심과 사랑이 더 절심함을 인식하여 이를 다문화가정에게 실천해 가야 한다.(2009. 4. 19.)

scene 5 :

인정(人情) 문화의 발전을

우리 민족은 유난히 타인과 더불어 정을 나누고 함께 살아가기를 좋아했다. 자신은 끼니가 없어도 지나가는 나그네에게 먹을 것을 기꺼이 내주었던 희생적 나눔의 미덕을 키워 온 민족이다. 인정은 사랑의 눈물과 위대한 격려의 힘을 지니고 있다. 우리 민족은 맹자의 성선설을 인용하지 않아도 역사적 사실과 사회적 관찰을 통해서 다양한 감정을 조절하면서 함께 살아가려는 아름다운 마음을 갖고 있다.

때로는 인정이 정실에 치우치기도 하여 관리들에게 은근히 선물을 공여하는 말로 사용되기도 하였다. 그러나 인정의 본질적 의미는 사바사바하는 청탁의 성격이 아니다. 마음깊이 고맙고 감사해서 표현하는 마음과 행동이다. 사회가 미분화되고 단순한 농업사회에서의 생활은 서로 돕고 나누며 살아왔다.

두레공동체와 품앗이공동체가 그러하다. 현대사회의 전문성에 의한 경쟁 구조는 理性과 기계적 관계를 중시하게 되었다. 그러나 글로벌시대의 중요한 경쟁요소가 인정임을 주시할 필요가 있다. 동서고금을 막론하고 정을 나누고 쌓아 가는 것은 불변의 인륜이기 때문이다. 인간은 본래 남을 생각하고 도와주는 따뜻한 마음씨를 가지고 있다. 두터운 정은 시간이 지날수록 애틋해지고 소중해진다.

우리 민족의 역사는 인정 속에서 예절을 지키면서 살아왔다. 무려 931회의 외침을 받아왔으며 이 외에도 수시로 여진족과 왜구의 세세한 침략까지 포함하면 외침은 2,000번이나 된다. 우리 민족은 엄청난 시련과 위기를 인정으로 극복해 왔다. 나는 6·25둥이라서 가끔 돌아가신 할머니한테 피난민 시절의 이야기를 들었다.

생면부지의 사람에게 방을 내주고 식사를 같이 나누며 전란을 겪었던 훈훈하고 감동적인 인간애는 전쟁의 역경을 극복할 수 있었다. 내 것 네 것 구분 없이 같이 먹고 쓰면서 살아왔다. 우리의 옛이야기 속에 숨은 효도와 어른 섬기기도 인정의 실천에서 비롯된 것 같다. 측은지심을 갖고 부모, 일가친척, 이웃을 생각하면서 정을 나누고 주고받으며 살아왔다. 흔히들 요즈음 세상이 각박해져서 살맛이 안 난다는 말을 한다.

인정이 메말라 간다는 의미로 극복해 가야 할 당면과제다. 세상이 힘들고 어려울수록 나누고 격려하는 삶을 살아가야 한다. 타인에게 무엇인가를 줄 수 있으며 베풀 수 있음은 진정한 행복이고 아름다운 사랑이다. 사랑과 베풂은 함께 나눌수록 커져서 삶을 풍요롭게 해 준다. 훈훈하고 정겨운 인정의 바탕에서 사랑은 싹트기 마련이다.

베풂을 통해서 사랑은 이루어져 간다. 사랑을 에로스, 아가페, 필리아의 사랑으로 설명하는데 아가페적인 사랑은 인정의 기반 위에서 생성된다. 철학자 아리스토텔레스는 사람은 자기 자신과 같은 생각을 갖고, 같은 것을 바라는 사람 또는 자기와 함께 기뻐하거나 슬퍼하는 사람을 사랑한다고 설파했다. 필리아의 사랑은 뜻을 같이하지 않는 사람, 어리석은 사람, 악인까지도 사랑한다는 의미이다.

아가페의 사랑에서 필리아의 사랑까지 고양되어야 한다. 파스칼은 중보자가 없다면 신과의 모든 교제는 단절된다고 한다. 인정은 중보자를 성장시켜 준다. 인정은 가치갈등과 긴장을 해소하고 사회적응 양식을 강화시켜 준다. 경제적으로 어렵고 힘들수록 이웃끼리 참된 정을 나누고 함께하여야 한다. 인정을 나누는 데는 물질보다 정성스럽고 진실한 마음이 필요하다. 마음이 움직일 때에 행동하기 마련이다.

부모님, 선생님 그리고 고마운 분들에게 따뜻한 감사와 존경의 편지를 보내는 것도 아름답다. 한 송이 꽃은 시들기 마련이고 선물은 잠깐이지만 감동적인 한 통의 편지는 때로 가보가 된다. 보석보다 더 소중하다. 진정으로 존경하고 고마움을 담은 편지 한 통은 받는 사람에게 영원한 기쁨이 되고 활력을 불어넣게 된다.

간편한 이메일이라도 좋다. 분홍봉투에 사연을 담은 연서를 기다리던 대학 시절은 40년이 흐른 지금에도 그 추억이 그립고 아름다워 생활에 활력이 된다. 인간의 존엄성도 인정이 흐르는 온기가 있고 윤리가 상존할 때에 가치가 있다. 악의가 사라지고 선함과 배려로 가득한 인정을 꽃피우기 위해서 함께하는 사랑은 힘들고 외로운 현실을 극복해 준다. 따뜻한 말 한마디와 한 줄의 위로, 격려의 글을 이웃에 전한다면 우리 사회는 인정이 넘치고 훨씬 살기 좋은 사회가 될 것이다.

아직도 자신의 욕심에 포로가 되어 알량한 권력을 휘두르며 사욕을 채우기에 혈안이 된 불쌍한 사람이 우리 사회를 좌지우지하려 한다.

결코 이룰 수 없는 과욕임을 자각하지 못할 때 불행과 파멸이 찾아옴을 강조한다. 인정은 상대에게 비라리하게 한다. 측은지심을 갖고 배려하고 나누는 것은 인정에서 우러나옴을 인식하여야 할 때다.(2009. 5. 17.)

scene 6 :

희망의 예술제를

지자체에서 경쟁하듯 다양한 지역예술제를 개최하고 있다. 예술은 생활자체이며 삶의 질을 향상시켜 가는 대표적인 활동이므로 문화의 발전과 함께해 왔다. 지자체의 예술은 지역사회의 여건과 특성 속에 발전되어 가야 한다. 주민이 신바람이 나서 자발적으로 예술인과 함께 어우러져서 즐기며 체험하여 감동을 자아내야 한다.

아름다운 지역축제의 일환이 되어야 한다. 현실은 지자체의 예술제를 예총에서 주최하며 산하단체인 사진가협회, 국악협회, 연예예술인 협회, 문인협회, 음악협회, 무용협회에서 주관하고 있다. 물론 개회식 에는 지자체장과 지역출신국회의원의 인사말이 빠지지 않는다. 이들은 한결같이 자신의 공과를 늘어놓으며 만족해한다.

대부분 지자체에서는 5천만 원에서부터 억대 이상의 행사비를 지원 한다. 프로그램은 단체별 특성에 따라 진행된다. 문협에서는 시화전,

미협에서는 미술체험과 저글링 퍼포먼스, 사진협회서는 사진전시회와 강좌, 무용협회에서는 신록의 명무전, 연예예술인협회는 열린 노래와 음악의 밤, 예총에서는 가야금 합주단과 비보이, 다비치, 진이 등 가수가 노래를 부른다.

단체장은 생색을 내고 주민은 기분 좋게 한판 놀 수 있어 좋다. 문제는 주민들의 호주머니를 털어 만든 지자체예산을 마구 쓴다는 데 있다. 예총은 어떡하면 시민을 생활 속의 예술 활동으로 끌어들일 수 있을까를 고민하여 다양한 방법을 찾아야 한다. 매너리즘에 빠져 행사를 위한 행사가 되어서는 곤란하다.

예술은 순수예술과 대중예술로 나눌 수 있는데 전문가가 아닌 일반 시민들은 대중예술에 더 많은 호기심을 갖고 즐기려 한다. 가곡이나 성악보다는 감정에 호소하는 대중가요에 더 관심을 갖는다. 판소리나 국악보다는 뽕짝을 선호한다. 상호 간 조화를 이루되 순수예술의 진흥을 위한 계기가 되어야 한다. 필자는 최근 지자체 예술제에 참석하였다.

텅 빈 행사장에 각 단체회원과 관변단체회원들이 무관심하게 자리를 차지하고 있다. 더욱 심각한 것은 동원한 초등학생이 떠들며 돌아다닌다. 예술제는 예술인들의 활동과 그간에 연마한 기량을 시민들에게 보여 주고 시민들의 예술에 대한 관심을 진작시키고 발전을 모색하는 데 있다.

일회용예술제, 단체장 홍보를 위한 예술제, 시민과 함께하지 못하는 예술제는 더 이상 지원해서는 안 된다. 철저한 사전계획과 사후평가를 통해서 예산을 세워야 한다. 반드시 행사 후에는 피드백을 하여 문제점을 개선하고 장점을 다음 행사에 이어가는 제도를 정착시켜 가야 한다.

전체 시민이 참여하고 함께 예술을 감상하고 즐길 수 있는 예술제가 되어야 함은 물론이다. 지역예술제도 시민이 함께 즐기는 축제기능을 다하여야 한다. 전문가집단의 참여와 관계자의 사명감 있는 행사진행이 절실하다. 예술은 문화의 한 부분으로 고급성을 추구하여야 미래를 기대할 수 있다. E. Durkheim은 축제를 공동체의 연대성과 지속성을 높이므로 공동체의 급진적 변화를 차단하고 안전과 지속 및 유지와 생존을 가능케 노력한다고 하였다.

지자체주민들이 축제를 통해서 사회구성원의 중요성을 인식하여 서로 사랑하고 협력하는 계기가 되어야 한다. 쿤은 축제의 특성을 고유한 시간적 형식을 가지며 이러한 시간적 형식은 환희적 현재를 제공한다고 하였다. 또한 고도의 기분을 통일시키고 고유공간이 필요하며 일상성을 뛰어넘는다. 삶의 압박으로부터 자유로움을 만끽할 수 있으며 축제에는 규칙에 따라 계획 및 수행이 이루어져야 한다.

지자체의 예술제가 시민들의 자발적인 참여와 운용으로 일상의 권태로움과 긴장에서 벗어나 진정으로 평화로운 자유를 만끽할 수 있도록 변화되어야 한다. 계획과정에서부터 시민참여를 촉진시켜서 수행과정이 화기애애한 충분한 휴식과 즐거움을 만끽할 수 있어야 한다. 남녀노소의 시민이 함께 어우러져서 시민공동체의 삶을 노래하고 회한과 노고를 위로하는 축제가 되어야 한다. 다수의 대표성을 가진 시민이 참여하는 범시민 축제추진위원회를 권역별로 구성하여 운용해 가는 것도 바람직한 발상이다.

생활권이 같은 몇 개의 지자체에서 공동으로 축제할 것을 권하고 싶다. 효율성을 기대할 수 있으며 함께하는 참여축제로 거듭날 수 있기 때문이다. 축제의 기저에는 주민통합과 문화발전의 목표가 녹아 있어야 한다. 축제를 통한 주민의 문화예술수준을 업그레이드시킬 수 있어야 한다.

　특히 전문가집단은 물론 소외받는 한계집단의 참여폭을 넓혀 간다. 지역축제를 통해서 경제도 살리고 문화도 꽃피우는 현명한 방안을 모색해 가기 바란다.(2009. 7. 5.)

scene 7 :
음식문화 개선을

인간만이 음식을 만들어서 먹을 수 있는 식문화가 발달되었다. 여러 가지 식재료를 과학적으로 배합하여 독특한 맛을 내는 음식은 예술과 같다. 지역에 따라 독특한 음식을 개발하여 다양한 맛을 발전시켜 왔다. 음식은 일상생활에서 대단히 중요한 비중을 차지하고 있어 꾸준히 진화되고 있다. 5천 년 역사 속에 발달해 온 한식은 종류가 많고 맛이 독특해서 세계시장에서 각광을 받고 있다.

비빔밥, 김치, 고추장, 불고기, 막걸리 등 다양한 음식으로 수출시장을 넓혀 가고 있다. 여러 가지 음식을 선택해서 즐기며 먹을 수 있는 것도 커다란 기쁨이다. 한식은 남는 반찬이 너무 많아 음식쓰레기를 양산하는 단점이 있으나 점차 개선해 가면 된다. 한 번 상에 올린 음식을 재활용하지 않고 버려서 음식쓰레기를 양산하고 있는 현실이다.

최근에 41만 5,268개 음식점 주인이 회원인 한국음식업중앙회가 음

문화 *119*

식쓰레기를 완전히 없애자는 남은 음식 제로 운동에 나선 일은 잘한 일이다. 한식은 남은 음식을 보관해서 다시 먹으면 맛이 변하고 신선도가 떨어지며 위생상의 문제도 야기된다. 간소한 상차림을 생활화해 새로운 음식문화를 정착시키고 안전하게 깨끗한 먹을거리를 확보하는 일에 전 국민이 나설 때다.

조선시대 21대 영조 임금은 역대 임금이 먹던 음식을 반으로 줄여서 식사를 했다. 그래서 역대 임금의 평균수명보다 배인 82세를 살았다. 건강과 장수를 위해서도 소식이 좋은 것으로 입증되었다. 남는 음식 제로 운동을 조기에 정착을 시켜서 '그린 코리아'를 실현해 가는 데 앞장서야 한다. 한 해 15조 원으로 추산되는 음식물 쓰레기를 줄이기 위해서 식문화개선운동을 전개해 가야 한다. 음식쓰레기를 줄여서 식량을 해외에 원조하려는 목표를 세워 실천할 때다.

우리나라에서 버리는 음식물이면 굶주림에 시달리고 있는 800만 명의 북한주민들을 배부르게 먹게 할 수 있다. 식량이 부족하여 굶어 죽어 가고 있는 북한 동포에게 관심을 갖고 민족차원에서 지원을 아끼지 말아야 한다. 몇 사람의 정치지도자 때문에 죄 없는 민중이 굶주려서야 되겠는가. 세계 인구의 6분의 1에 해당하는 10억 명이 단돈 천 원이 없어 끼니를 거르고, 영양실조로 고통받고 있는 현실을 직시해야 한다. 천 원이면 죽어 가는 생명을 구할 수 있다. 식재료를 덜 사고 덜 버려서 돈을 아끼고 모아서 굶어 죽어 가는 사람이 있는 북한, 아프리카 등지에 보내는 일은 우리의 당면과제다.

인류애의 구현은 조그마한 절약과 실천에서 비롯됨을 인식하여야 한다. 전 국민의 저탄소 녹색생활 구현을 위해서도 남은 음식 제로운동이 절실하다. 음식쓰레기에서 발생하는 탄산가스와 유해가스를 없애는 일도 중요하다. 맛있고 알맞게 한식을 먹을 수 있는 방법을 개선하여 음식을 아끼면 굶어 죽어 가는 수백만 명의 생명을 구할 수 있고 환경정화에도 크게 기여할 수 있는 일거다득의 방법을 실천해 가야 한다.

세계화 시장에서 각광받는 우리 음식을 개발해 가기 위해서 정책적 지원과 국민의 중지를 모아 가야 한다. 국민의 자발적 참여와 실천이 우선이다. 과거 정부와 수많은 단체가 음식쓰레기를 줄이기 위한 캠페인을 벌였지만 실패한 것은 일회성에 그치거나 업주와 국민의 자발적 참여를 이끌어 내지 못했기 때문이다. 모든 업주와 국민이 동참할 때까지 캠페인을 멈추지 말고 적극적으로 추진해 가는 것만이 성공의 관건이다.

전 세계 49개 최빈국 중 70%가 집중되어 있는 아프리카 지역에서는 어린이 7명 가운데 1명이 5세 이전에 기아와 질병으로 사망한다. 국제선 승객이 항공권을 구매할 때 천 원의 기부금을 자동 납부하여 연간 약 150억 원을 모금하여 죽어 가는 목숨을 구해 주고 있다. 식량 부족으로 죽어 가는 생명에 대한 관심과 사랑을 가져야 할 때다.

풍요 속에 버려진 음식 쓰레기를 사랑의 나눔을 통해서 생명을 구해 주는 일보다 더 가치 있고 소중한 일은 없다. 과칼로리와 과영양이 건강을 해친다는 사실을 인식하여야 한다. 정부와 지자체에서는 지역실정에 맞는 음식표준식단을 만들어서 쓰레기를 줄여 가도록 한다. 맛과 재료가 비슷한 것은 하나로 통합하여 가짓수를 줄이고 뷔페식으로 접시에 먹을 만큼 덜어 먹는 습관을 갖도록 해야 한다.

사정이 발생하여 본의 아니게 부득이 음식을 많이 만들었을 경우 푸드 뱅크를 이용하여 처리할 수 있는 제도를 활성화시켜 가야 한다. 적은 돈을 갖고 손쉽게 음식장사를 해 보자는 식으로 준비 안 된 업주가 우후죽순 격으로 생겨나고 있는 것도 문제다. 요식업주, 학생, 군인 등 전 국민을 대상으로 한 정기적인 식문화개선교육을 강화하여 음식물쓰레기 줄이기와 남는 음식 처리하기를 생활화시켜 가야 한다.

선진식문화는 알맞은 음식소비로 쓰레기 줄이기에 있음을 강조한다. 식문화 개선은 음식쓰레기를 줄이고 굶주림에 허덕이는 생명을 구하고 환경을 보호하는 일거다득이다.(2009. 10. 20.)

scene 8 :
나눔은 함께 사랑하는 것

눈발 휘날리며 나목의 침묵이 시작되면 없는 사람은 추운 겨울나기에 겁을 낸다. 첫눈처럼 아름다운 정과 사랑을 나누는 일이 소중한 시간이다. 진정한 나눔은 넘쳐흐르고 남는 것을 주는 것이 아니고 부족한 것을 더욱 절약하여 기쁜 마음으로 나누어서 보람과 희열을 창조하는 것이다.

졸업하는 청소년이 읽어서 삶의 방향과 나누는 습관을 가졌으면 하는 바람으로 두 권의 책을 추천한다. 나는 더그로선이 지은 '나눔이 주는 아주 특별한 선물'이란 책을 읽고 나눔의 철학을 갖고 실천을 하기 시작했다. 이 책에서 저자는 나누는 길만이 인생을 값진 것으로 만들수 있다고 강조한다. 수 세기 동안 사람들은 고통과 갈등을 없애고 가치 있는 삶을 위해 노력해 왔고 그 결과 돋보이는 것은 평화적인 공존원리라고 한다.

자신이 남으로부터 대접받고자 하면 남에게 먼저 대접하라고 설파하며 나눔이 우선임을 말한다. 나눔은 실천적인 행동이 수반될 때 가능하므로 강한 행동의지가 필요하다. 타인과 조화를 이루기 위해서는 타인의 권리에 대해서 존중과 동정심을 가져야 된다. 그러나 우리 사회는 타인 지향적인 사고와 덕행을 외면하고 자신의 권리와 대접받기를 바라기 때문에 갈등이 생기고 불평이 생긴다.

저자는 자존감을 높이고 심적, 정신적인 만족감을 느낄 수 있는 비법은 다른 사람을 돕는 것이라고 말한다. 남에게 주는 행위를 통해서 강하고 긍정적인 자아관이 확립될 수 있다. 또한 내적 인정(inner approval)은 자원봉사자나 기부자들이 선행을 베푼 후에 체험하는 것이라고 한다. 없는 사람을 돕는다는 것은 비단 물질뿐 아니라 마음, 몸으로 도울 수 있는 일이 더 많다는 사실을 인식해야 한다.

나눔은 자아 수용의 정도를 높이고 감정 전이를 가져온다. 다른 사람을 향한 사랑과 관심은 우리에게 사랑과 감사와 관용으로 되돌아오게 된다. 나눔은 타인을 돕지만 나 자신에게 생기를 불어넣어 준다.

진실한 마음을 나누는 것은 어려운 일이 아니며 자신의 기쁨은 반복할수록 증가되고 지속적인 수고를 통해서 얻어진다. 나눔은 희생을 감수하지 않고 인생을 성공적으로 이끌 수 있는 새롭고 혁신적인 방법이다. 나눔을 실천하면 항상 경험하는 건강, 행복과 장수 등의 축복을 가져다주는 촉매제가 된다.

따라서 나누는 것은 남을 위한 일이 아니고 자신을 위한 일이라고 저자는 메시지를 전하고 있다. 데이브 토이센이 쓴 '나눔'이란 책은 나눔을 기꺼이 주려는 고귀한 성품으로 정의하고 있다. 행위의 자발성을 갖고 자신을 남에 줄 수 있는 마음으로 남을 도와야 한다고 말한다. 조건과 형식이 아닌 진정성에 입각해서 온몸과 마음으로 남을 도와야 한다는 말이다. 나눔의 의무에 따뜻한 마음을 덧붙인 태도를 강조하고 있다.

어떤 규칙이나 지침을 따르는 것이 아니라 부름에 응하는 것이다. 필요한 사람에게 무조건 함께 주는 아름답고 숭고한 마음이다. 나누는 것은 그저 나눌 뿐이지 계산이 없다. 우리가 관계를 맺고 연대하고 싶은 욕망이 있다는 사실은 우리가 보고 듣고 만지는 세계 이면에 도덕적이고 정신적인 질서가 존재한다는 것을 강조하고 있다.

타인에게 너그러움과 동정을 베풀지 않는 사람은 자신에게도 건강한 관계와 변화에서 오는 기쁨을 누릴 기회가 없다. 우리 마음이 있는 곳에 우리의 돈이 있다. 돈을 추적해 보면 어떤 사람인지 알 수 있다. 돈은 도구이지 목적이 아니기 때문에 문제를 일으키는 화근이 될 수 있다. 돈은 도구로 쓰는 사람의 의도도 충족시키지만 그것이 의미하는 것 때문에 짐이 되기도 한다.

저자는 공공재화의 의미 있는 공유와 소유를 나눔 가치에서 찾고 있다. 이웃의 도움이 필요한 사람을 위해서 진정으로 절약해서 작은 것을 나누고 함께하면서 일상에 감사할 줄 아는 지혜를 자각하는 책이 될 수 있어 권한다. 머지않아 연말을 맞이하게 된다.

우리 모두 이웃의 어려운 사람을 적극적으로 보살펴서 함께 나누는 기쁨을 만끽하기 바란다. 나눔은 함께 사랑하는 것을 실천하는 것이다.(2009. 11. 18.)

scene 9 :

우수리스크의 눈 내리는 밤

삼부자가 처음으로 러시아여행에 올랐다. 크리스마스이브 날 속초항
에서 배를 타고 23시간을 달려서 블라디보스토크에 왔다. 모처럼 삼부
자가 한 공간에서 같이 있다는 사실만으로도 너무 행복하고 감사했다.
동해의 겨울바다는 풍랑이 없어 잔잔하고 고요하여 사색의 시간을 만
끽하기에 충분했다.

동해의 푸른바다를 마음껏 즐길 수 있는 기쁨이 더해진다. 교통비도
비행기보다 40% 정도 저렴하다. 나는 십여 년 전에 중국 청도와 대련
을 배로 24시간 이상 여행을 해 본 경험이 있어 밤배의 낭만을 즐길
줄 안다.

땅거미가 짙어질 때에 블라디보스토크 항구에 내리니 마중 나온 아
들 친구가 안내를 한다. 택시를 타고 호텔로 향했다. 덩치 큰 운전사의
몸엔 담배냄새가 찌들어 있고 택시 안은 담배연기가 배어 있어 창문을

열어도 냄새가 빠지지 않았다. 보드카와 담배를 즐겨 마시고 피우는 러시아인들은 겨울을 좋아하며 즐기는 것 같아 보였다. 십 분 정도를 운행하여 택시는 블라디보스토크 호텔에 도착하였다. 택시 값도 타기 전에 흥정해야 하는 러시아의 후진적 교통시스템이 신기해 보인다. 호텔로비에서부터 마구 피워대는 담배연기 때문에 고통을 감내하기 힘들었다. 호텔에서 여정을 푼 후 첫 번째 관광지로 블라디보스토크 시내에 있는 독수리전망대를 찾았다.

쪽빛바다와 도시가 어우러져 한 폭의 그림처럼 보인다. 이 땅은 소비에트 정부, 일본, 영국, 미국에 점령당한 영욕의 땅이다. 블라디보스토크 전경이 한눈에 들어오는 해발 백 미터 정도 되는 언덕 같은 곳이다. 전망대에 있는 동상의 주인공은 러시아글자 창시자인 키릴로스이다. 아들친구가 알파벳글자를 배에 싣고 오다 풍랑을 만나서 자판이 뒤죽박죽되어 러시아어가 영어 알파벳을 거꾸로 놓은 것 같다며 익살을 떤다. U자형의 블라디보스토크만 전체가 한눈에 들어온다. 유명한 블라디보스토크 지하방공포 유물관에 탱크며, 대전차포, 방공포, 총과 당시의 사진 등이 잘 보존되어 있다.

박물관 지하 벙커는 2차 세계대전 때에 실제로 이용하던 곳이란다. 이 외에도 개인이 기증한 자료로 만든 박물관도 볼 수 있었다. 극동지역에 거주하던 우리 조상이 움막 같은 집 앞에서 상투를 튼 채 담뱃대를 입에 문 모습의 사진을 보니 당시의 고달픔이 상상된다. 그러나 빛나는 눈동자와 당당한 얼굴은 우리 민족의 넘치는 기상을 간직하고 있는 듯 느껴졌다. 국내에서 볼 수 없는 귀한 역사의 사진을 보존해 준 러시아사람에 고마운 마음이 든다.

블라디보스토크 북쪽항구는 꽁꽁 얼어서 배 운항이 중단되고 얼음

위에서 강태공이 낚시질에 여념이 없다. 현지인이 나를 보더니 잡은 고기를 사라고 졸라댄다. 수시로 공연하는 오페라와 발레무용은 러시아인의 예술성을 가늠하게 할 수 있다.

사 일간의 블라디보스토크 일정을 마치고 우수리스크로 향했다. 블라디보스토크 다음으로 연해주에서 큰 우수리스크에는 고려인(까레이스키)이 많이 살고 있다. 옛 발해 왕국의 중요한 거점이었던 '솔빈부'를 설치한 곳으로 천년 역사의 숨결을 느낄 수 있다. 영하 20도를 오르내리는 추위를 버티고 있는 우수리스크의 호텔 4층에 숙소를 정했다.

찬연한 가로등 불빛을 창가에 서서 한참을 내려다보았다. 난무하는 눈송이가 도로를 뒤덮고 세상을 온통 하얗게 만들어 간다. 순식간에 넓은 인도와 화단을 하얗게 덮어갔다. 인적 드문 시골길 같은 도심의 고요와 쓸쓸함이 엄습해 온다. 가로등 불빛에 난무하는 눈송이가 고요하고 차분한 분위기와 잘 어울려서 매우 낭만적인 분위기를 자아낸다. 자작나무가 잎을 떨어뜨리고 하얀 속살을 드러낸 채 길가를 지키고 있다. 우수리스크의 도로가에는 잎 떨어뜨린 하얀 자작나무 가로수가 많아 차분한 정취를 자아낸다.

톨스토이의 작품에 유난히 자작나무가 많이 등장하는 것도 이런 자연환경 때문인 것 같다. 아름다운 시간을 호텔방에서 그냥 보낼 수 없어 바깥으로 뛰쳐나왔다. 러시아는 아직도 공산폐쇄주의 잔재가 남아 있다. 호텔입구에 경비원이 한 사람 서 있고 5미터 떨어진 엘리베이터 앞에 또 경비원이 서 있다. 각 층마다 열쇠를 맞기고 출입용지를 교부해 주는 여종업원이 있다. 복잡한 절차를 마친 후 바깥 중앙광장에 나왔다.

넓은 중앙광장은 스탈린동상 아래 얼음으로 성벽 같은 울타리를 쌓고 얼음 조각품을 전시하고 사람들은 즐거운 대화와 놀이를 한다. 연인들끼리 사랑을 속삭이기에 분주하다. 대여섯 살쯤 되어 보이는 어린이들은 미끄럼틀에 물을 뿌려 얼음길을 만들고 그 위를 신나게 플라스틱 썰매를 타며 즐기고 있다. 감시하듯 군인 두서너 명이 서성거린다.

제복 입은 젊은 러시아군인이 인형같이 아름다워서 사진을 찍자고 하니 안 된다면서 거절한다. 미소를 잃은 군복 입은 젊은이들이 조금은 불쌍해 보인다. 자유와 낭만을 찾을 수 없어 보였기 때문이다. 얼음 조각품을 감상하며 데이트를 즐기는 러시아 아가씨에게 카메라 폰으로 사진 셔터를 눌러 달라고 부탁했다.

조명이 어두워 내 모습이 아주 새까맣게 나오자 미안한 듯 검다는 이야기를 한다. 매사에 순진한 그들의 모습이 퍽이나 친근감을 느끼게 한다. 사방천지가 끝없이 펼쳐진 황무지에는 갈참나무와 갈대만 있을 뿐이다. 구릉지를 갈아 볍씨를 뿌리면 논이 될 것 같다. 두 시간 만에 승합차는 우리를 우수리스크에 도착시켜 주었다.

우수리스크 호텔에서 삼부자가 맥주를 한 잔씩 하면서 그간에 못 다했던 이야기와 상황을 분석하고 나름대로 의견을 나누었다. 다음 날 내가 즐겨하는 사우나탕을 아들이 안내했다. 당초에는 한국 사람이 지은 것이나 지금은 러시아사람이 인수하여 운영한단다. 옆에 수만 평 되는 콩 가공 공장도 수지가 맞지 않아서 철수를 준비 중이란다.

허허벌판처럼 보이는 우수리스크의 외곽지대가 왠지 쓸쓸해 보인다. 우수리스크의 삼 일간의 일정을 마치고 뽀얀 먼지를 뿌리며 비포장 길을 달려 자르비노항에서 나는 속초행 배에 올랐다.(2009. 12. 14.)

경제

scene 1 :
매력적인 일자리 창출을

자본주의 사회에서 일자리는 생명과 같이 소중하다. 젊은이들이 가슴 설레는 사회의 첫출발도 일터가 있을 때에 가능하다. 희망의 기회를 박탈당하고 있는 젊은이들을 생각하면 가슴이 아프다. 200만 명을 넘는 청년실업은 심각한 사회문제로 제기되고 있으나 정부의 대응이 신통찮다. 뾰쪽한 수를 찾기가 불가능한지 모른다.

정책적 노력의 한계가 있고 일자리는 세계경제와 밀접한 관계가 있기 때문이다. 세계경제가 하향추세에 있으며 경제여건이 점점 어려워지고 있다. 일자리 만들기는 국내의 정책적 노력으로는 한계가 있다. 국내외적으로 어려운 경제현실을 극복하고 새로운 일자리를 만드는 일은 쉬운 일이 아니다.

이명박 정부가 취임 초 일자리 창출을 약속했지만 실적이 녹록지 않다. 경제 살리기를 앞세워 집권하고 그 중심을 일자리 창출에 맞추고 있으나 현실은 난제로 가득할 뿐이다. 대통령이 대기업 총수와 회동을 갖고 과감한 투자를 주문하기도 했지만 기대를 걸기에는 역부족이다. 고용창출은 대기업보다 중소기업이 더 기여를 할 수 있어 중소기업을 활성화하는 일이 시급하다.

연간경제 성장률이 7%로 60만 개의 일자리를 마련하겠다던 선거공약은 30%에도 못 미치고 대내외 경제 환경 변화를 감안할 때에 하향 수정한 일자리 마련의 금년도 목표는 35만 개에 불과하다. 이마저 달성하기가 버거워 보인다. 정부도 재정, 금리, 환율 등 정책수단을 총동원하여 경기를 활성화시키기에 총력을 기울이고 있으나 신통치 않다.

현실을 냉정하게 직시하고 일자리든 성장이든 순리에 따라 장기적으로 접근하여 방안을 모색해 가야 한다. 경제문제는 돈과 권력으로 밀어붙이면 어려움에 봉착할 수밖에 없어 미래의 국내외 여건을 고려하고 생산성을 분석하여 대안을 찾아야 한다. 자신의 능력과 취향에 따른 일자리를 찾아야 일할 맛이 나고 능률이 향상될 수 있다.

그러나 현실은 일자리의 선택이 사치스럽고 배부른 자의 푸념 같아 보인다. 중국 베이징 올림픽의 특수가 끝나면 내년도 우리 경제는 더 어려울 전망이다. 따라서 일자리를 찾기가 더 어려워짐은 물론이다. 일자리 창출은 기업을 유치하고 서비스산업을 활성화시켜 가는 일이 우선이다.

기업투자를 저해하는 각종 규제를 풀어야 하며 법인세를 인하하고 연구개발 투자에 대한 세액공제를 과감하게 실시하여야 한다. 과다하게 거둔 수십조 원에 이르는 세금을 기업과 국민에게 돌려 주는 방안도 연구해야 할 일이다. 중소기업육성법을 손질하고 지원체계를 만들어서 손쉽게 기업을 설립하여 경쟁력 있는 제품을 생산할 수 있도록 기술지원과 판매개척을 지원해 가야 한다.

중소기업은 일자리 창출의 원동력임을 인식하여 정부나 지방자치단체차원에서 창업을 서둘러야 한다. 고용승수효과가 큰 건설경기도 촉진정책을 써야 한다. 우선 아무 곳이나 일터가 있으면 좋겠다는 절박한 실업자의 심정을 생각하여 일자리를 만들기에 최선을 다하여야 한다. 자신의 능력과 취향에 맞는 매력 있는 일자리를 찾아야 능률도 오르고 보람도 찾으면서 신바람이 나서 즐겁게 일할 수 있다.

이러한 일자리를 만들어 청년실업자에 되돌려 주어야 한다. 그러기 위해서는 지속적인 고용 창출을 위한 투자를 확대하여야 한다. 투자기업에 대하여 감세, 재정지원, 사회적 가치를 부여하고 기업인을 우대하는 사회풍조를 조성해 가야 한다. 취업자의 능력개발과 인성훈련도 병행하여 함께 일하면서 더불어 살아가는 기풍을 조성해 가는 일이 중요하다.

국가경제의 어려움을 모든 국민이 함께하면서 서로를 위로하고 희망의 끈을 놓지 않고 지혜를 모아가는 슬기가 필요한 때이다.(2008. 4. 29.)

scene 2 :

어찌 살까, 서민들

세계적인 경제침체와 고유가는 서민들의 생존권을 위협하고 희망의 불씨마저 흔들고 있으나 정치권은 언제까지 바라만 보고 있을 것인가. 희망을 상실한 국민은 무슨 일을 할지 모르기 때문에 심히 걱정하지 않을 수 없다. 미국 쇠고기 수입문제로 촉발된 촛불시위는 급격하게 진화하여 정권퇴진을 외치며 청계천과 광화문거리를 메우며 청와대를 향하고 있다.

엄청난 기회비용을 쏟아부으면서 왜 국민을 화나게 만들었는가를 냉철하게 분석해야 한다. 국민의 분노와 외마디 소리를 더 이상 외면 해서는 곤란하다. 이명박 정권 출범 백 일 동안 국민의 기대는 산산조 각 났고 분노와 배신의 억울한 감정을 갖게 한 원인이 무엇인가를 꼼 꼼히 따져보아야 한다.

중요한 요인의 하나는 정치권이 겸손하고 신뢰를 얻지 못한 오만에 찬 부정직에 있다. 지도층이 사술을 부리거나 얕은 수로 국민을 이용하거나 거짓말을 할 때 그것은 파멸뿐임을 역사는 말하고 있다. 현실을 통렬하게 반성하고 올바르게 인식하여야 한다. 2일 KBS가 전국 성인 5,462명을 대상으로 여론 조사한 결과 이명박 정부가 국정수행을 잘하고 있다고 응답한 사람은 17.2%이고 73.9%가 잘못하고 있다고 답했다. 지난 2월 23일 조사 때에는 75.1%가 잘하고 있다고 응답했다. 국민과 소통의 문제로 올바른 여론을 외면한 결과다.

현실의 왜곡이나 임기응변식 논리로는 사회혼란을 키워 갈 뿐 미래가 없다. 하루하루를 연명하듯 살아가는 많은 서민들은 아랑곳없이 오락가락 정책을 밀어붙이기식으로 오기와 오만의 정치를 계속한다면 엄청난 국가위기를 초래하게 된다.

노무현 정권의 오기와 분노의 정치가 어떠했는가를 상기할 필요가 있다. 일일건설 노동자가 한 달에 겨우 이틀 일했다는 보도는 우리의 가슴을 아프게 한다. 이들은 다섯 식구가 칠만 원으로 한 달을 살아야 할 형편이다. 현실의 고통보다도 나아질 수 있다는 희망을 찾기 어려움이 이들의 고통을 더욱 가중시키고 있다.

정치권이 중지를 모아 고용창출을 확대하고 정부의 응급대책을 내놓아야 한다. 월 8십만 원으로 살아가는 계약직 회사원은 아르바이트 수준의 급료로 희망의 불씨를 살릴 수 있을까를 자문해 본다. 적어도 성실하고 열심히 일하면 잘살 수 있는 국가 환경을 정부는 조성해 주어야 한다.

200만 명을 넘는 청년실업자와 300만 명의 방치아동에 대한 현실을 어떻게 할 것인가 대책을 세워야 한다. 국민총소득(GNI)이 5년 만에 가장 큰 폭으로 떨어져서 1.2%나 감소했다. 2일 통계청이 발표한 소비자 물가는 4.9%로 2001년 6월 이후 최고 상승치를 기록하고 있다. 5월의 소비자 물가도 지난해 같은 달보다 5%나 올라 7년 만에 최고치를 기록하고 있다. 서민들의 장바구니 생활물가지수도 6%나 올랐다. 이는 기획재정부의 예상물가 6%를 훨씬 상회하는 수치이다. 오락가락하는 경제정책은 물가상승, 소득감소, 소비위축, 성장률 저하로 이어져 국민고통이 심화되고 있다.

환율정책만 해도 그렇다. 아시아의 대부분 나라가 환율을 절상하였으나 우리나라만이 절하정책을 써서 서민경제를 옥조이고 있다. 아시아 국가의 환율절상률을 보면 일본 6.7%, 중국5.3%, 대만 6.5%, 싱가포르 5.8%, 한국 - 10%이다. 환율을 절하할 경우 대기업은 이익이 되지만 서민층은 생활고에 시달리게 된다.

따라서 빈부의 양극화가 심화될 수밖에 없다. 여기에다 국민들의 소비자 교육 부족으로 충동구매가 심하고 합리적인 소비활동이 이뤄지지 않아 고통이 심하다. 주부들의 소비에 대한 열망은 강하나 지식이 부족하여 비합리적인 소비생활은 어려움을 가중시키고 있다. 소비자의 거래역량, 소비자주의 역량, 재무역량을 총괄하는 소비자역량지수를 높여 주기 위한 교육을 실시하여야 한다.

대책 없이 마구 써대는 20대의 신용카드와 인터넷쇼핑몰 이용을 부추긴 영상매체의 유통과 이용체계개선을 서둘러야 한다. 할 일이 태산 같건만 누구 하나 책임지고 챙기는 사람이 없다. 시스템이 확립되지 않고 작동되지 않기 때문이다.

최저생계비에도 못 미치는 빈곤자를 위한 지원정책도 현실에 맞게 추진되어야 한다. 퍼버티 라인(poverty line)을 사수하며 이들에게 희망의 일자리를 만들어 주어야 한다. 구직자도 눈높이를 낮추어서 힘들고 어려운 일이며 급료가 적더라도 미래를 바라보며 인내하고 일하려는 자세가 필요하다. 세제를 탄력적으로 운영하여 저소득자에게는 감세와 면세로 지원하며 고소득자는 중과세를 내도록 하여 배분의 형평성 정책을 펼쳐야 한다.

일자리를 만들어 제공하는 일도 시급하다. 일터에서 삶의 보람을 찾고 행복을 느낄 수 있는 정책적인 배려가 절실하다. 사회교육을 활성화하여 자립의지를 키워 주고 창업을 지원해 주는 일도 급한 일이다. 물가상승 요인이 없는 품목을 분위기에 편승하여 슬그머니 가격을 인상하는 얌체상인에 대한 철저한 관리감독을 주문한다.

서민생활 태스크포스 활동을 강화하여 당면과제를 극복하며 점증적인 문제해결을 모색해야 한다. 휘발유, 돼지고기 등 52개 품목의 주요 생활필수품이 전월 대비 28개의 가격이 올랐다. 왜곡된 유통구조를 개선하고 소비자의식을 제고시켜 물가안정을 꾀하여야 한다. 인적 쇄신과 구조개선을 합리적으로 하고 미래지향적으로 정책을 추진해 가기 바란다.

정치지형변화도 필요하지만 국민에게 신뢰를 회복하고 희망과 꿈을 갖게 해 주는 일이 급선무다. 하루빨리 서민들이 생활고에서 벗어나 내일의 희망을 꿈꾸며 행복하게 살아갈 수 있는 참신한 정책을 펴가야 한다. 그래야 서민들이 희망을 갖고 살아갈 수 있다.(2008. 6. 4.)

scene 3 :

규제완화로 저성장 극복을

　세계경기의 어려움 속에 국내경제가 심한 몸살을 앓고 있다. 고유가, 곡물 등 원자재가격의 앙등은 소비자물가를 상승시키고 있어 고물가에 저성장의 스태그플레이션 현상을 극복할 방안을 찾아야 한다. 물가안정 속에 경제를 성장시킬 수 있는 다양한 방안 모색이 절실하다. 글로벌 경제 환경에 맞는 정책과 제도를 개선하면서 경쟁의 승리요인을 극대화시켜 가기 위한 노력이 우선이다.

　정부는 기업환경개선을 위해서 과감한 규제완화와 적극적인 지원책을 써야 한다. OECD의 30개국 중 우리나라는 대졸자 취업률이 29위다. 이러한 현실의 우리 경제를 살리기 위해서 다각도로 모든 정책을 검토하여 도입하여야 한다. 어느 지역을 막론하고 경쟁력 있는 기업을 육성시키고 지역의 장점을 경제 살리기에 최대로 활용하여야 한다. 투자부진으로 인한 저성장의 늪에서 빠져나가기 위해서는 국가경제를 활성화시킬 수 있는 수도권규제완화와 공장건축총량에 대한 규제를 완화시키는 일이 급선무다.

이에 따른 경제적 효과가 국내 GDP생산의 2.7% 성장을 가져올 것으로 전문가는 진단하고 있다. 글로벌 경쟁시대에 맞는 경제정책으로 첨단업종 신설 및 확대 규제를 완화시켜 가야 한다. 수도권 정비계획법을 단계적으로 폐지하고 대책을 세워야 하며 우선 시행령을 개정하여 첨단산업 분야의 공장을 신설할 수 있게 한다.

단계적으로 수도권의 공장신설을 완화하는 수정법을 만들어 기업관련 규제를 과감하게 풀어야 한다. 특히 경기북부 낙후 지역 등의 규제를 완화하여 첨단공장유치를 서둘러야 한다. 문제는 수도권과 비수도권지역의 상충된 이해관계를 어떤 기준으로 어떻게 푸느냐가 관건이다. 상생과 공존은 이상적인 말이지 상치되는 현실에서 선택의 여지가 너무 좁다.

균형발전도 좋지만 경제성장, 국가경쟁, 국민복지, 지역경쟁력을 존중해 가는 일이 매우 중요하다. 여건과 현실을 무시하는 동등의 주장은 공멸을 가져올 뿐이다. 지역특성과 여건을 중심으로 지역을 가꾸고 개발하려는 지혜와 철학이 필요한 때다.

경제적 이해관계로 언제까지나 수도권과 지방이 대립할 것인가. 상생과 균형은 여건과 특성에 기반을 두어야 한다. 며칠 전에 전경련, 대한상의 등 5개 경제단체가 공장입지, 토지, 금융 세제 등 6개 분야에 100개 규제개혁과제를 발굴해서 건의했다.

불필요한 중복규제와 행정 부담을 줄여서 기업의 경쟁 환경을 적극 조성해 주어야 한다. 정부나 지자체의 적극적인 노력과 관심이 보태져서 세계경쟁력을 강화시켜 갈 수 있다. 1964년 인구과밀화 대처, 인구

집중, 국방상 이유로 수도권규제를 강화시킨 법이 오늘날까지 변함없이 규제되고 있다.

지금은 상황이 많이 달라졌다. 고속전철, 각종 국도와 고속도로의 확충으로 국토의 이동성이 확대되고 동적 밀도가 높아졌다. 수도권이 국제 경쟁력이 있는 것은 인프라확충과 집적과 집중효과 때문이다. 과학기술, 수출, 유통, 인력 등의 확보가 용이하고 경쟁력이 있다. 지역 간 분산보다는 지역 내 분산의 효율성을 수도권은 충분하게 살릴 수 있다. 12%의 수도권 토지에서 전 국민의 반 정도가 살고 있는 현실을 도외시하고 지방 분산을 언제까지 외칠 것인가 걱정스럽다.

1982년 기업과 대학이 수도권에 몰리는 것을 막기 위해서 공장총량제와 입지규제법을 만들었으나 26년이 지난 현실은 교통통신은 물론 경제사회환경도 크게 변화되었음을 인식하여 수도권 문제를 전향적으로 생각해야 한다. 2006년부터 2020년까지 제3차 수도권정비계획이 인구안정화, 전체 질적 분권, 높은 국제경쟁력을 갖추고 지방과 상생발전을 지향하는 수도권정책을 추진하고 있다. 이를 위해서 수도권규제법령을 비롯한 공장인허가, 각종 건축법, 세법 등의 법령개정이 필요하다.

2001년 일본의 동경부가 추진한 새로운 도시 만들기 프로젝트는 유연한 대처방법, 뛰어난 공간 활용 아이디어, 도시재생특별촉진지구 지정 및 도시재생특별법제정, 도시규제완화, 금융지원, 세제감면, 단기계획을 지양하고 중장기 정책을 수립하였다. 우리도 긴축예산을 편성하고 물자절약운동을 전개하며 자원재생과 대체연료를 개발하고 행정규제완화와 기업투자자의 의욕을 촉진시키면서 유동성의 효율적인 흡수방안을 찾아야 한다.

동경도의 규제완화는 침체된 일본경제회복에 지대한 공헌을 했다.

우리도 이 같은 정책을 시행할 필요가 있다. 일자리 창출은 창업환경 조성과 경쟁력 강화정책의 성공에 달려 있다. 세계에서 기업하기 제일 좋은 나라가 되기 위해서는 수도권정비법부터 폐지하고 기업촉진법을 다시 제정하여야 한다. 소득수준이 높아지면 고급 서비스를 요구하게 되고 이는 고용 효과가 크기 때문에 지속적인 경제성장을 가능하게 해 주기 때문에 지금은 성장촉진정책을 써야 한다. 근로자의 소득을 향상 시킬 수 있는 고부가가치산업과 첨단산업의 발전이 필요하며 이는 경쟁력 있는 수도권에 공장을 신설할 때에 가능해진다.

수도권은 아시아는 물론 세계적인 물류기지와 통상거점지역으로 무한한 발전 잠재력을 지니고 있다. 국제서비스수지역조도 한미FTA를 체결하면 해결할 수 있으며 침체위기에 빠진 우리 경제도 탈출구를 찾을 수 있다. 일본과 중국의 한국에 대한 투자는 급증하게 될 것이며 서비스산업의 발달은 많은 고용기회를 창출하게 된다.

이의 철저한 준비도 요구된다. 균형발전의 이상과 미명은 글로벌시대 경쟁의 발목을 잡아 모두를 후퇴시키고 경쟁에서 패하게 만들어서는 절대로 안 될 일이다. 지역보다는 국가를, 이상보다는 현실을 중시해야 되는 현실경제의 발전을 위해서 규제철폐의 과감한 정책을 다시 한 번 촉구한다.(2008. 6. 19.)

scene 4 :

기회창조의 노력을

글로벌 경제위기 속에 국민 모두가 어려움을 겪고 있다. 서민들의 의식주 등 민생경제가 더욱 고통스럽다. 이들이 희망의 끈을 놓지 않고 있어 다행스럽다는 생각을 해 본다. 희망을 포기하는 파멸의 위기를 극복해 가도록 지원해 주는 일이 우선이다. 이웃과 정부에서는 이들을 도와 새 힘과 용기를 북돋아 주어야 할 때다.

기축년 첫날 이른 새벽 해맞이에 인파가 200만 명이나 몰린 것도 어려움을 극복하겠다는 간절한 소망이 있기 때문이다. 375만 명의 실직자, 생계를 유지하기 힘든 저소득층의 급증에도 불구하고 춥고 고달픈 겨울나기에 용기와 자신감을 잃지 말고 희망을 노래하자는 사회분위기다. 조용하고 검소한 연말분위기 속에 가득 채워진 자선냄비가 위안을 준다.

우리 민족은 위기대처능력이 뛰어나다. 개개인에서부터 국가에 이르기까지 위기를 슬기롭게 극복해 왔다. 배순훈 박사의 "우리에겐 위기 극복의 유전자가 있습니다."라는 책 제목처럼 말이다. 기회는 필요에 의해 만들어지기도 하며 우연히 찾아오기도 한다. 지금은 필요한 기회를 만들어야 할 때다. 도전과 승리의 창조적 기회를 저버려서는 안 된다.

기존의 사고에서 탈피하여 미래를 생각하면 새로운 아이디어를 찾을 수 있다. 비전 없이 응전을 두려워하며 자포자기하는 사람의 미래는 없다. 누구에게나 무한한 가능성이 있다. 이에 대한 확신을 갖고 최선을 다하면 성취할 수 있다. 글로벌시대에 걸맞은 자세와 능력을 구비하고 열정적으로 살아갈 때에 난관을 극복해 갈 수 있다.

지금은 푸념하거나 포기하리만큼 한가한 때가 아니다. 120번의 면접시험에서 떨어진 어느 지방대학생은 피눈물 나는 훈련으로 굴지의 은행입사시험에 합격했다. 희망과 꿈을 펼칠 수 있는 여유가 있는 우리 사회를 사랑하면서 도전해 가야 한다. 전깃줄을 도둑질하고 소방수관 이음새를 절도해 파는 생계형 절도자도 크게 반성하며 새로운 일자리를 찾아야 한다. 생활하기가 어려워 매춘을 한 여대생도 이제는 정신을 차려 올바른 길로 나가야 할 때다.

하루에 6,000-7,000원을 벌기 위해서 새벽부터 종일 폐지를 줍는 할머니에게는 사랑하는 손자에게 운동화를 사 주고 용돈을 주고 싶은 마음이 있어 기쁘고 감사하게 종이를 줍는다. "행복은 넘치는 것과 부족한 것의 중간쯤에 있는 조그마한 역이다. 사람들은 너무 빨리 지나치기 때문에 이 작은 역을 보지 못하고 지나간다." C. 폴록의 말처럼 행복을 만끽하는 지혜를 누려 보자. 집에서 고민하는 백수도 눈높이를 낮춰 생산현장으로 나와야 할 때다. 우리나라는 위기를 국민들의 합심과 노력으로 슬기롭게 극복해 왔음을 상기하면서 자신감과 확신을 가져야 한다.

이명박 정부는 금년을 비상경제정부 구축으로 경제위기조기극복, 민생 살피는 따뜻한 국정, 중단 없는 개혁, 녹색성장과 미래준비라는 4대 국정목표를 달성할 수 있도록 참여와 신뢰의 리더십을 발휘해야 한다. 사회가 어려울수록 정도와 기준을 존중해야 난관을 극복할 수 있음을 명심하고 편법과 불의와 타협을 거부하여야 한다. 편법은 잠시 이익이 되는 것 같지만 멀리 보면 엄청난 손해를 보게 된다. 정도는 조금 어려워도 후일에 반드시 이루어지며 충분한 보상이 주어진다는 사실을 잊지 말아야 한다.

'올곧은 사회를 섬기는 중부일보'라는 캐츠프레이를 내세운 것도 어려울수록 정도를 지키고 정정당당한 경쟁을 통해서 승부를 걸어야 한다는 의미다. 사회정의가 바로 서고 꾸준히 노력하는 사람만이 기회를 창조해 갈 수 있다. 자신이 소망하는 기회를 창조해 가기 위해서 아이디어를 찾으면서 소처럼 묵묵하고 우직하게 일하는 삶이 되어야 한다.

기축년 새해에는 소의 성실함과 유복함처럼 근면하고 여유롭게 살아가길 바란다. 성실함과 근면함만이 기회를 창조할 수 있는 터전이기도 하다. 소걸음으로 만 리를 간다는(牛步萬里) 옛말처럼 인내심을 갖고 쉬지 않고 꾸준히 노력하며 성실하게 최선을 다해서 멀고 먼 고난과 역경의 길을 걸어가야 한다.

인내와 역경은 성취와 환희를 잉태하기에 가치가 있다. 어려운 삶의 여정을 묵묵히 걸어가면 편히 쉴 날도 오고 행운도 찾아와 행복하게 된다. 안녕과 풍년을 상징하는 소처럼 우리 사회가 신뢰와 여유로움이 넘쳐나길 바란다. 경제위기를 풍요로운 번영의 기회로 삼기 위해서는 창조정신과 극복의지가 필요하다. 온고지신의 지혜로 가정, 사회, 국가가 변화와 창조를 위한 노력을 게을리해서는 안 된다.

준비한 자에게 기회가 온다는 사실을 다시 한 번 강조한다. 위기에 처했을 때에 어렵다고 실망하지 말고 내일을 위해서 철저히 준비하는 현명한 사람이 되어야 한다. 위기는 기회라는 의미를 상기하면서 이를 창조적 기회로 삼아야 할 때다.

어려움을 극복한 후 재도약을 통해 선진강국을 건설하는 데 힘을 모아 가야 한다. 사회를 창조적인 연구개발로 글로벌 위기를 극복하고 풍요와 행복의 시간을 만들어 가기에 열정을 쏟아야 할 때다.(2009. 1. 3.)

scene 5 :

경기미(米) 경쟁력을 키워야

우리의 主食인 쌀은 국가안보차원에서 중요하게 다뤄져야 한다. 쌀이 경제성장과 함께 과거의 양산체제에서 탈피하여 질적이며 기능적인 수준에서 소비자가 선택하는 현실이 됐다. 우리나라의 쌀 중에서 제일 좋다는 경기미가 품질, 가격, 판매경쟁에서 밀리면서 위기를 맞고 있다.

경기미(米)의 국내외 경쟁력 향상을 위해 품종개량, 재배기술개발, 다양한 가공과 제품생산, 유통구조개선과 해외시장개척 등의 종합적인 대책강구를 서둘러야 한다. 경기침체에 따른 국내의 경기미 판매 부진 속에 고환율로 경기미 수출이 호재를 맞아 수출이 증대되는 일시적인 현상의 대처와 장기적인 대안을 마련해야 한다.

경기도는 지난해 7톤에 그쳤던 경기미 수출을 올해는 30배가량 많은 200톤의 목표를 설정하고 추진 중이다. 도는 금년에 동남아 국가 등에 경기미를 수출하는 도내 농협과 RPC(미곡종합처리장) 수가 지난해와 비교해 증가하고 수출 양도 대폭 늘어나고 있다. 이천농협이 경기미를 인도네시아에 수출했고 화성시도 화성 쌀을 말레이시아 수출을 위해 선적했다.

2007년 경기미로는 처음으로 평택 슈퍼오닝이 미국에 수출한 이후 지난해 포천에서 7톤, 안성에서 기능성 쌀 2톤 등을 수출한 것이 초석이 되었다. 용인지역의 농협과 RPC에서는 경기미의 호주수출을 추진하고, 연천에서도 경기미 수출이 진행되고 있다. 도는 올해 경기미 수출 목표를 200톤으로 정했다.

문제는 경기미가 품질 면에서 국제적으로 우수하나 가격이 비싼 데 있다. 올해는 2008년산 쌀이 풍작을 이뤄 물량이 많고 고환율에 따른 가격하락 효과로 수출증대가 예상된다. 환율변동에 의존하려는 일시적인 생각에서 벗어나 지속적으로 수출할 수 있는 방법을 찾아야 한다.

도는 한 · 미 FTA 체결을 비롯한 농산물 수입개방에 대응하고 경기미 수출 확대를 위해 199가지 농약 잔류성분과 중금속 등 유해 성분이 없는 ' - 199GRice' 개발, '경기도 드림농정 프로젝트'를 추진해 왔다. 경기미의 내수위축 장기화에 따른 생산비절감과 품질제고를 위한 과학적 연구개발을 서두르기 바란다. 전국에서 가장 고급미질로 알려진 임금님표 이천 쌀이 32% 판매에 그쳐서 68%의 재고량이 남아 있다.

이천 지역에서는 농협직원에게 쌀을 할당 강제 판매하고 있는 실정이다. 판매위기가 심각한 것은 저가의 전라도 쌀과 충청도 쌀이 품질향상으로 판매상승세로 돌아서 소비자의 이동현상이 가속되어 판매량을 역전시켰기 때문이다.

농협에서 선거와 관련하여 경기미 수매가격을 높인 것도 문제다. 아직도 쌀 구매에 정치노름이 작용하는 현실을 타개하기 위한 농민의 올바른 판단이 요구된다. 처음으로 미국에 수출될 평택 슈퍼오닝을 비롯해서 경기미의 해외 수출망을 확대하는 전략을 세워야 한다. 가공, 포장, 유통 등 수출 시스템을 도에서 공동으로 개발해 가는 것이 바람직하다. 특히 국제시장에서 경쟁력을 높이기 위해 생산원가를 줄이는 일이 시급한 문제다.

한국 쌀 가격은 베트남의 10배, 미국의 7배, 중국의 8배나 비싸 국제수출경쟁력이 크게 떨어진다. 경기미가 GMO(유전자변형) – Free라는 점과 품질이 전국 제일인 점, 잔류농약 검사 등으로 유해성분이 없는 안전한 쌀이라는 점을 부각시켜 한국 쌀의 품질을 세계에 알리는 일도 중요하다.

도는 쌀 수출을 확대키 위해 카드뮴, 납 등 2개의 중금속 성분과 197가지 농약성분 등 199가지 위해성분이 없는 ' – 199GRice'를 개발, 현재 브랜드를 이미지화하는 작업에 들어갔다. 작년 말부터 500ha씩 5개 단지에서 매뉴얼에 따라 재배하도록 농업인과 계약을 맺고 올해 완전미 8,000톤, 일반미 4,000톤 등 총 1만 2,500톤을 생산할 예정이다.

FTA로 어려운 농촌이 경기미 생산과 수출로 한국 농업의 희망을 찾는 계기를 만들어 가야 한다. 경기미의 국제경쟁력 강화를 위해서는 지속적인 품질향상을 위해 연구개발이 우선 이루어져야 한다. 품종을 개량하여 미질을 높이며 생산량을 높여 가는 노력이 중요하다.

재배기술을 개선하여 노동력을 절감하는 등 생산원가를 감소시켜 가는 일도 병행돼야 한다. 세계의 교민조직과 무역조직을 통한 홍보와 판매망을 확대시켜 가야 한다. 포장디자인, 유통구조개선, 브랜드가치 향상 등 경기미의 생산과 유통 및 판매를 종합적이고 통합적으로 관리할 수 있는 영농법인의 설립을 검토해야 할 때다.

소비자의 생산과정에 참여방안을 모색해서 소비자신뢰와 거래망을 개척해 가야 한다. 경기미를 생산하는 단순 1차 산업의 수준을 벗어나야 한다. 떡, 케이크, 쿠키, 건강식 등 다양한 가공식품을 개발하는 2차 산업 및 판매, 수출하는 3차 산업을 동시에 수용하는 종합 산업으로 육성시켜 가는 노력이 절실하다.

경기미를 중심으로 한 농업 토털 산업을 연구 개발해 가기 바란다.(2009. 3. 1.)

미래의 살길, 대체에너지

국제적으로 심각한 환경오염문제로 인해 탄산가스배출 규제 압력이 강화되고 있는 현실에서 대체에너지 개발이 절실하다. 세계는 지구의 날을 맞아 풍력, 조력 등 대체에너지 개발에 적극 나서기로 했다. 풍력 발전은 신에너지시대를 선도하며 미래의 일자리를 창출할 수 있다. 앞으로는 새로운 에너지 개발에 투자함으로써 환경과 경제를 살려 지속 가능한 성장 구조를 만들 수 있는 방법을 모색하여야 한다.

세계 주요국은 녹색 뉴딜 경쟁을 벌이고 있다. 미국은 10년간 청정에너지 개발에 1,500억 달러를 투자하고 영국은 2020년까지 100억 파운드를 투입할 계획이다. 우리나라도 태양광이나 풍력 발전 등 신에너지 개발 사업에 향후 3년간 민간자본을 합쳐 2,500여억 원을 투자할 계획이나 너무 미미한 실정이다.

대체에너지 개발사업의 성공은 지속적인 투자와 내실이 중요하며

'그린버블'을 만들지 않는 데 있다. 자체 기술연구개발에 집중투자가 요구되며 환경조성이 우선돼야 한다. 풍력발전 설비 분야는 수출산업으로도 유망하며 자연환경과 여건에 부합된다. 세계적으로 경쟁력이 있는 국내 조선기자재 업체들이 많은 것도 장점이다.

정부는 대체에너지 개발 투자를 촉진하기 위해 장애와 걸림돌이 되는 법적, 행정적 규제를 과감하게 풀 수 있는 정책적 결단을 신속하게 내려야 한다. 시중에 떠돌고 있는 800조 원이나 되는 부동자금을 신에너지 산업에 투자하도록 유인할 수 있는 동기부여와 메리트를 제공해 주어야 한다.

태양광과 풍력을 비롯한 대체에너지 분야와 배터리, 바이오, 의료 등의 분야에서도 규제를 획기적으로 풀어 투자 확대와 일자리 창출의 전기를 마련하여야 한다. 저탄소녹색산업은 미래의 경쟁 산업이며 위기에 처한 지구를 살릴 수 있는 방법이다. 미래사회는 탄소배출을 줄이고 대체에너지를 생활화하여야 한다.

2011년까지 우리나라 총에너지의 5%를 태양광, 풍력 등 신재생에너지로 공급하겠다는 것이 정부의 목표다. 이는 독일의 1%에 해당되는 수준이다. 수소연료전지 등 분야에 있어서는 해외 유수의 R&D센터의 유치와 해외 연구원 초빙을 병행해 나갈 계획이다. 또한 개발된 대체에너지와 기술에 대한 시장개척과 수출에도 역점을 두어야 한다.

아파트 등 집단 주거시설에 대한 태양광설비의 보급을 위해 신축건물의 의무화와 기존건물에 대한 시설비지원정책을 펴야 한다. 정부에서 주력하고 있는 기술 분야는 고효율 태양전지, MW급 태양광 발전 시스템 등이다. 육지풍력의 한계를 극복하기 위해 해상 풍력의 본격적인 개발을 서둘러야 한다. 영덕과 대관령의 풍력단지, 시화호 조력발전소의 시설을 확대하는 일도 급한 일이다. 정부에서는 3MW급 해상풍력시스템, 한국형 소형풍력발전기 등을 주요 육성사업으로 꼽고 있다.

대체에너지의 상업화와 산업화가 가능한 기술개발 분야를 중점적으로 육성하는 일이 중요하다. 울돌목의 조력발전소를 필두로 적지를 선정하여 과감하게 조력발전소를 개발해 나갈 것을 주문한다. 조력발전소는 아시아에서 처음이고 발전효율로는 세계 최고 수준이다. 그리고 조류발전은 달과 지구의 인력으로 발생하는 조류에 수차를 내려 발전하는 방식으로, 바닷물을 댐으로 가둬 발전하는 조력발전과 구분이 된다.

댐을 만들 필요가 없어 선박과 어류의 이동이 자유로운 친환경 발전방식이다. 우선 전남진도를 세계 신재생에너지의 메카로 키워 나갈 것을 주문한다. 수소에너지 개발과 수소 스테이션의 건설 및 수소자동차개발, 연료전지 발전소 개발 등을 추진하여야 한다. 수소·연료 전지와 태양광, 풍력 등 신재생에너지를 결합한 파크형의 단지도 정부에서는 개발할 계획을 서둘러야 한다.

가칭 신재생에너지 테마파크의 대상지역은 부안이 잠정적으로 검토되고 있는 것으로 알려졌다. 바이오디젤, 바이오매스 등을 대체에너지로 개발해 나가야 한다. 지역별 에너지 잠재량을 고려하여 사업을 장기적으로 추진해 가야 한다. 신재생에너지 개발은 지자체 주도로 사업을 발굴하도록 지원하는 것이 합리적이다.

남해안은 태양에너지를, 강원 및 제주지역은 풍력중심의 에너지를 개발하며 서해안은 조력, 호남과 충청, 강원권은 바이오매스를 집중하여 개발해 가야 한다. 전국을 자연환경여건에 맞게 대체에너지 생산전진기지로 개발해 가야 한다.

풍력단지는 관광자원으로 활용가치가 높아 일석이조이다. 대체에너지가 미래사회를 주도하며 저탄소 녹색산업의 중심에 있음을 인식하여야 한다. 대체에너지개발을 위한 기금조성과 연구개발 인력을 국가의 우선과제로 선정하여야 한다.

여기에 기업과 전 국민이 함께 참여하여야 성공할 수 있다. 대체에너지 개발은 시간을 늦출수록 엄청난 경비와 위기가 다가옴을 인식하기 바란다. 더 이상 미루거나 외면할 수 없는 현실적인 것이다.(2009. 5. 6.)

scene 7 :
근로빈곤층의 희망

인간은 누구나 자신이 행한 노동에 대한 정당한 대가를 받기 원한다. 획득한 재화를 가지고 소비욕구를 충족하면서 풍요롭게 살기를 희망하지 않는 사람은 없다. 노동 가치는 질과 수요공급 관계의 시장사정에 따라 큰 차이가 난다.

자신의 노동에 대한 정당한 가치를 보상받지 못할 때에 이를 쟁취하기 위한 투쟁의 고통이 시작되며 좌절을 겪게 된다. 단순 노동자들은 열심히 일을 해도 가난을 벗어나지 못하는 근로빈곤층으로 고단한 삶을 살고 있다. 불안전한 고용구조와 일감과 일터의 안전성 없는 환경이 그들을 위협하고 있다.

한국보건사회연구원 변용찬 실장이 올해 근로빈곤층을 예측한 수치가 최대 242만 명에 이를 거라고 전망했다. 금년도 국내총생산(GDP) 성장률이 국제통화기금(IMF)의 예측대로 −4% 성장을 한다면 근로빈곤층은 86만 4,000명으로 늘어나게 된다. 정부 전망대로 2% 성장을 할 경우 2년 전에 비해 빈곤 가구 수가 29만 6,463가구로 늘어나고 근로빈곤층은 39만 1,000명이 증가할 것으로 추산된다. 외환위기 이후 최근 경제위기로 빈곤층이 증가되어 사회통합을 저해할 우려가 있어 이에 실천계획을 수립하여 추진하는 일이 절실하다.

우리 사회는 국제금융위기로 많은 중산층이 하류계층으로 전락하여 계층구조가 삼각형 모형을 나타내며 사회불안의 가중이 우려된다. 근로자에게는 안정적인 소득창출이 가능한 사회가 되어야 국민이 안정을 유지할 수 있다. 가진 자와 가지지 못한 자의 심리적 박탈감과 경제적 격차의 극복 없이는 진정한 사회통합을 기대할 수 없다.

그리고 개인의 행복과 가정의 화목을 담보할 수 없다. 현실적으로 자녀 양육비와 생활비를 벌지 못해서 길거리로 내몰린 노숙자의 재활훈련과 교육, 일터제공이 시급하다. 생활고로 인해 부양가족과의 관계가 원만하지 못하고 돈으로 인한 잦은 가정불화는 가정해체의 위험이 잠재해 있다. 국민기초생활보장제도와 자활사업으로 생활하기에는 가난의 한계를 극복할 수 없기 때문에 근로소득의 창출과 소득보장이 절실하다. 또한 부양의무자 기준과 재산기준에 대한 지속적인 개선을 통해 절대빈곤에 처한 비수급 빈곤층을 우선적으로 제도 내에 포함시키려는 정책적 노력이 요구된다. 기초생활보장제도의 보충급여 방식과 통합급여 체계는 수급자의 근로동기와 탈수급 노력을 제약하는 제도적 요인이 될 수 있어 문제다.

자활사업의 목표와 역할의 재정립이 필요하며 종합적인 지원정책으로 재편하고 대상범위를 차상위층으로 확대하는 적절한 근로유인체계 도입이 요구된다. 적극적 노동시장정책과의 유기적 연계가 필요하다.

근로 장려를 촉진할 수 있는 세제혜택의 단계적 도입과 소득창출 인프라 구축이 중요하며 시급한 과제이다.

기초수급자도 올 1월부터 다시 증가세로 돌아서 매월 1만 명 이상씩 늘어나고 있어 이들에 대한 일자리 제공과 노임보장문제를 심도 있게 연구하는 문제가 중요하다. 경기하락에 따른 저소득 자영업자의 몰락과 가장의 실직으로 가족해체가 늘어나고 있다. 100만 명을 넘는 독거노인을 돌보는 것도 국가와 사회가 담당하여야 할 몫이다. 공공근로 성격의 희망근로 프로젝트 예산과 생계급여와 주거급여예산도 줄어들어 삶이 더욱 어렵다.

저소득층의 에너지 보조금, 긴급복지, 재산담보생계비 지원 등도 감액되어 문제다. 정부는 기초수급자와 차상위계층 등 빈곤의 현재화가 가속화되고 있는 데 대책을 서둘러야 한다. 비정규직 근로자도 임금이 삭감되어 월 123만 2,000원에 이르고 있다. 이마저 일자리를 못 찾아 수입을 얻지 못하는 일용근로자가 많다는 사실이다.

경기회복기에 암초가 될 수 있는 저소득층에 대한 체계적인 지원책을 서둘러 마련할 것을 주문한다. 경제위기가 외환위기와 달리 대기업이 아닌 자영업·중소기업에 직격탄이 되고 있어 신근로빈곤층이 늘어나고 있다. 공공근로가 아닌 노동현장으로 투입할 수 있는 자활 프로그램을 운영해 이들이 자신의 능력에 맞는 일자리를 찾을 수 있도록 해 주어야 한다. 기초수급자와 차상위 계층이 더 아래로 추락하는 것을 정책적으로 막아야 한다.

빈곤층으로 추락하는 근로자에 대한 다각적인 소득증대의 방안을 찾아야 할 때다. 한시적 지원과 추가 지원은 취약계층에 대한 경제지원보다는 근로를 통해 자립할 수 있는 희망을 심어 주는 일이 중요하다. 일용직 막노동자, 농업노동자, 한시적 근로자, 잠재적 실직자, 불안정노동자 등 근로빈곤층에게 열심히 일하면 잘살 수 있다는 확신을 갖고 열심히 일할 수 있는 제도를 만들어 주어야 한다.

근로빈곤층이 희망을 상실한 하층사회가 확대 형성될 경우 사회 안정과 국가발전을 기대하기 어렵다. 이러한 계층의 확대는 우리 사회의 양극화를 심화시키고 성장잠재력과 삶의 활력을 심각하게 잠식하고 있다. 비정규직은 나이가 들면 정상적인 직장취업이 더욱더 힘들어 결국 근로빈곤층으로 노후를 맞게 된다.

우리 사회는 신빈곤층에서 중산층으로 상향할 가능성이 멀어지는 현실도 국가발전에 큰 장애이다. 빈곤은 개인의 문제보다 사회 구조적 문제가 크므로 국가가 근로빈곤층에 대한 적극적이고 장기적인 정책개발과 시행이 절실하다.

빈곤의 대물림을 막고 근로빈곤층이 잘살 수 있다는 희망과 꿈을 갖고 열심히 일할 수 있는 세상을 만드는 일에 모두가 앞장서야 할 때이다.(2009. 6. 14.)

scene 8 :

지자체의 재정건전성 우려

자치단체장이 자신의 임기 중 업적을 남기기 위해 무리한 사업을 추진하여 지자체 빚이 눈덩이 불어나듯 늘어나고 있다. 전국 지방자치단체가 각종 공공사업을 위해 발행하는 지방채 잔액이 무려 20조 원에 육박하고 있음이 이를 증명해 준다. 지방정부의 재정운영 목표는 지역의 안정된 재원을 효과적으로 이용하여 주민의 복지를 증진시키는 데 있다.

지방 재정의 건전성 악화가 심각하나 대책을 세우지 않고 있어 문제다. 무분별한 지자체의 빚은 자칫 파산을 맞을 수 있으며 부담을 주민에게 떠넘긴다는 데 있다. 금년도 1분기세수는 16% 줄었고 국가채무는 35%를 넘어선 가운데 지자체의 부채도 급증하고 있다. 행정안전부에 따르면 지난해 말 현재 전국 지자체의 지방채 잔액은 전년 동기보다 4.62% 늘어난 19조 486억 원으로 집계됐다. 이는 2004년 16조

9,468억 원이던 지방채가 늘어난 것이다.

지방채 사용을 사업별로 보면 도로 건설이 전체의 29.3%인 5조 5,806억 원으로 가장 많다. 다음으로 지하철, 상·하수도, 택지, 공단, 주택, 재해 복구, 하수 및 오수처리시설, 문화·체육시설 순이다. 상환 기간은 중장기채 64.7%를 비롯해서 중기채, 장기채, 단기채 순이다. 이자는 5% 미만에서 8% 이상까지 있어 재정 부담이 상당하여 결국 이자를 갚기 위해 다시 지방채를 발행하는 구조적 모순의 악순환이 이어지고 있다.

경기도가 도로와 주택 등의 사업 추진에 3조 1,773억 원의 지방체를 발행하여 전국 지자체 중 제일 많다. 정부와 각 지자체는 올해 지방 세수 감소액을 보전하고 내수를 조기에 활성화하기 위해 지방채 발행 규모를 작년보다 늘릴 예정이다. 올해 말 잔액이 20조 원을 훨씬 넘어설 것으로 보인다. 이자 부담 증가와 지방세 수입 및 교부금 감소 등으로 인해 지방 재정의 건전성 악화가 걱정이다.

경기도는 재정집행의 효율성을 고려한 집행 시기에 문제를 노출하고 있다. 재정조기집행이 전국 평균 66.3%보다 낮은 58%로 조기지방 재정운용을 하지 못하고 있다. 이자부담률 증가와 지방세수입과 교부금감소로 지방재정 건전성 약화가 불 보듯 뻔하다. 튼튼한 재정으로 80－90년대 안전성장의 기반을 유지할 수 있었음을 상기할 때에 경제난 극복에 부담이 걱정된다. 정부는 내년도 세정축소 경영이 불가피하여 10% 절감을 계획하고 있다.

지방자치단체가 존립과 활동을 위하여 필요한 재력을 확보하고 재정, 수입, 지출을 관리하며 자치사업수행을 위한 예산확보가 우선이다. 이것을 지방채에 너무 의존하고 있다. 지방정부는 중앙정부의 지원에 의존할 수밖에 없는 취약한 재정구조로 인해 자율성과 책임성을 담보로 하는 지방자치행정 실현이 어려운 상황이다.

더욱이 지방자치단체의 열악한 재정여건을 개선하기 위해 운영되고 있는 지방재정조정제도의 문제와 주택거래세율 인하로 인해 취득세와 등록세를 주요 재정수입원으로 하는 광역지방자치단체인 경기도의 재정악화가 심각한 실정이다.

재원감소를 타개하고 향후 지방재정수입의 안정성과 신장성을 확보할 수 있는 대안을 개발해야 할 필요가 있다. 경기도 재원감소에 대한 대응방안과 지방재정의 안정성 및 신장성을 확보하여야 한다. 중앙 편중적인 재원배분과 재산과세 중심의 지방세원의 문제로 지방세수 안정성의 결여와 지방교부세율의 변화로 인해 지방재정의 감소이다. 부동산 정책의 변화로 인해 거래세율(취득세, 등록세)이 지방재정의 감소로 이어졌으며 종합부동산세의 신설로 인해 지방재정이 감소되었다.

기능이양으로 인한 재정부담 증가, 지방의 사회간접자원 수요 증가, 사회복지수요 확대에 따른 지방비 부담 증가 등으로 인해 지방재정의 압박이 가중되고 있다. 국가의 균형발전 정책으로 인한 재정역차별로 인해 지방재정 재원이 감소된 것도 문제다. 단기적 측면의 지방재원 확보를 위해 지방정부의 재정 지출 결정을 주민이나 관료, 정치인 모두가 함께 결정해서 지출되어야 한다.

경기침체와 대규모 감세로 인한 내국세 수입이 줄면서 지방자치단체가 중앙정부한테서 교부받는 지방교부세와 지방교육재정교부금이 4.4조 원 줄어들 전망이며 경기도는 5,504억 원의 재정 감소가 예상된다. 지방재정 감소분을 일시적으로 보전해 주는 것이어서 근본 대책이 필요하다. 내년 지방재정 대란이 발생하기 전에 감세를 조정하고 경기침체에 따른 지방재정 축소를 보전할 대책마련이 필요하다. 지방재정과 국고보조금 지방비 부담을 완화하는 방안을 모색하여야 한다. 국가공공자금관리기금 이자율을 인하하는 방안도 모색해야 한다.

지방재정수입은 지방세와 세외수입, 의존수입인 지방교부세, 지방양여금, 국고보조금 등으로 구성되어 있다. 지방세의 확충방안을 위해 신세원의 개발과 탄력세율제도, 세원의 공동이용방식의 활용, 과세자주권의 확대, 지방세의 비과세 · 감면제도의 조정, 지방세체계의 단순화, 부과 · 징수 노력 강화에 의한 방안 등이 필요하다.

재정의 불가역성과 사치성을 고려하여 미래에 대비해야 한다. 허리띠를 더욱더 졸라매 지출을 줄이는 수밖에 없다.(2009. 7. 4.)

scene 9 :

아듀, 기축년

　해마다 연말이 되면 아쉬움과 미련이 남아 다사다난했다는 말을 자주 쓴다. 연초에 반드시 하겠다며 다짐한 일들이 어느새 지나간 것이 끝내 아쉬워 그 아쉬움을 술로 달래거나 노래로 승화시키는 사람이 많다. 인생은 속고 속으며 내일의 희망을 먹으며 살아가는 존재다. 사람은 시작보다 끝이 좋아야 하고 만남보다 헤어짐이 더 좋아야 아름다운 사회가 이루어질 수 있다.

　많은 사람들이 시작과 만남에 무게를 더하는 것 같아 세상이 의리와 재미가 없다고 한다. 고도정보화 사회와 글로벌 경쟁사회가 세월의 빠름을 가속화시켜 온 결과로도 볼 수 있다. 우리 조상들이 지조와 의리를 지키며 목숨까지 버렸던 마음을 가끔은 생각해야 한다. 각자가 지금의 위치에서 최선을 다하는 삶을 살아가는 것이 중요하다.

　연말에 날아온 아랍아미리트의 47조 원(400억 달러)에 달하는 원전

수주 낭보로 온 국민이 기쁨에 차 있다. 상승하는 국운이라며 내일에 더 큰 기대를 걸며 기뻐한다. 세계의 원전선진국인 프랑스와 경쟁에서 이긴 것도 통쾌한 일이다. 물론 여기까지 오기에는 수많은 과학자, 연구원, 외교관의 피땀 어린 노력이 있었다.

이런 노력이 온 국민을 환호 속에 기쁨의 탄성을 지르게 했다. 기축년의 값진 선물이다. 마치 소의 인내와 헌신의 결과인 듯 기축년의 막달에 받은 선물이 크고 귀하다. 주역에서는 기축년을 십이 띠 중 둘째 띠로 나타나며 소는 대지를 밝힐 태양이 아직 모습을 나타내지 않고 먼 곳에 숨어 있는 새벽 1시에서 3시 사이에 해당된다고 한다. 즉 희망의 상징적인 존재이다. 방위로는 동쪽이 시작되는 북쪽 끝자락에 위치하고, 계절로는 봄을 잉태한 겨울이다.

소가 끌어온 수레의 짐은 자신을 위한 것이 아니고 인간에게 베푸는 이로운 물건이므로 무위의 도를 펼치는 하늘의 마음이다. 소가 인간을 위해서 헌신 봉사하며 죽음까지도 인간을 위해서 마친다. 고기와 가죽이 그러하다. 소의 성품은 인간이 마땅히 지녀야 할 참성품이다. 힌두교에서 신이 인간에게 덕을 베풀기 위해서 소를 타고 온다는 뜻으로 옴(om)이라고 한다. 소와 같은 참성품을 찾아 기쁜 마음을 표현하면서 살아왔는지 자문해 본다. 인간은 착한 일이건 악한 일이건 무엇이든 마음으로 지극히 원하면 천지에 가득한 기질이 뜻대로 이루어진다고 한다.

언론기관에서 금년도에 선정한 10대뉴스 첫째는 노무현, 김대중 전 대통령의 서거이다. 둘째는 신종플루다. 셋째는 세종시 논란이다. 넷째는 4대강 유역개발이다. 다섯째는 미디어법, 국회충돌 헌재판결이다. 여섯째는 김연아 선수 그랑프리 7개 부분 석권이다. 일곱째는 쌍용자동차 파업이다. 여덟째는 한-EU FTA 체결이다. 아홉째는 김수환 추기경 선종이다. 열 번째는 용산참사이다.

희비극의 쌍곡선 속에 기축년 한 해를 보냈다. 아직도 국민을 편 갈라 놓고 정략적으로 이용하려는 소인배 정치인과 집단이 발목을 잡고 꼼짝 못 하게 한다. 대승적 차원에서 세계와 미래를 보는 아량과 포용의 미덕이 아쉬운 때다. 10대뉴스에는 앞으로 실천해야 할 일들이 많다. 선정된 것은 국민의 공감대가 형성되고 기대가 높다는 뜻이다.

사람이 힘으로 할 수 있는 일의 한계를 느끼면서 운이니, 하늘의 뜻이니 하면서 자기합리화를 찾아 자신을 위로한다. 지나친 낙관주의와 자기합리화를 경계해야 할 이유다. 세상 모든 일은 노력의 결과이다. 행운도 노력하는 사람에게로 간다는 사실을 인식해야 한다.

예전보다 보름 일찍 찾아온 강추위 속에 굶주리고 헐벗은 채 떨고 있는 어려운 사람들을 따스하게 보살피고 사랑으로 감싸 안아 정이 넘치는 기축년을 보내고 호랑이 해인 경인년을 희망과 설렘으로 맞이해야 한다. 지난 과거보다는 미래를 중시하고 추구하면서 살아가는 지혜로움을 가져야 한다.

그러나 분명한 것은 지난 일에 대한 평가와 반성을 잊어서는 안 된다. 더구나 반복하면 발전 없는 퇴보만 있을 뿐이다. 보내는 기축년을 평가하여 보람과 가치는 축적하고 공허와 후회와 미련은 털어버리는 슬기로운 마음을 가져야 한다. 새로 맞이하는 경인년 새해에는 선진국의 꿈을 실현하고 한민족통일의 소망을 이루는 해가 되길 기대한다.

가깝게는 150만 청년실업자의 일자리가 마련되었으면 한다. 사회는 함께 살아가는 데 의미가 있다. 생사고락을 함께하며 찬란한 내일을 꿈꾸면서 절망하지 않고 최선을 다하는 노력이 중요하다. 기축년 마지막 밤을 아름답게 보내고 경인년 새해의 소망이 이루어지도록 비는 마음이 편해야 한다. 일 년 내내 힘들여 일한 소에게도 평안한 밤이 되었으면 한다.

인간과 만물이 조화와 협력의 선을 이루며 살아가는 제4물결가치를 위해 더 많은 땀을 흘려야 할 때다.(2009. 12. 30.)

scene 10 :

일자리 창출이 우선이다

매서운 한파보다 300만 실업자의 고통이 더 크고 안타깝다. 일을 하려 해도 기회가 오지 않고 일터가 없어서 고민하고 괴로워하는 젊은이에게 희망을 주는 일이 급선무이다. 실직은 복합적인 어려움에 시달리게 한다. 자신은 물론, 가족, 친구, 주변 사람들에게 부담과 어려움을 가중시킨다.

대통령이 비상경제대책회의에서 가장 많이 언급한 키워드는 서민, 현장중시, 선제적 대응, 차질 없는 추진, 경제위기 이후 미래 대비 등 5가지도 이를 해결코자 하는 의지다. 정부는 어떻게든 일자리를 만드는 것을 국정목표로 삼고 있다.

올 하반기에는 서민과 젊은이에게 일자리가 더 늘어나 실제 서민층이 희망을 가질 수 있게 해 주는 일이 우선이다. 경제위기로 가장 피해를 보는 계층이 서민이며, 일자리 창출이 최대의 복지이다. 현장 체감을 정확하게 하며 통계의 오류에 빠져서는 곤란하다. 앞으로 실물경기 침체가 본격화될 가능성이 높은 만큼 더욱 치밀하고 선제적인 대책이 필요하다.

우리 정책이 경제적으로 고통받는 서민들 가슴에 와 닿아야 희망을 가질 수 있다. 위기일수록 국가경쟁력을 강화하는 노력을 기울여야 한다. 정부가 지원 기준을 미래에 살아남을 수 있는 기술이나 경쟁력이 있느냐와 최고경영자의 의지로 삼는 일은 잘한 일이다. 자신과 의욕이 있고 미래가 보이는 기업과 오너에게 지원해야 효과를 기대할 수 있다.

민주당도 정쟁을 떠나 일자리 창출에는 정부와 협조하여 적극 앞장 서겠단다. 일자리 창출에는 여야가 없으며 오직 구직자와 실직자의 고통만 있음을 명심해야 한다. 행정안전부가 올해 1조 8,000억 원을 투입해 16만 개의 지역 일자리를 제공하기로 했다. 경기회복 추세에도, 지역의 체감경기와 고용상황이 얼어붙어 있는 만큼 전 행정력을 지역 일자리 창출에 집중해야 한다.

우선 1∼2월 고용 공백기를 최소화하기 위해 희망근로 1만 명, 재해예방 2,800명, 행정인턴 7,000명 등 공공부문 일자리 사업을 조기에 시행하여 하루빨리 일자리를 만들어야 한다. 또 사회안전 지킴이, 사회복지 도우미, 지역향토자원 조사원 등 지역공동체 일자리를 3만 명에게 제공한다.

희망근로사업으로 10만 명에게 일자리를 만들어 주고 행정인턴 1만 3,300명, IT분야 일자리 4.000명의 고용을 창출하기로 했다. 재해예방 사업에도 1만 4,000명에게 일자리를 공급한다. 매달 한 차례 장관이 주재하고 노동부, 보건복지가족부 등 중앙부처와 지자체 관계자들이 참여하는 지역일자리 창출 전략회의를 개최해 사업 추진 상황을 점검

한다.

정부청사 기관장들도 신년사 화두를 일자리 창출과 녹색 성장을 통한 경제회복에 모았다. 관세청은 경제 회복을 위한 일자리 창출과 경제 선진화에 정책 역량을 집중하겠다며 200억 달러 흑자 무역 수지 목표가 원만히 달성될 수 있도록 수출입 기업에 대한 지원과 통관 서비스의 효율을 높여 나가기로 했다. 재정 조기 집행과 일자리 창출, 4대강 살리기와 세종시 건설, 녹색 성장시대의 선도를 주문했다.

특허청은 국가적 중점 과제인 저탄소 녹색성장을 지원하는 지식재산 정책을 지속 추진할 것과 기업이 미래 녹색 시장을 선점하도록 핵심 녹색 기술 획득전략과 권리 및 사업화를 적극 지원한다. 중소기업청도 청년 기업가 정신 확산을 통한 벤처기업 창업 붐을 일으키고 소상공인의 경영 안정과 자생력 제고를 위해 정책 금융을 확대하고 유통체제를 혁신한다.

산림청도 산림 자원을 가치 있게 활용해 녹색 성장을 주도하며 녹색 일자리 창출과 연계시켜 경제 안정화에 기여한다. 주요 지자체에는 맞춤형 취업알선 기관인 일자리 종합센터를 운영한다.

에너지 절약시책과 관련해 에너지 사용량을 10% 줄인다는 목표하에 사무실 난방온도를 낮추고, 사무실의 남쪽 창가와 업무에 지장이 없는 곳에는 전등을 제거한다. 난방 권장온도를 19도 이하에서 18도 이하로 낮추고 여름철 냉방온도는 27도 이상에서 28도 이상으로 높이기로 했다.

전등은 정부중앙청사의 경우 총 2,000개를 제거하기로 했다. 모든 공공청사에 대해 에너지 진단을 하고 신축되는 청사는 건물에너지효율 1등급 취득과 친환경건축물 인증을 의무화해 간다. 이제 평생직장의 개념에서 벗어나 미래사회가 요구하는 새로운 일자리 창출에 전력을 기울여야 한다.

서비스업 확대, 콘텐츠 개발, 일인회사 창업, 글로벌회사 확대 등을 확대하고 나눔의 윤리실천을 위해서 국민 모두가 이해하고 참여하는 자세가 필요하다. 부족한 파이를 함께 나누므로 위기를 극복할 수 있다. 새로운 파이를 만들기 위한 정부와 국민의 노력이 어느 때보다 절실하다.

경인년 새해에는 국민일자리를 창출하여 모두 웃을 수 있는 일하는 기쁨의 한 해가 되길 소망한다. 일자리 창출 없이는 아무것도 할 수 없음을 인식하기 바란다.(2010. 1. 13.)

scene 11 :

농업은 6차 산업이다

경쟁력 상실과 향도이촌 현상의 심화로 농촌이 공동화(空洞化)되면서 농업이 천덕꾸러기대우를 받고 있는 현실이다. 농촌에서 아기울음 소리가 그친 지 오래다. 최근에 다문화여성이 농촌을 지키고 귀향인구가 조금씩 늘어나는 데 희망을 찾는다. 작년 12월 1일 현재 우리나라의 농가 수는 121만 2,000가구로 전국 가구의 7.3%를 차지하고 있다. 농촌인구는 318만 7,000명으로 전체 인구의 6.2% 정도를 차지하고 있다. 고령화 심화로 젊은 층 인구가 지속적으로 감소하며 노인들만이 농촌을 지키고 있다.

분명한 것은 농촌에서 생산하는 농산물 없이는 국민의 생명과 건강을 지킬 수 없으며 국토보전, 산교육, 문화 창조의 원천이라는 기능은 외면할 수 없다. 우리나라는 전통적으로 농업국에서 출발하여 문화를 창조하고 계승해 왔다. 무엇보다 하나둘씩 노인이 사라지므로 전통의 맥이 단절될까 두렵다.

한 사람의 노인이 죽으면 도서관 하나가 없어지는 것과 같다는 말처럼 노인은 역사와 문화를 이어온 주체이다. 농촌노인이 간직하고 있는 소중한 경험과 문화를 전승하거나 보호할 장치를 만들어야 한다. 노인의 지혜와 경험을 살려서 문화콘텐츠를 개발하는 일도 시급하다. 이제 농업에 대한 전 국민의 의식변화와 관심과 참여가 절실한 때가 됐다.

농업은 종합 토털산업으로 거듭나야 인류가 행복해질 수 있다. 농업을 1차 산업×2차 산업×3차 산업＝6차 산업이라고 말하는 이유다. 1차로 생산한 농산물을 2차로 가공하므로 배가되는 부가가치를 올릴 수 있고 농업의 중요성을 인식시킬 수 있다. 직접 판매하므로 신선도를 유지하고 국민건강을 지키며 생산, 소비자의 공통 관심과 관계를 유지시킬 수 있다. 생산자와 소비자의 신뢰와 감사함은 상호존중과 교류를 활성화시켜 간다.

일본 동경대 이마무라 명예교수가 이미 10년 전에 주장한 농업의 6차 산업은 상당히 농촌발전에 기여하는 논리를 제공하고 있다. 농촌에서 농산물을 생산하고 가공하고 판매하며 휴식, 관광, 교육산업으로 기능을 다하여야 한다. 먹을거리, 체험거리, 볼거리, 재미거리가 풍부해서 가고 싶은 농촌을 건설해 가야 한다. 우리도 이미 체험마을, 휴양, 놀이로 즐기는 농촌을 조금 만들어 가고 있음은 다행이다.

이제 떠나는 농촌에서 돌아오고 찾아오는 농촌으로 탈바꿈하기 위하여 더 많은 땀을 쏟아야 한다. 도시민이나 청소년들이 농촌에서 농산물의 생산과정을 통해서 학습활동을 하고 정서를 고양시킬 수 있다. 농산물 가공과정을 통해서 창조의 음식을 재생산하여야 한다. 다양한 소비자의 입맛을 충족시켜 줄 수 있는 음식을 개발하기에 부지런해야 한다. 이를테면 과잉 생산되어 수천 억 원의 보관료가 드는 쌀을 다양한 맛있는 음식으로 개발하여 소비하여야 한다.

농민의 정성과 신뢰가 담긴 농산물 판매를 통한 신뢰공동체를 형성하여 행복을 만들어 가는 일도 중요하다. 농촌의 아름다운 자연과 풍성한 먹을거리 따뜻한 인심을 나누면서 인간의 존엄성을 체험하여야 한다. 아름다운 자연을 노래하고 감상하며 그 속에서 생명의 속삭임을 들으므로 정서의 넉넉함을 키워 갈 수 있다.

농촌은 풍토를 거스르지 않고 순응하면서 신토불이의 철학을 실천해 주는 곳이다. 신토불이는 건강과 문화를 하나로 만들어 준다. 風土의 풍은 바람처럼 변화무쌍한 도시사람을 의미한다. 토는 전통의 농촌사람을 의미한다. 풍토는 도농의 조화로운 협력으로 잘 어우러져야 한다. 어울림에 중요한 것은 여성의 역할이다.

음식, 이야기, 매너, 관계를 여성이 선도해 가야 한다. 전통문화와 조상들의 지혜의 결정체들을 다음 세대로 전하여 풍요롭고 편안한 마음의 안식처(amenity)를 만드는 곳이 농촌임을 인식하여야 한다. 농업을 6차 산업으로로 발전시키고 이에 여성이 기업주로 변신하면서 고령기 능자의 지혜를 최대로 활용하는 것이 바람직하다.

농업은 국민과 소비자를 위한 공익의 추구를 통해서 사익과 공익의 극대화를 도모해 가야 한다. 공익추구는 수단으로, 목적은 사익증대에 둘 때에 참여가 활성화된다. 농업생신자의 소득, 생활수준 향상의 충실한 사익을 극대화해 가는 일이다. 농촌에 무인 농산물직매소를 만들어 운영하고 여성 기업으로 음식을 통해서 도시와 농촌을 연결하여 관계를 돈독하게 만들어 가야 한다.

농촌을 도시민이 방문하는 지역으로 교통망과 인정으로 연결한다.

마음의 평온함과 쾌적한 마음의 온기를 유지해 간다. 민박을 통한 만남과 평안함을 창조한다. 교육과 문화로 연결하는 일도 중요하다. 도시와 기업의 노하우를 농촌에 접목시켜 가야 한다.

이제 다양한 방법과 끈끈한 도농 간의 관계와 노력으로 발전시켜 농업을 6차 산업으로 새롭게 거듭나야 함을 강조한다.(2009. 7. 22.)

아동·청소년

scene 1 :

아동, 사랑이 그립다

　아동은 사랑을 먹고 자라나야 건강하다. 어머니의 따스한 가슴과 사회의 깊은 관심 속에서 성장할 때에 이해력 깊고 포용력 있는 성인이 될 수 있다. 포근한 둥지 같은 안정된 가정환경에서 자라나야 여유와 사랑을 몸에 익혀 갈 수 있다. 인정 넘치는 건강하고 따뜻한 사회는 아동기의 사랑에서부터 시작됨을 인식하여야 한다. 이혼과 가정해체가 급증하는 현실에서 아동들의 피해와 희생이 클 수밖에 없다.

　어린 시절의 아름답고 평안한 생활은 후일 성인이 되어서 커다란 영향을 미치게 되기 때문에 중요하다. 가정과 사회에서 아동들의 안락과 행복을 위해서 노력해야 하는 이유다. 경제적으로 어렵고 가족과 사회 갈등의 심화는 아동을 사랑으로 돌보지 않고 학대하며 방임하고 있어 마음이 아프다.

　아동은 탄생과 더불어 부모와 사회의 사랑과 관심 속에서 성장해 갈

권리를 지니고 있다. 이것이 경제, 사회적 문제로 침해당해서는 안
되는데 현실은 아동의 인권이 유린된 채 많은 학대에 시달리고
있어 문제다.

아동학대는 보호자를 포함한 성인에 의하여 아동의 건강·복지를
해치거나 정상적 발달을 저해할 수 있는 신체적·정신적·성적 폭력
또는 가혹행위 및 아동의 보호자에 의하여 이루어지는 유기와 방임을
말한다. 아동이 건강하게 출생해서 행복하고 안전하게 자라나도록 그
복지를 보장함에 목적을 둔 아동복지법에 충실한 사회가 되어야 한다.

법에 앞서 모든 아동이 천진난만한 마음으로 아름다운 미래를 꿈꾸
며 살아가도록 지원해 주는 것이 성인의 최소한 책임임을 인식해야 한
다. 아동과 어린이는 같은 의미로 혼용되고 있는데 발달과정상 6세에
서 12세기까지를 말한다. 이 기간 동안 정서적 결핍이나 정신적 충격
을 받으면 평생을 힘들게 살아갈 수 있어 사랑으로 돌봐주어야 한다.

마음의 상처나 충격을 받지 않고 아름다운 기억과 사랑이 충만한 시
기가 되어야 한다. 1957년에 어린이 헌장이 선포되어 어린이의 권리와
양육과 보호를 통해서 미래를 가꾸어 가는 사회와 성인이 앞장서는 역
할을 다할 것을 선언하고 있다.

현실은 가정과 사회 환경의 급격한 변화로 주의력 결핍, 과잉 행동
장애, 자폐, 학습장애 등 정서장애 아동이 늘어나고 있어 대책이 요구
된다. 이런 아동은 주의가 산만하여 집단따돌림을 받게 되어 마음의
상처가 커질 수 있어 문제다. 아동기에는 친구와 함께 학습하고 놀면
서 사랑을 체득하고 좋은 기억을 간직해 주는 시기가 되어야 한다.

어른들은 이들에게 여건과 기회를 만들어 주며 정성껏 돌봐 주어야
한다. 아동의 몸과 마음을 건강하게 키울 수 있도록 사회와 국가가 나

서서 제도를 개선하고 사회분위기를 조성해 가야 한다. 특히 지역사회가 앞장서서 아동학대를 감시하고 아동복지와 권리를 위해서 노력해야 한다. 아동성폭력을 비롯해서 유괴 등이 면식범인 점을 감안할 때에 지역사회의 안전망 형성과 쾌적한 환경조성이 필요하다. 아동을 상대로 행하는 범죄자는 엄벌에 처할 수 있는 법 규정도 함께 만들어야 한다.

아동성범죄가 매년 늘어 2003년에 642건이던 것이 2008년에는 1,220건으로 5년 사이에 90%나 급증했다. 아동권리에 대한 이해가 부족하고 실증법상 증거확보가 어려워 낮은 처벌수위가 아동성범죄 증가의 한 요인이 되고 있다. 아동성범죄자의 60-70%가 아는 사람으로 건강한 지역사회환경이 보장되지 않는 한 문제해결을 기대하기 어렵다.

미성년자성폭력 피해자 부모들의 사랑방모임에 따르면 대부분 항소심에서 70%가 집행유예를 받고 90%가 무혐의 처리되거나 불기소처분을 받고 있다. 유교적이고 보수적인 현실은 문제의 본질을 정확히 파악해서 재발을 방지하기보다는 덮어 주려는 경향이 크다.

법적 사회적인 몰인식과 소극적인 사고는 아동성폭력의 범죄증가요인이 된다. 아동이 건강하고 행복한 사회건설을 위해서는 가정과 지역사회가 이들에게 세심한 관심을 갖고 무한한 사랑을 베풀어 주어야 한다. 아동이 행복을 만끽할 수 있는 여건과 기회를 제공하고 활용해야 한다.

철따라 변화하는 자연환경과 다양한 지역사회자원을 아동을 위해서 이용하는 방법을 찾아야 한다. 퇴직교사와 어머니가 함께하는 문화 익히기, 한글 깨우치기, 전통놀이마당 등의 무궁한 프로그램을 운용해 가는 것도 의미가 있을 것이다.

따사로운 3월의 봄볕을 쪼이면서 산과 들로 봄나물을 채취하고 새싹을 관찰하며 개구리를 찾는 일도 재미있을 것이다. 아동들이 생명에 대한 경이로움과 사랑을 체험할 수 있는 기회를 제공해 주는 일에 관심을 가져야 한다.

아동심리와 행동을 주의 깊게 관찰하고 파악하여 문제가 있으면 상담, 미술치료, 음악치료, 자연체험 등 다양한 방법으로 해결해 가려는 지혜가 필요하다. 아동문제는 치료보다 사전에 사랑으로 돌보아 주므로 상당부분을 예방할 수 있음을 잊지 말아야 한다.

아동기의 문제를 방치한다면 평생을 고통 속에서 살 수 있음을 인식하여 예방과 치료에 주의를 기울여야 한다. 사막여행길에서 오아시스를 만나는 기쁨처럼 아동은 늘 행복함과 만족함을 체험하며 살아가도록 해 주어야 한다.

아동은 쾌적한 환경 속에서 어머니의 따스한 가슴과 사회의 사랑을 만끽하면서 행복하게 성장해 갈 수 있도록 보살펴 주는 일이 중요하다.(2008. 3. 20.)

scene 2 :

오늘의 청소년 생태맹(生態盲)인가

　오늘의 청소년들은 자연 속에서 살아가고 있는 동식물에 대한 관심이 없는 것 같다. 길섶의 꽃이며 풀에 대해 아는 것이 없다. 아니 관심이 없다는 표현이 적절할 것 같다. 이름이며 언제 꽃이 피고 열매를 맺으며 잎이 지는지 생태특성에 대해 전혀 모른다. 오히려 아는 것이 이상할 정도다.

　자연보다는 인터넷 영상매체나 게임에 재미를 붙여 많은 시간을 보내기 때문이다. 한 번 클릭하면 화면이 열리고 꺼지는 신속함과 변화무쌍한 사이버 공간에서 즐기면서 살아가는 청소년들에게 씨를 뿌리고 물을 주고 김을 매며 가꿔야 꽃이 피고 열매를 맺는 것을 기다린다는 것이 너무 지루할지 모른다. 은근과 끈기를 갖고 성장하는 아름다운 자태를 기다릴 줄 아는 마음이 없다.

　꽃과 나무를 가꿔 가는 정성과 시간의 가치가 그들에게는 사치스럽게 느껴지는 것 같다. 초등학교 시절 학교에서 자연시간에 교실 앞 화단에 맨드라미, 채송화, 봉선화, 백일홍, 붓꽃을 심고 나팔꽃은 철사로 줄을 매서 넝쿨을 감아 올라가게 하여 그늘을 드리워 주었던 기억이 난다.

연분홍 나팔꽃이 등교하면 반갑게 활짝 피었다가 햇빛이 나면 시드는 모습을 보고 안타까워했던 마음은 시간이 지나도 잊히지 않는 추억으로 남아 있다. 꽃을 가꾸며 자라나는 것을 관찰하던 기쁨을 통해 생명의 고귀함을 깨닫고 기다림과 베풂의 사랑을 배워 왔다. 집에서도 꽃밭을 만들어 옥잠화, 수선화, 국화를 심었던 기억은 항상 설레는 마음을 간직하게 해 준다. 생물을 가꾸고 키우면서 인간의 존엄한 가치를 스스로 깨닫게 되었다.

나는 연구실에서 낙엽 지는 가을날에는 보리와 밀을 화분에 심어서 새파랗게 올라오는 새싹을 보고 즐거워한다. 청아한 푸른 새싹은 정말로 맑고 아름다움의 전부였다. 삭막해진 가을날에 새 생명을 보고 즐길 수 있음은 나에게는 특권이며 기쁨이었다. 자연의 생태계는 바로 우리 삶의 모태이며 희망의 터전이다. 이 영역을 지키고 가꿔 가기 위해서는 주변의 나무며 풀 한 포기까지 관심을 갖고 가꾸며 보호해 가야 한다.

자연과 접할 기회를 상실한 산물로 많은 현대인이 잔인해지고 포악해지는 것 같다. 오늘의 많은 청소년들이 생태맹으로 살아가는 모습이 측은하고 안타깝다. 생명을 통해서 인간의 존엄성을 생각하고 만물의 이치를 깨닫는 지혜를 획득하는 일은 매우 가치 있는 일임을 강조한다.

생태학자 데이비드 올은 생태맹(盲)을 자연과 화합하면서 함께 살아가는 데 필요한 지혜, 정서, 교감의 가치를 옳게 인지하지 못한 상태라고 정의하고 있다. 데이비드 올의 정의처럼 자연에 대한 지혜를 찾고 아름다운 정서를 키우며 철따라 변화하며 자연과 교감하는 가치는 매우 존귀한 것이다.

기후 변화와 농약을 비롯한 환경오염은 많은 동·식물의 종(種)을 멸종시켜 가고 있다. 결국 동식물의 멸종은 인간존재를 위협하며 자연의 섭리를 거부하여 종말을 가져오게 될지 모른다. 레이철 카슨 (carson)은 1962년에 발표한 침묵의 봄에서 살충제 살포로 봄이 와도 새 우는 소리를 들을 수 없어 침묵의 봄이라고 하였다. 새끼돼지는 어미젖을 먹지 않고 모든 생명체의 약동함을 찾아볼 수 없는 죽음의 세상을 적시하고 있다.

살충제는 정상적인 번식과 기능을 훼손시키고 기형적인 동식물로 만들어 결국 파멸에 이르게 만든다. 하나밖에 없는 지구를 지키며 만물을 아름답고 소중하게 보호하며 키워 가는 노력을 기울여야 할 때다. 자연에 대한 새로운 인식을 할 때에 생물체에 대한 관심을 갖게 되고 풀 한 포기, 꽃 한 송이에도 사랑하는 마음을 갖게 된다.

농업도 자연생태농법을 도입하고 있다. 자연 상태에서 농작물을 재배하고 가축을 사육할 때에 어느 기간이 지나면 자연 적응력과 천적이 생겨 열매를 맺고 새끼를 낳아 번식해 가는 자연의 법칙을 존중한 농법이다. 각 학교에서 생태를 연구하고 관찰할 수 있는 방과 후 프로그램을 개발할 것을 촉구한다. 그러면 학생들의 성적도 향상되고 정서도 순화되어 바람직한 육성을 기대할 수 있을 것이다.

인간이 자연의 생태계를 이해하므로 자연적 자원의 관리와 보전은 물론이고 정서와 인성을 연마시키는 데 지대한 순기능을 기대할 수 있다. 멸종되고 파괴되어 가는 생태망을 복원시켜 가는 일도 우리가 해야 할 당면과제다. 모든 생태계에는 인류의 질병을 치료할 수 있는 약리성분과 무한한 자원의 보고(寶庫)임도 잊지 말아야 한다.

자연생태계를 보호하려면 먼저 그 특성과 가치에 대하여 알아야 한다. 따라서 청소년기에 생태에 대한 관심과 지식을 쌓을 필요가 있다. 이를 위한 국가차원의 교육적 개입과 자발적 사회참여가 절실하다. 모든 국민이 자연생태계를 올바로 인식하고 관리할 수 있는 역량을 강화시켜 가야 한다.

그것은 궁극적으로 지구를 살리고 인간을 보호할 수 있는 길이다. 화사한 봄날이 가기 전에 어린이와 청소년들, 부모가 함께하는 즐거운 가족 나들이를 산과 들로 나가는 것도 의미 있는 일이다. 새로운 미지의 생물세계를 접하는 기쁨은 무엇과도 견줄 수 없기 때문이다.

생물도감을 준비하여 일일이 찾아보고 관찰하는 재미도 쏠쏠하며 후일 아름다운 추억이 된다. 생물 관찰을 통해 자녀에게 추억을 만들어 주고 가치를 깨닫게 하는 일은 중요한 사회교육임을 강조한다. 인간이 대자연의 혜택을 누리고 산다는 자체에 대한 감사함은 물론 현장에서 살피고 관심을 갖는 일은 환경보전의 시발이 된다는 사실을 명심해야 한다.

쾌적한 환경에서 다양한 생물의 종을 보전하여 후손에게 남겨 주는 일 또한 보람 있는 일이다. 청소년의 생태계관심과 사랑은 미래사회에서 무엇과도 바꿀 수 없는 가치 있는 일임을 인식하기 바란다.(2008. 4. 1.)

scene 3 :

청소년 성 범죄자, 예방·치료·재활을

10대 청소년을 대상으로 한 성범죄가 끊이지 않고 발생하여 사회를 경악시키며 불안으로 몰고 가고 있다. 청소년을 대상으로 유괴, 살해, 납치, 집단윤간 등 말할 수 없는 성범죄가 기승을 부리고 있다. 후배 소개로 알게 된 10대 청소년 6명이 여고생에게 술을 먹인 후 인근 자취방으로 끌고 가서 문을 잠그고 돌아가며 성폭행을 자행했다. 일시적인 성적 욕구를 해결하기 위해 잔인한 범행을 저질렀다.

10대들은 성범죄에 대한 죄의식이 없고 순간적 충동에 의한 비행으로 이들에 대한 교육훈련의 중요성이 제기된다. 반면에 성인이 10대 청소년을 대상으로 성추행과 성폭행을 자행하는 일이 벌어지고 있는 현실이다. 범법자의 정신질환상태를 파악하여 이들을 격리해서 치료하고 재활시켜 주는 프로그램 개발과 시행 등의 제도적 뒷받침이 절실하다.

성범죄에 대한 인식강화와 성욕구의 자제 및 문제해결을 위한 다양한 사회적 노력을 기울여야 한다. 끔찍한, 예슬이와 혜진이의 유괴살해 사건은 온 국민을 분노시켰고 가칭 예슬, 혜진 법을 만들어 어린이 성범죄자를 엄중 처벌하자는 국민적 공감대가 형성되었다. 처벌의 강화도 필요하지만 근원적이고 장기적인 대책을 세워서 실천해 가는 일이 더 중요하다.

무고한 초등학생을 성추행하고 잔인하게 살해한 천인공노할 살인사건이 벌어진 현실을 해결해 가는 데 온 국민과 정부의 노력이 함께하여야 한다. 청소년 성범죄에 대한 사전의 예방과 대책이 너무 안이했음을 반성하여야 한다. 여주에서 발생한 필리핀인의 여중생 강간살해 사건도 소름 끼치게 한다.

뿐만 아니라 현직 경찰관이 벌인 강간사건은 기가 막힐 뿐이다. 안산 상록경찰서 순경이 채팅을 해서 알게 된 17세 소녀를 주차장에서 강간을 했다. 갈수록 가해자의 연령이 낮아지고 있으며 청소년의 경우 죄의식이 없이 장난처럼 성범죄를 저지르는 경우가 많다. 처벌이나 감시라는 소극적이고 임시방편적인 방법으로는 한계가 드러났다. 단편적인 대책보다 종합적으로 근원적인 해결책을 모색하여야 한다.

청소년성폭행피해자는 정신 심리적으로 불안, 무력감, 분노, 대인기피 등의 문제가 심각하여 평생을 고통받으면서 살아가게 된다. 한 인간이 성폭행이란 피해로 인생을 망치게 하는 일을 더 이상 묵과할 수 없다. 며칠 전 성남에서 어린이 유괴납치미수사건이 일어났으나 어린이의 슬기와 주민의 신고정신이 변을 면하게 했다. 술 취한 범인이 어린이에게 아버지가 병원에 입원했으니 함께 가자고 유인하자 엄마한테 물어보겠다며 거부한 사건이다. 가정과 학교에서 체계적인 안전교육이 얼마나 중요한가를 단적으로 보여 준 사례이다.

즐겁게 뛰놀던 어린이 놀이터와 집 앞 소공원에는 조잘대는 아이들의 정겨운 소리와 떠들썩하게 노는 모습이 사라지고 집 안에서 컴퓨터와 장난감 놀이를 하고 지낸다는 보도가 가슴을 울린다. 청소년기에 정상적으로 습득하여야 할 사회화 과정(socialization process)이 이루어지지 않아 원만한 사회생활을 방해하며 폭력 등 반사회성에 의한 역기능이 우려된다. 연이어 발생하는 어린이 성범죄사건은 부모들을 패닉상태에 빠지게 하며 불안과 불신의 험악한 사회분위기를 만들어 가고 있다.

자녀에 대한 과잉보호와 폐쇄적인 성장환경은 후일 잠재적 폭력성을 키우게 되어 사회문제를 확대 재생산하게 된다. 성 범죄자에 대한 체계적인 관리와 장기적이고 종합적인 대책을 마련하여야 한다. 성폭력피해자는 범죄 순간을 반복해서 기억하는 플래시백 현상 때문에 오랫동안 고통에 시달리게 된다. 인간의 존엄성을 지킨다는 차원에서 성범죄자를 근절시켜야 한다.

지난 11일에는 처음으로 초등학생을 성폭행한 자를 성폭력 범죄처벌 및 피해자 보호 등에 관한 법률위반 혐의로 신상정보를 공개했다. 피의자 인권문제 등의 시비로 차일피일 미루어 온 신상공개는 잘한 일이다.

범인에게 사회적 낙인을 찍어주므로 주위사람이 경계를 하고 당사자가 개과천선 하여 새로운 삶을 살아갈 수 있도록 하는 방법이 될 수 있기 때문이다. 범죄자에게 전자 팔찌를 착용하여 수시로 감시하는 방법도 검토해야 할 때다. 청소년성범죄자 데이터베이스를 구축하여 관리시스템을 확립해서 과학적인 감시를 하여야 한다.

청소년 성범죄 예방을 위해서 청소년기의 발달심리 특성상 성폭력이 잠재적 요인이 되고 있음을 간파하고 지도해야 한다. 청소년기는 성인역할 유보상태(moratorium)로 혼란을 겪게 되므로 지속적인 육성교육과 훈련이 필요하다.

약화된 가정기능을 강화시켜 가야 한다. 원만한 가족구성원 간의 사회관계를 배우고 익혀 가도록 한다. 가정에서 부모의 폭력과 이탈행동은 청소년에게 악영향을 끼치게 된다. 학교에서 믿음의 교우관계, 아름다운 이성교제, 실질적인 성교육을 체계적으로 실시하여야 한다. 사회의 유해환경을 정화하여 건전한 성도덕과 윤리를 확립해 가야 한다.

성 범죄자가 정신적, 심리적, 신체적으로 문제가 있으면 형사 처분과 병행해서 완치될 때까지 지속적으로 재활치료를 실시하는 일도 중요하다. 의료보호감호시설을 확충하는 등 차근차근 문제의 본질부터 해결해 가야 한다.

지역사회차원의 사회안전망을 구축하여 보호와 감시기능을 강화시켜 가는 일도 중요하다. 청소년성범죄의 예방, 치료, 재발에 따른 예산과 인력 확보가 선행되어야 한다. 청소년 성범죄문제는 사회 전체의 예방활동이 우선이다. 청소년들에게 성범죄 위험에 대처하는 방법과 신고체계를 알려 주어야 한다.

범죄자는 반드시 잡히며 엄한 처벌을 받는다는 인식을 심어 주기 위한 강력한 범죄자 검거활동을 편다. 지역사회의 성적 유해환경을 정비하고 유익환경을 제공해 주며 감시활동과 사회안전망을 효과적으로 구축하여야 한다. 정신, 심리적 또는 신체적 질병에 의한 성 범죄자에 대한 치료재활을 제도화시켜서 범죄자를 온전한 사회로 돌려보내는 노력이 절실하다. 청소년 성 범죄자에 의한 피해가 더 이상 발생해서는 안 된다.(2008. 4. 17.)

scene 4 :

표류하는 청소년정책

새 정부의 조직개편이 4개월째를 맞고 있으나 청소년정책은 방향을 상실한 채 혼선만 빚고 있다. 정권이 바뀌고 조직이 개편될 때마다 도마 위에 오르는 청소년정책은 정책입안자의 무지와 청소년이 비정치적 약체적 존재라는 현실에 앞에 무력할 수밖에 없다.

인구학적으로는 전체 인구의 24%를 차지하고 있으나 이들은 투표권이 없고 대응할 힘과 조직이 없기 때문이다. 청소년정책은 국가백년대계 차원에서 다뤄져야 마땅하나 정치논리에 의해서 좌지우지되고 있는 현실이다. 국무총리실 산하에 있던 국가청소년위원회는 여성부로 이관을 추진하던 세력에 의해 한동안 몸살을 앓다가 현 정부 출범과 더불어 작은 정부를 표방하면서 보건가족복지부로 흡수 통합되었다.

부처 내에서도 인기 없는 분야로 청소년업무를 담당하는 공무원은 의욕과 사기를 상실한 채 부처의 외곽지에서 이방인 같은 심정으로 근

무하고 있다. 아동과 청소년업무를 두루뭉술하게 하나로 묶어서 아동
청소년정책실로 통합했다. 아동과 청소년은 본질적으로 육성방향과 내
용이 상이함을 철저하게 무시한 기형적 조직을 만들어 혼란이 가중되
고 있다.

아동복지법은 아동을 0세에서 18세 미만으로 규정하고 있으며 청소
년 기본법은 청소년을 9세에서 24세로 정의하고 있어 이를 물리적이
고 제도적으로 연령의 중복을 조정하려는 법 개정을 추진하고 있다.
안 될 말이다. 청소년은 생태적이고 제도적 문제가 아닌 인간성장기의
지도육성 문제임을 인식해야 한다.

원래 청소년은 선진국을 비롯한 대부분의 나라에서 10대로 정의하
고 있다. 중·고등학생 중심의 교외 여가활용정책에 중점을 두고 있다.
우리의 경우 1991년 청소년기본법 제정 당시 인구수에 따른 예산확보
를 위해서 기형적으로 연령을 24세로 상향 조정했다. 변화가 가장 큰
10대를 15년 차의 연령을 하나로 함축하여 지도하려는 발상 자체가
한심스럽다.

초등학교 저학년과 대학졸업생이 함께할 수 있는 놀이나 생활은 너
무 빈약하다. 현재의 청소년정책은 중고생을 중심으로 한 활동프로그
램이 주종을 이루고 있으며 초등생이나 대학생의 활동프로그램은 없는
실정이다. 유아, 아동, 청소년을 구분 없이 행정편의대로 정책이 집행
되어 왔기에 눈에 띄는 사업만을 생색내기 위주로 해 왔다.

청소년업무를 총괄하는 부서가 그동안 수없이 정치적 자의와 편의
에 의해서 변화되어 왔다. 현재처럼 보건가족부 내에서 정체성을 상실
한 채 외곽부서로 소외된 행정이 집행될 바에는 청소년과 밀접한 관계
가 있는 교육과학기술부로 업무를 이관하는 것이 효과적일 수 있다.

청소년의 80% 이상이 학생인 현실을 직시하여 이들의 문제를 교육과학부에서 종합적으로 다루어지는 것이 바람직하기 때문이다.

청소년전문가집단을 정책영역에 특채하여 행정의 특수성과 전문성을 살리는 일이 시급하다. 현재보건가족복지부의 아동청소년정책실에서 아동 업무와 청소년업무를 구분하지 못하고 전문성이 부족한 사람이 업무를 총괄하고 있어 정책방향을 상실한 채 혼란만 가중시키고 있다.

청소년정책은 국가 백년대계 차원에서 다뤄져야 마땅하다. 아동 업무는 보건복지가족부에서, 청소년업무는 교육과학기술부에서 분리해서 맡는 것이 합리적이다. 학교 청소년, 근로청소년, 무직청소년, 비행청소년, 복무청소년문제를 포괄적으로 다루는 정책구현은 교육과학기술부가 더 효율적이고 현실적이기 때문이다.

청소년기는 인격도야와 학문연마기능을 비롯해서 사회성 훈련 등을 총괄하여 교육, 여가 활동, 재능개발 등의 종합적인 업무를 실시해 가야 한다. 비전과 기대를 상실한 채 기능과 역할을 못 하는 혼돈의 정책 주무부처를 하루빨리 조정할 것을 촉구한다.

정권은 바뀌어도 청소년정책은 지속성을 갖고 추진할 수 있는 제도적 장치를 마련하여야 청소년의 건전육성과 지도가 혼란 없이 효과적으로 추진될 수 있다.(2008. 6. 21.)

scene 5 :

방치할 수 없는 스포일드 키드

　인구 성장률이 세계에서 최하위인 우리나라 사람들은 자녀를 하나 두거나 아예 없는 가정이 늘어나고 있다. 한 자녀를 둔 부모나 친지는 지나친 과잉보호와 관용 속에서 방관에 가까울 정도로 자녀를 키우고 있어 심각한 문제가 야기되고 있다. 유독 자녀사랑이 심한 우리나라 부모들은 자녀를 위해 모든 것을 바치는 것 같지만 결과는 잘못 가르치고 있다.

　성장기의 청소년 자녀들이 올바른 규범, 보편적인 가치관, 원만한 사회화 과정을 겪지 못해서 사회의 트러블 메이커가 되고 있다. 무조건적인 자기자식 편들기와 변명하기는 가치관 혼란과 과잉의존 심리를 고착시켜 가고 있다. 시시비비를 가릴 줄 모르고 자신의 고집과 주장이 善이며 규범인 양 착각하고 마구 행동하는 어린이가 많다. 마음대로 마음껏 먹고 입으며 쓸 만한 물건도 유행이 지나거나 자신의 취향에 맞지 않는다고 마구 버리는가 하면 학원 강사한테 제대로 가르치지도 못하는 주제에 무슨 훈계냐며 욕을 해대는 아이들이 많은 현실이다.

경제적 문화적 풍요로움 속에서 자란 아이들이 물건의 소중함과 근면절약의 가치를 습득하지 못한 결과이기도 하다. 돈맹, 물맹(物盲)이 되어 사물의 본질과 활용의 지혜를 알지 못함이 안쓰럽다. 여기에다 타인을 배려할 줄 모르고 서로 이해하고 사랑하며 함께 살아가는 공동체 의식이 결여되었다. 세상이 자신만을 위해서 존재하는 것으로 착각하며 극단적 이기주의자로 변한 것도 큰 문제다.

'스포일드 키드(Spoiled Kid)'로 자라나는 청소년에 대한 가정, 학교, 사회에서 종합대책을 세워야 한다. 스포일드 키드는 '버릇없는 아이' '응석받이' 정도로 이해했으나 이제는 버릇없거나 예의 없는 수준이 아니라 범죄와 폭력으로까지 연결돼 사회적 문제가 되고 있다. 적극적으로 올바르게 육성해야 할 가정, 학교, 사회가 제 역할을 다하지 못하면서 자신도 모르게 가해자가 되거나 피해자로 전락하고 있다.

이들의 잘못된 행동은 사회분위기를 망치며 아름다운 사회건설을 방해하는 결과를 초래한다. 흉포해진 스포일드 키드를 보면 조용히 피하는 것이 상책이라며 어른들이 공동체방기현상을 조장시키고 있다. 식당이나 공공장소에서 소리를 지르고 뛰어다니거나 남의 발을 밟으며 부딪쳐도 적반하장 격으로 노려보며 잘못을 인정하지 않고 자신의 정당한 권리라고 생각한다.

스포일드 키드는 공공질서와 규범의 위반에서부터 아무에게나 폭력을 휘두르는 범죄 수준까지 폭넓게 사회에 자리 잡아 가고 있다. 부모의 기준 없는 양육과 과잉보호가 낳은 산물이다. 매체들이 조폭들의 욕설과 폭력을 여과 없이 그대로 반영하고 있는 것도 큰 문제다. 이러한 매스미디어는 어린이에게 악영향을 끼치기 때문이다.

세상 사람들이 온통 돈 벌 궁리만 하는 데다 방송과 신문이 돈 많이 번 사람들을 영웅시 보도하는 등 아이들한테 물질만능, 배금주의만 중시하며 확산시켜 주는 역기능을 초래하고 있다. 우리 사회는 6·25전쟁 전후 세대와 IMF를 겪었던 1990년대 말경에 스포일드 키드가 양산되었다고 볼 수 있다.

경제사회적 어려움 속에서도 우리 아이만은 부족함이 없이 풍요롭게 키우고 싶은 부모의 욕심이 과했기 때문이다. 이들은 선천적으로 물질적인 풍요로운 생활에 익숙하고 '기죽는 것과 무시당하는 것을' 못 참는 부모 밑에서 성장한 특징이 있다. 친구와 함께 놀기보다는 인터넷과 게임을 하고 노는 것에 더 익숙해진 어린 시절을 보내고 있다. 영상매체에서 획득한 폭력과 욕설, 저질문화를 여과 없이 그대로 수용한 결과이기도 하다.

부모나 교사가 이들에게 기준과 절제와 융화를 훈련시키지 못했다. 민주시민으로서 갖춰야 될 기본교육과 훈련을 받지 못하여 사회성이 너무 부족하다. 부모의 지나친 보호와 통제가 결국 자녀교육을 망치게 한다. 이들에게 여름방학 기간에 봉사활동을 통하여 남을 돕는 일이 얼마나 보람되고 가치 있는 일인가를 깨닫게 해 주어야 한다.

워킹홀리데이 같은 프로그램에 참여하여 노동과 여행을 통해서 외부 환경의 다양한 경험을 쌓게 해 주어야 한다. 성장과 환경이 다른 곳의 사람들과 어울리며 갖가지 문제에 부딪히며 스스로 해결하도록 하는 방법을 습득시키는 훈련도 필요하다. 내 아이가 최고라는 생각을 버리고 어린 시절이 일생을 좌우할 수 있는 인성과 감정이 정립된다는 사실을 인식하고 제대로 된 가정교육을 통하여 건전한 민주시민으로 육성돼야 함을 다시 한 번 강조한다.

사람의 인성과 습관은 어린 시절에 결정된다. "세 살 버릇 여든까지 간다."는 속담의 의미를 되새길 때이다. 부모나 어른들의 기분과 감정에 따른 자녀교육은 절대로 안 됨을 인식하고 理性과 규범에 입각하여 시종일관 같은 기준을 갖고 지도하는 것이 중요하다.

부모가 같은 기준과 방법으로 자녀를 양육해야지 각자가 다른 기준으로 지도할 때에 자녀는 이중성격을 갖게 되며 자기변명과 궤변으로 반항하게 된다. 혼란스런 가치관을 습득하여 기회와 상황에 따라서 변명하게 된다. 인간을 중심으로 하는 인간제일의 가치를 확립해 주고 다음으로 학습이나 여가를 지도해 가야 한다.

돈을 벌고 성공하는 것보다는 존경받고 사회에 기여하며 살아가는 것이 바람직하다고 가르쳐야 한다. 우리 사회에는 아이들 같은 어른이 있어 문제다. 타인을 배려하는 마음이 없고 공동체의식이 부족하며 자신만을 위해 주기를 바라는 스포일드 어덜트(spoiled adult)가 많은 현실이다.

어른다운 행동을 어린이에게 보여 주고 모범을 보이며 솔선수범할 때에 장한 청소년으로 성장해 간다는 사실을 명심하기 바란다. 어린이는 어른의 거울이라는 윌리엄 워즈워드 시인의 말에서 양육의 지혜를 얻어야 한다.

이들을 위한 사회교육과 지역사회의 공동체훈련이 필요하다. 예절과 타인을 존중하는 동방예의지국의 언행이 글로벌시대의 경쟁에서 이길 수 있는 중요한 요인이 될 수 있다.(2008. 7. 22.)

scene 6 :

아동학대, 중범죄다

사랑의 계절 5월에도 "아빠, 제발 때리지 마세요."라는 절규소리가 끊이지 않고 있다. 아동폭력과 학대가 근절되지 않고 계속 늘어나고 있어 대책이 시급하다. 반항하거나 피할 수 없는 연약한 아동을 폭행하고 구박하는 행위를 더 이상 용납해서는 안 된다. 때리면 맞고 밥을 주지 않으면 굶을 수밖에 없는 아동을 사회와 국가에서 돌보는 것은 당연한 일이다.

학대는 주로 부모에 의해서 자행되고 있다. 소득, 국적, 성별을 떠나 18세 이하의 아동, 청소년들의 생존, 발달, 보호, 참여 권리를 평등하게 제공받아야 한다. 우리나라는 1991년 유엔 아동권리협약에 가입했는데 이에 따르면 18세 이하의 아동, 청소년들은 생존 · 발달 · 보호 · 참여 권리를 평등하게 제공받아야 한다고 명시하고 있다.

우리 사회의 아동 중 상당수는 권리를 보장받기는커녕 여전히 학대에 신음하고 있다. 아동을 보호해야 할 의무가 있는 부모에 의한 학대가 대부분 이루어지고 있다. 여자아동의 경우 성 학대에 시달리기도 한다. 후유증으로 수치심 때문에 외출을 하지 않는 자폐현상을 나타내기도 한다. 아버지가 가해자로 1위를 차지하고 있다. 아버지의 음주로 인한 폭력은 더욱 심각하다.

폭력부모는 기초생활보장 급여자가 많다. 2008년 전국 아동학대 현황 보고서에 따르면 지난해 아동학대 가해자 중 84.5%는 부모였다. 타인과 친인척은 각각 7.2%, 6.5%이다. 아동학대 발생 장소는 83.1%가 가정으로 나타났다. 2001년에 2,105건이던 학대 피해아동 보호 건수는 지난해 5,578건으로 7년 만에 2.6배나 증가해 심각성을 말해 준다. 아동학대 상담 신고 건수도 지난해 9,570건으로 2.3배 증가했다.

학대 유형은 보호자가 양육과 보호를 소홀히 하여 아동의 정상적 발달을 저해하는 방임이 제일 많고 언어적 정서적 위협이나 감금억제 등 가학적 행위를 하는 정서학대, 육체적 고통을 주는 신체학대 순으로 나타났다. 아동을 성욕 충족의 대상으로 삼는 성학대도 424건(5.5%)이며 유기가 94건(1.2%)에 이른다. 심각해지는 아동학대는 학습부진, 부적응, 가출, 주의산만, 신체발달 지연을 일으켜서 건강한 성장과 발달을 방해하게 된다. 어린이와 가족구성원 간의 긴밀한 사랑의 대화가 절실하다.

우리나라는 아버지와의 하루 접촉시간이 2.8시간에 머물고 있다. 회식문화, 교육열, 인터넷 확산 등의 이유로 대화시간이 매우 적은데 이것도 아동학대의 한 요인으로 작용하고 있다. 아동학대는 인간의 탄생과 더불어 갖는 천부적인 기본 권리를 침해하는 중범죄 행위이다. 어떠한 일이 있어도 아동을 학대해서는 안 된다.

이를 제도적으로 사회적으로 감시하고 방지하는 일에 우선하여야 한다. 가해부모에 대한 격리수용과 치료제도의 도입이 절실하다. 또한 아동 보호를 위해 부모의 친권을 탄력적으로 제한하거나 회복할 수 있도록 하는 제도 개선이 요구된다.

Merton은 '개인의 사생활의 존중은 정체성을 견고하게 해 준다.'고 하였는데 이를 수용할 경우 학대를 받고 자란 청소년에게 정체성이나 자아존중감의 발양을 기대할 수 없음은 당연하다.

유엔의 아동권리협약 제18조는 '국가가 부모와 법적 보호인이 아동을 양육하는 데 필요한 지원을 적절하게 제공할 의무'를 명시하고 있다. 아동의 생존과 발달을 보장하고 기초건강관리를 해 주며 위생, 환경정화, 사고예방에 대한 정보, 교육 등을 지원해 주어야 한다. 현실적으로 이러한 책임과 의무를 다하지 않고 있으며 오히려 방치하는 사례가 많다는 사실이다.

학대받는 아동에 대한 보호는 물론이고 이들에 대한 보호육성대책을 이행하고 철저한 관리감독이 절실하다. 학대받는 아동은 국가가 보장한 인권은 물론 복지권마저 누리지 못하고 있다. 사랑과 감사의 달인 5월에도 폭력과 학대에 신음하는 아동을 생각하면서 이들에게 관심을 갖고 돌봐 주어야 한다.

부모는 실직으로 술과 담배에 찌들고 가정이 해체된 상태에서 생활하고 있는 아동에 대한 긴급구조를 정부가 맡아야 함은 당연한 일이다. 어떠한 일이 있어도 이 땅에 학대받는 아동이 더 이상 있어서는 안 된다. 아동의 천부적인 인권이 보장되어 미래를 꿈꾸며 살아갈 수 있도록 우리 사회 모두가 나서야 할 때다.

부모나 어른들이 깊이 반성하고 따스한 가슴으로 감싸 안으며 살아

가야 한다. 어린 시절의 상처와 충격은 성인의 인격형성에 커다란 영향을 미치게 되므로 아동학대는 반드시 근절되어야 한다. 어린이를 사랑하는 것은 희망의 꿈을 심는 것과 같다.

차별과 학대받지 않을 권리를 누리지 못하는 우리 주변의 어린이들에게 최소한 사랑만이라도 누릴 수 있도록 배려해 주어야 한다. 아동의 사랑과 꿈은 학대의 근절에서부터 옴을 인식하기 바란다.(2009. 5. 17.)

scene 7 :

학생인권조례 제정 서둘러야

학생을 비롯한 모든 사람들은 탄생과 더불어 부여받은 천부적 인권을 침해받아서는 안 된다. 국가와 사회는 이를 보호해 줄 의무가 있다. 청소년들이 오랫동안 침해받아 온 인권을 보호해 줄 수 있는 제도를 확립시키는 일은 당면과제다. 사랑의 매란 미명으로 폭력을 합리화시켜 묵인해 온 낡은 관행을 개선하기 위해서는 강력한 법적 대처가 필요하다.

경기도 교육청이 추진하는 학생인권조례에 대한 관심이 폭발적이다. 조례 시행의 직접적 대상인 학생의 기대감과 교사의 우려로 논쟁이 되고 있으나 이는 반드시 제정되어야 마땅하다. 유엔의 아동권리협약과 청소년헌장에서도 폭력으로부터의 보호를 중시하고 자율권 신장을 명기하고 있음을 상기해야 한다.

학생들의 요구사항은 반강제적인 야간자율학습을 자율적인 선택으로 전환, 두발제한·복장 등의 규제 폐지, 체벌 금지로 요약된다. 학생 기본권과 직결된 이것이 지켜지지 않는 현실을 감안할 때 조례제정은 옳다. 아직도 일제식민 군국주의 산물인 획일적 교육과 두발, 복장문제를 강제하는 교육행정의 구태가 청산돼야 한다.

교육청과 일선 학교에서 밝힌 바로는 학생 자율에 맡긴다고 하나 강제와 획일성만 있는 비교육적인 현실뿐이다. 인문계 고등학교는 강제로, 일부 전문계 고등학교는 특별한 사유가 없는 한 이런 규정들을 반강제로 시행되고 있다. 많은 학생들이 자율학습폐지를 요구하고 있으나 당국은 마이동풍이다.

교과과정 이외의 자유시간을 요구하고 있으나 왜 외면하는지 저의가 궁금하다. 선진국을 비롯한 세계의 어느 나라가 영교시 수업을 하고 있나. 누구를 위한 '야자'이고 학습인가를 진솔하게 학생들과 학부모, 교육전문가가 가슴을 열고 토론을 하여 문제의 본질부터 개선해가야 한다.

교사들은 인권조례가 제정되면 학생 통제가 불가능해질 것이라고 입을 모으나 인격적인 다양한 방법을 찾아야 한다. 열린사회에서 물리적 억압과 폭력으로 학생을 다스리려는 발상은 하지 말아야 한다. 학생폭력은 피해자인 학생에게 커다란 역기능을 초래하여 후일 후유증이 크다는 사실을 인식하기 바란다.

교사들의 부적절한 교육 방침은 현행의 법률로도 충분히 감시·감독이 가능하다는 주장은 교사가 교육의 본질인 인격의 존중 속에서 행해지는 자율권을 법에 의존하려는 위험한 발상이다. 지난 99년에 개정된 아동복지법은 교사, 의료인 등 아동학대사실을 알게 된 자는 신고와 응급조치, 가해자 처벌을 강화시켜 효과를 본 사실은 학생인권제정의 효율성을 유추할 수 있는 사례다.

수원시교육청이 교사를 대상으로 학생인권조례 제정에 대해 조사를 벌인 결과 과반수가 반대하나 이는 교사의 입장이지 당사자인 학생의 입장이 아님을 명심해야 한다. 조사를 하려면 당연히 학생의 의견도 조사하는 것이 마땅하나 왜 외면했는지를 묻고 싶다. 이러한 교육행정이 오늘의 교실붕괴의 한 요인이 되었다는 사실을 상기해야 한다. 학교 운영의 기본을 침해할 것이라는 우려보다 학생의 인권보호가 우선이고 중요함을 명심하기 바란다.

광주광역시와 경상남도도 몇 해 전부터 꾸준히 제정을 추진해 오고 있다. 이제 학교도 학생들 입장에서 글로벌시대에 받는 교육을 실시하기 위한 환골탈태의 변화가 이뤄져야 한다. 학생인권조례는 현실적용에 있어 교사들의 불편함이 있을지 모르나 천부적인 인권보다 우선하는 가치는 없음을 다시 강조한다. 물론 학생, 교사, 학부모의 의견을 수렴하는 과정을 거칠 필요는 있다. 학생을 위한 조례에 학생의 참여폭을 확대하여 그들의 의견에 귀 기울이는 자세가 전제되길 바란다.

학생 인권을 보호하겠다는 자문위원회에 학생이 없다는 것은 이해할 수 없는 일이다. 반드시 자문위원회에 학생을 참여시켜서 그들의 의견을 반영하여야 올바른 조례가 제정될 수 있다. 합리적인 교육은 교사의 인격적 성숙이 전제된 후 학생들을 설득으로 이해시키고 사랑으로 감싸 주어야 한다. 인격적으로 성숙되지 않은 교사가 학생인권을 짓밟는 일은 없어야 한다.

성공적인 학생인권보장을 위해서는 부적격 교사를 퇴출시키고 재교육을 강화하여 인격을 고양시켜 가는 방안구현이 우선이다. 교사의 재임용제도를 도입하여 폭력교사를 축출하고 질을 높여 가는 방안을 하루속히 시행해야 한다. 폭력이 존재하는 이상 진정한 인권은 신장될 수 없음을 모두가 인식하여 아름다운 사회 건설에 참여하기 바란다.

　미래가치를 중시하며 무한한 잠재력을 지닌 학생들을 폭력으로 다스리려는 야만적인 발상과 행위는 근절되어야 한다. 학생에게 상처를 주는 폭력은 어떤 이유에서도 정당화될 수 없음을 인식해야 한다.(2009. 10. 14.)

scene 8 :

청소년 언어오염

언어는 사회적 약속으로 사용자의 인격을 나타내는 기준이 되므로 품위를 잃지 말아야 한다. 고매한 인격자는 고상한 언어를 사용하고 있다. 욕설·비속어, 저속어, 사투리를 사용하여 상대방을 기분 상하게 하는 행위는 몰상식한 비인격적인 행위로 지탄받아 마땅하다. 부드럽고 아름다운 친절한 말 한마디는 하루를 기분 좋게 하며 첫인상을 좌우한다. 신뢰받는 대인관계에서 언어사용의 수준이 사람 평가의 기준이 된다.

노인과 청소년의 간극이 생기는 원인 중 하나가 청소년의 단축언어와 은어사용이다. 노인들은 마치 외국인과 대화하는 기분이 든다고 하소연한다. 일상화된 존대어의 실종은 기성세대를 화나게 하며 청소년들을 버릇없는 불량아로 낙인 찍는 한 요인이 되고 있다. 초·중·고교 교사 대부분은 학생들의 대화 중 절반 이상이 욕설과 비속어를 사용하고 있어 언어오염의 심각성을 크게 우려하며 대책 마련을 바라고 있다.

한국교원단체총연합회가 최근 전국 교사를 상대로 학생들의 욕설·비속어 사용 실태를 설문 조사한 결과 교사의 75.4%가 학생들 대화의 절반이 욕설·비속어를 사용하고 있다고 한다. 응답자 절반 이상은 학생들의 일상적인 대화가 욕설·비속어를 사용하나 교사는 이를 외면하고 있다. 청소년들의 일상적인 언어생활이 욕설과 비속어 속에서 이루어지고 있는데 지도방법을 찾지 못하는 현실이다.

올바르지 못한 언어사용은 도덕적 규범과 품격을 떨어뜨리며 세대 차이를 심화시켜 갈등을 유발하는 요인이 된다. 조사 대상 교사들 대부분은 과거에 비해 요즘 학생들은 욕설·비속어 사용 빈도가 높아졌다고 할 뿐 교육적 조치를 취하지 못한다. 학생들의 부적절한 언어 사용을 심화시키는 주범으로 인터넷을 꼽는다. 응답자 중 대부분은 인터넷, 영화 등의 영향이라고 답한다. 하루 중 많은 시간을 인터넷과 영화 감상으로 생활하는데 네티즌이 지켜야 할 예절을 무시하고 또래집단끼리 욕설과 비속어를 사용하므로 언어오염이 심각하다.

심지어는 교사나 부모가 있어도 습관화된 언어사용으로 비속어를 자유롭게 사용하며 욕설을 하기도 한다. 이러한 청소년은 가정에서 자녀지도를 소홀히 하고 학교에서도 학생지도를 외면한 결과다. 한 자녀, 맞벌이 부부의 증가, 바쁜 인간관계, 다양한 사회활동 등으로 자녀에 대한 간섭과 통제 기회가 줄어들고 훈계와 교육을 통한 사회화 기능의 약화를 원인으로 분석할 수 있다.

학생들의 욕설·비속어 사용에 대한 교사들의 대응 방법은 62.1%가 수업 중이나 생활지도 과정에서 수시로 지도를 하며 36.3%는 사례 발견 즉시 지도하는 것으로 나타났다. 교사들의 언어사용지도가 비효율적인 이유다. 대부분의 교사는 학생들의 바른말 교육을 위한 교육

당국의 프로그램에 대해 부족하다고 지적하고 있을 뿐 지도에는 소홀하다. 국가, 지자체, 교육청 차원에서 올바른 언어사용에 대한 효율적인 프로그램 시행과 지침서를 발간할 필요가 있다.

언어교육은 언어를 가르치는 교사의 언어와 모든 학습에 필요한 도구로 교과적인 성격을 띠며 인지, 사회, 도덕성 등 전인교육에 영향을 미친다. 언어는 생각이며 사고는 각종 지식을 통합하는 도구다. 올바른 언어사용은 생각을 조리 있게 전달하며 타인의 말을 듣게 해 주는 기본이 된다. 언어는 사고를 증진시키는 말의 함축된 내용의 표현도구로 전달기능의 양면성이 병존하므로 철저한 지도가 필요하다.

특히 저학년일수록 많은 교육을 실시하여 올바른 언어생활을 유도해 가야 한다. 학생들이 인터넷 등의 영향으로 성인은 알아들을 수조차 없는 말을 사용하고 있어 세대 간 대화에 악영향을 주고 있다. 학생들의 표준 언어사용과 품격을 높여 줄 수 있는 체계적인 교육이 절실하다.

학교교육은 물론 사회교육을 통한 올바른 언어교육과 캠페인 등 범국민운동이 필요하다. 가정에서의 부모, 학교에서의 교사, 지역사회에서의 기성세대가 솔선수범하여 바른말 고운 말을 사용하는 일이 우선이다. 인터넷 언어사용과 예절 및 에티켓에 대한 교육도 강화시켜 가야 한다. 아름다운 우리말의 품격을 한 단계 높이기 위한 특단의 조치를 강구해야 한다. 언어는 사용자의 수준과 인격을 판단할 수 있는 기준이 되므로 청소년 시절부터 바른 언어사용을 지도하는 일이 중요하다.

세계경쟁력을 높이고 국격을 향상시키는 첩경이 청소년들의 올바르고 품위 있는 언어사용이 시작임을 인식하기 바란다. 말 한마디로 천냥 빚을 갚는다는 의미를 되새길 때다.(2009. 10. 28.)

scene 9 :

아동이 행복한 사회

모든 아동들은 보호받으며 안락한 삶을 영위해 갈 권리가 있다. 쾌적하고 안락한 환경에서 바람직하게 성장해 가야 한다. 이러한 권리가 붕괴되는 충격적인 사건이 발생하여 사회가 들끓고 있다. 일어나서는 안 될 아동의 비극적인 사건이 다반사로 발생하고 있는 현실을 더 이상 묵과할 수 없다. 언론에 보도되는 아동 성폭행, 폭력, 학대, 방임 등의 문제가 심각하다.

학대받는 아동은 신체적 후유증으로 생리기능변화, 신경전달 체계 이상으로 고통을 받게 된다. 심리적 후유증으로 지적기능결함, 자아기능손실, 불안, 우울증, 절망감, 공격적인 양극단의 감정을 나타낸다. 부작용과 피해는 건전성장을 기대할 수 없을뿐더러 성인이 되어도 문제를 나타내게 된다. 아동학대와 방임은 반항할 수 없는 어린이를 물리적 심리적으로 커다란 고통을 주는 반윤리적인 범죄행위로 반드시 근절되어야 한다.

미국의 캘리포니아에서는 아동학대 및 방임 신고법을 제정하여 성적 학대, 부당한 체벌, 가정 내 학대를 신고하도록 규정하고 전문가가 이를 보고하지 않을 경우 6개월 이하의 징역과 벌금에 처하게 돼 있다. 우리도 이 같은 강력한 법적 제재수단이 하루속히 제정되어야 한다. 아동범죄가 전체 범죄의 1% 정도이지만 국민의 관심 속에 사회적으로는 중대범죄처럼 느끼게 된다. 발생빈도와 관계없이 아동의 절대적인 존재가치의 파괴와 반사회적 행위이기 때문이다.

아동은 탄생과 더불어 천부적인 권리를 누리면서 미래의 꿈과 희망을 노래하며 행복하게 살아가도록 사회와 국가가 책임져야 한다. 얼마 전 나영이 사건으로 온 국민이 몸서리치며 분노했다. 일생을 끔찍한 기억과 고통에 시달려야 할 나영이의 고통을 함께 짊어져야 할 가족의 문제도 심각하다. 마땅히 국가에서 어린이를 보호하고 건강하게 성장시킬 의무를 이행하여야 한다. 이 사건은 사회의 무관심과 국가의 미온적인 어린이보호정책의 산물로 볼 수 있다. 현재 아동문제는 보건복지가족부의 아동청소년가족정책실에서 담당하고 있다.

아동은 발달상 청소년과 연계되어 있으므로 이들의 문제를 시기별, 특성별로 다룬다는 것이 바람직하다. 국가의 행정체계 변화로 아동과 청소년, 그리고 가족이 합쳐졌다 갈라졌다를 반복한다. 아동의 1차적인 책임자는 가족으로 정부의 가족정책이 중요하다. 세계 최하위의 출산율을 계속 유지하고 있는 우리나라의 상황에서 저출산의 문제를 풀기 위해서도 아동과 가족정책이 바로 서야 한다. 젊은 부부들이 아이를 낳지 않는 가장 큰 이유가 교육비, 특히 사교육비의 부담이며 일하는 여성들이 안심하고 아기들을 맡길 곳이 부족한 것도 한 원인이다.

출산 문제, 보육 문제, 자녀 교육 문제는 가족의 문제라는 통합적인 시각에서 풀어 가야 한다. 1961년 12월 아동복리법이 처음 제정되었을 때, 이 법은 불쌍한 고아, 장애아, 요보호아동들을 위한 복지 차원에서 시작되었다. 40년이 지나 우리나라의 국민 소득이 선진국 수준으로 향상되어 가고 있다. 이제는 국가가 적극적으로 나서서 전국의 모든 아동을 대상으로 선진국 수준의 보편적 아동정책을 마련하여야 할 때다.

UN아동권리협약 19조는 아동을 모든 종류의 학대, 방임으로부터 보호하기 위해 필요한 조치를 취할 의무를 요구하고 있다. 취약지구와 시간에 특별순찰활동과 신고체계 확립 등의 시책을 하루빨리 이행하기 바란다. 아동의 다양하고 복잡한 문제가 정부 부처이기주의, 기득권 유지, 정치논리에 따라서 왔다 갔다 해선 곤란하다. 정부는 여성부의 축소된 업무를 제대로 된 규모로 정상화시키기 위해서 가족의 업무와 청소년의 업무를 여성부로 이관시키려 추진하고 있는데 여론과 중지를 모으는 일이 우선이다.

아동 · 청소년 · 가족의 문제가 기능과 특성별로 효율적으로 이루어질 수 있도록 정부 부처의 조정이 선행돼야 한다. 이를테면 청소년 여성 가족부 같은 명칭도 괜찮을 것이다. 아동과 청소년정책을 하나로 묶을 경우 0세에서 24세까지를 아동청소년이란 단어로 정책을 수행하려는 어리석음은 없어야 한다. 아동과 청소년은 생애주기상 하나로 통합할 수 없음을 인식하기 바란다.

청소년과 분리된 아동의 정책이 한 기관의 독립 업무가 될 수 있도록 여건을 마련하는 일이 중요하다. 아동의 특성도 존중하고 청소년의 미래적 육성을 구현할 수 있는 정책의 수립과 집행이 요구된다. 진정으로 아동이 행복하고 건전하게 성장하여 미래사회를 이끌어 갈 주역으로 양육시켜야 한다.

아동이 건전하고 행복하게 성장하여야 청소년도 건전하게 성장할 수 있다. 이것은 미래의 희망이며 인간의 존엄성을 실현하는 차원에서 이해해야 할 과제다.(2009. 11. 8.)

scene 10 :

끔찍한 졸업식

졸업시즌을 맞아서 중·고학생들의 알몸 뒤풀이가 강요되면서 사회가 충격에 싸였다. 졸업은 기대와 희망을 갖고 고마움과 감사한 마음으로 임해야 하는데 이해할 수 없는 극단적인 일탈행위를 자연스럽게 자행하는 학생들의 현실을 더 이상 외면해서는 미래가 없다. 근본적인 원인을 찾아 분석하고 대책을 마련하는 일이 시급하다. 학교교육의 불신과 교실붕괴로 인성교육은 학원만도 못한 채로 방치된 결과다.

가정에서의 부모, 학교에서의 교사, 지역사회의 성인, 국가정책의 모순과 문제 등 복합적인 산물로 접근할 수 있다. 가정기능의 붕괴와 부모의 역할부재를 학교와 지역사회가 전혀 수용하지 못하고 오히려 문제만을 양산시킨 결과적 현상이다. 교사의 사명감 상실과 불신은 원만한 사제지간의 인간관계를 형성하지 못하고 증오와 갈등을 증폭시키고 있는 현실의 폭발을 보는 것 같다.

오락가락하는 교육정책과 잦은 시행착오는 인성교육의 외면과 저질교육을 양산시키며 공교육의 무용론을 확산시키고 있다. 경기도 일산 어느 중학교 졸업식에서 남녀 학생들이 전라의 모습으로 알몸 뒤풀이를 하는 사진 40여 장이 인터넷에서 유포됐다.

대낮에 아파트 주변에서 학생들이 밀가루와 계란, 까나리 액젓을 뒤집어쓰고 머리에 케첩을 뿌린 채 알몸으로 인간 피라미드를 쌓는 모습과 중요 부분만 가린 채 담 아래 서 있는 모습은 사회에 경종을 울려 준다. 멀쩡한 교복을 찢어 놓고 속옷을 벗는 장면이 적나라하게 담겨 있다. 엄청난 잘못을 저질러 놓고도 당사자 학생들은 태연하기만 하다.

어떤 죄의식이나 미안함이 전혀 없는 것이다. 학생들의 도덕과 윤리의 현주소를 보는 것 같아 가슴 아프다. 인간의 존엄성과 인격적 요소를 찾아볼 수 없는 현실을 누가 만들었는가를 따져 봐야 한다. 근원적인 대책 없이 임기응변식으로 경찰은 뒤풀이에 참여한 선배학생을 폭력혐의로 처벌하고 동영상을 유포한 누리꾼을 정보통신망 이용촉진 및 정보보호 등에 관한 법률 위반 혐의를 적용할지 검토하고 있단다.

뒤풀이 사진이 인터넷에 빠른 속도로 퍼지고 있어 학생들의 2차 피해가 우려되는 데에 따른 대책은 전무하다. 여기에 이들은 지속적으로 금품을 갈취해 온 것으로 드러나 복합적인 원인과 학교교육기능의 부재가 더 큰 문제로 나타났다. 학생들의 피해최소화와 보호가 우선임을 인식해야 한다.

교과부는 알몸 뒤풀이 사건을 학교폭력으로 규정하고 고양교육청을 방문, 진상조사에 착수한 데 이어 다른 학교들을 대상으로도 추가피해 여부 등에 대해 집중 점검하는 것으로 끝날 것이 아니라 지속적인 단, 중, 장기계획을 수립하여 공교육을 과감히 개혁하기 바란다. 교육은 미래를 향하여 현실극복을 위한 노력이 수반되어야 함을 잊지 말아야 한다. 해당 학교와 가해고등학교를 대상으로 긴급회의를 소집, 진상조사에 나선 가운데 가해학생에 대해 처벌할 방침이다. 제발 사건이 생길 때마다 야단법석을 떨지 말고 내일을 위한 장기적인 계획을 실천해 가는 의지와 지원정책을 펼쳐 가기 바란다.

심각한 학원폭력과 학교교육 붕괴를 모르쇠로 일관해 오다가 일이 벌어지니 야단법석이다. 교육정책의 부재와 교사들의 무능과 방치를 해결할 수 있는 중장기 정책을 서둘러야 한다. 입시제도의 모순으로 점수화된 학생평가는 인성교육과 정서함양기회를 추방시키고 있는 현실을 극복하기 위한 혁명적 제도개선이 이뤄져야 한다.

이뿐만 아니라 학생이 한 짓이라고는 생각하기 어려운 범죄들이 자주 일어나고 있는 현실의 정확한 원인분석에 따른 정책수립과 국민 참여 방안을 모색해야 한다. 우리 사회는 교육과 사회문제로 점점 더 사람다움을 상실해 가고 있다. 서로 사랑하고 내일을 꿈꾸며 아름답게 살아갈 수 있는 사람 사는 세상을 만들어야 한다.

알몸 뒤풀이는 도덕적으로 교육적으로 나쁜 일일 뿐 아니라 우리 사회의 중병임을 명심하여 국민 모두의 관심과 지도가 절실하다. 이번 문제를 미봉책으로 경찰이 처리하는 것보다 졸업생과 학교가 머리를 맞대고 청소년의 미래가치와 존재적 특권을 고려하여 처리하기 바란다. 단순한 졸업생의 폭력사건으로 접근할 일이 아니라 청소년문화의 양태 등 다양한 방법으로 접근해야 한다.

학교장과 교사의 각성과 사명감 그리고 헌신적 노력이 절실하다. 물론 사회도 책임의식을 갖고 제도적으로 선도할 필요가 있으며 정책입안자의 미래지향적 원인규명과 대안 마련을 촉구한다. 이번 일을 졸업식과 입학식 등 학교생활과 학생문화를 정상화시키는 계기로 삼아야 한다.

졸업은 한 매듭을 완성하고 다음 매듭을 위한 시작이다. 마침과 반성 그리고 시작과 다짐의 의미가 동시에 있음을 인식시켜야 한다. 근본적으로 청소년들에게 정서교육과 폭력근절의지를 심어 주고 인성교육을 강화시켜 가야 한다.(2010. 2. 21.)

정치

scene 1 :

이제는 희망의 노래를

이명박 정부가 출범한 지 열흘이 되었으나 정부구성이 늦어지고 있다. 여소야대의 구도 속에 국무총리인준서부터 장관청문회가 호락호락하지 않았다. 인사시스템에 문제가 있어 철저한 검증이 안 된 것도 문제로 지적되고 있다. 높은 도덕성을 요구하는 국민의 바람을 충족시켜 줄 수 있는 제도마련이 시급하다.

이데올로기의 논쟁 속에 대립했던 지난 10년의 불만과 갈등을 극복하기 위해서 통합과 협력의 리더십이 절실하다. 계층 간, 지역 간, 집단 간의 이익을 위해서 대립할 것이 아니라 공공복리와 국가라는 차원에서 생각하고 협력하는 자세를 가져야 한다. 원망과 후회보다는 가능성과 자신감을 갖고 새로운 시대의 꿈을 펼치기에 열정을 쏟아야 한다. 희망을 키우며 최선의 삶을 영위해 갈 수 있도록 정책적인 배려와 신뢰가 이루어질 때 국민은 행복해질 수 있다.

대지의 봄기운이 봄나물의 새싹을 키우듯 국민의 기대와 바람의 구현이 활활 타오르는 희망의 불로 지펴져야 한다. 날이 갈수록 벌어지는 계층 간의 소득 차이와 증폭되는 국민갈등을 봉합하는 일이 우선이다. 집권그룹 소수만의 잔치가 아닌 전 국민의 축제가 되어 글로벌 코리아를 건설하는 데 기꺼이 동참할 수 있도록 사회적 여건을 조성해야 한다.

희망을 향한 자신감 넘치는 의욕에 찬 결의를 불태우도록 여건을 조성해 주어야 한다. 실업상태에 있는 100만 명의 청년들에게는 직장을, 병마에 신음하는 환자에게는 치유의 환희를, 버림받은 어린이에게는 따뜻한 사랑을, 방황하는 청소년에게는 인생의 지표를 세워 주고, 고독한 노인에게는 다정한 벗이 되어 주는 사회가 될 때에 진정한 사회통합이 이루어질 수 있다.

어느 때보다 함께하는 윤리가 절실한 때다. 이 모든 것을 대통령이나 권부에 있는 소수가 하기는 불가능하다. 온 국민이 참여하고 실천할 때만이 가능하다. 고난과 역경이 수반되는 사회경제문제를 극복하기 위해서는 인내하며 가능성을 실천해 가는 꾸준한 노력이 필요하다. 17대 대통령취임식에서 밝힌 5대 핵심키워드가 선진화, 글로벌코리아, 경제 살리기, 변화, 자율, 창의이다. 선진화를 위한 국민의 의식구조 변화와 글로벌 스탠더드를 확립해 가야 한다.

침체된 경제와 고통받는 서민들에게 소득을 증대시켜 주고 새로운 일자리를 만들어 주어야 한다. 발전을 위한 변화를 스스로 실천해 가면서 새로운 창의성을 발휘해 가야 한다. 창의성은 개혁과 발전의 출발이 되기 때문이다. 이를 국민과 더불어 정부가 앞장서서 실천해 갈 때만이 희망을 이룰 수 있다.

국제경제의 어려움은 국내에 영향을 미쳐 경상수지적자가 11년 만에 최고인 25.6억 달러를 기록하고 유가의 연초급등으로 경상수지관리에 비상이 걸렸다. 국제경기의 호황을 살리지 못하고 현상유지마저 못한 지난 정부를 탓한들 무슨 소용이 있겠는가. 날로 커 가는 국제경쟁 수지적자도 정책적 노력으로 극복해 가야 할 당면과제다.

부존자원의 빈국인 우리나라는 첨단기술과 인적 자원으로 경쟁력 있는 제품을 생산하고 연구, 개발 분야에 전력을 기울여야 한다. 봄은 남녘에서부터 오듯이 실용주를 통한 경제발전은 지도층의 솔선수범과 국민을 섬기는 자세에서부터 옴을 인식하기 바란다.

지난날의 원망과 비난의 굿판을 걷어치우고 이제는 세계를 향해서 희망의 노래를 부르고 실천을 이야기할 때다. 실업자는 일자리를 찾고 낙제생은 다시 학업에 열중하며 환자는 몸을 추스르며 완치의 확신을 갖고 건강을 되찾아야 한다. 만물의 소생함처럼 활력과 자신이 넘치는 삶의 의욕을 갖고 열심히 생활하여야 한다. 희망은 가능성에 대한 확신을 갖고 자신의 능력과 여건을 최대로 활용할 때에 이루어지기 마련이다.

세계무대의 경쟁에서 승리하여 필승코리아를 외치며 GNP 3만 달러 시대를 앞당겨 가기 위해서는 희망을 잃지 말고 확신에 찬 성실한 노력을 기울여 가야 한다. 우리의 근대사가 입증했듯이 우리는 충분히 이룰 수 있는 저력을 갖고 있음을 인식해야 한다. 농부가 봄날에 피와 땀을 흘려 작물을 가꾸어야 가을에 풍성한 수확을 거둘 수 있듯이 지금의 우리는 허리띠를 졸라매고 열과 성을 다해서 열심히 일해야 국가 경쟁력을 살릴 수 있다.

통합된 사회를 위해서 상생의 윤리를 실천하며 가진 자가 양보하고 이해하며 못 가진 자는 감사하는 미덕이 요구된다. 노사 간의 갈등을 풀고 개인과 집단이 국가와 민족을 먼저 생각하는 대승적 자세를 가져야 한다. 국민이 국가와 지도자를 신뢰하며 협력해 갈 때에 사회발전은 빨라지게 된다.

내일의 희망을 향해 최선을 다하겠다는 다짐을 실천으로 보여 줄 때다. 어제 죽은 사람이 갈망하던 희망의 세상이 오늘이 아닌가를 한 번쯤은 생각하여 불만과 불평을 접고 긍정적인 사고로 자신감 넘치는 생활을 해 가야 한다. 21세기 환태평양시대를 선도해 가며 중국대륙으로 뻗어가는 국력의 신장은 한민족의 피와 땀을 요구하고 있음을 잊지 말아야 한다.

이제 낡은 좌우이념의 시대와 계층 간 반목을 청산하고 실용주의를 존중하며 온 국민이 협력해 가는 새로운 패러다임을 만들어서 선진한국의 희망을 향하는 원년의 출발을 축하할 때다. 함께 나가는 희망의 대한민국을 힘차게 건설하자!(2008. 3. 6.)

scene 2 :

선택의 의무

제18대 총선의 날이 다가오고 있으나 유권자는 여전히 냉담할 뿐이다. 복잡한 여야의 사정으로 공천이 늦어져 등록 마감일에 겨우 공천을 완료한 지역도 있다. 정책과 공약대결은 없고 정쟁만 판치는 현실이다. 시민단체에서는 매니 패스토 운동을 전개하고 있으나 공약검증이나 토론을 할 시간이 없다.

공영방송이 주관하는 공개토론회도 일방적으로 불참을 선언하는 등 유권자를 너무 무시한 후보자의 작태는 눈살을 찌푸리게 한다. 특히 자신의 이름을 알리기 위해서 몸부림치는 후보자는 유권자의 시선을 끌기 위해서 알몸으로, 상복차림으로, 발 닦아 주는 세족식으로 희한한 각종 방법이 동원되고 있다.

저질스런 눈길 끌기는 유권자에 대한 모독감과 혐오감을 줄 뿐이다. 수단, 방법 가리지 않는 추악한 모습에 경악을 금치 못한다. 지역을 볼

모로 유권자의 감정을 자극하며 공약(空約)으로 현혹하는 모습이 기막힌 우리 정치의 현실이다. 우리나라 정당은 조선시대의 선조 때에 사림세력의 정계진출부터 싹트기 시작한 붕당정치에 뿌리를 둔 것을 원류로 볼 수 있다. 그 후 서구민주주의의 정당문화가 도입된 지 반세기의 역사는 아직도 혼미상태에서 깨어나지 못하고 있다.

이념적으로는 보수 진보 양대 간 정당정치가 뿌리를 내리지 못하고 자신의 필요와 감정에 따라서 이 당 저 당 옮겨 가는 철새정치인이 정치발전을 후퇴시키고 있다. 명분 없는 창당과 지역주의를 내세워 자신의 영달을 취하려는 노욕의 정치인은 후배들 보기에 부끄럽지 않은가? 정당의 본질은 정권창출에 있지 감정과 온정주의를 자극해서 국회의원 몇 석 얻는 것이 아니다.

몇 사람의 사욕을 충족시켜 주기 위해서 많은 지역민이 희생되고 매도당해서는 안 된다. 정치는 물 흐르듯이 자연스런 정도를 가야 한다. 구부러지고 휘고 얽힌 것을 바르게 한다고 해서 정치정야라고 했다. 구부러진 것을 더 구부리며 오물을 뒤집어쓰고 공천을 받아내고 유권자에게 표를 구걸하는 모습이 언제나 사라지려나. 진정한 정치인은 유권자에게 당당하게 평가와 선택을 요구해야 한다.

유권자는 지역과 국가를 위해서 일할 수 있는 가장 적합한 사람을 선택해야 한다. 이것은 유권자의 의무이자 권리이다. 아무리 정치혐오 현상이 심하더라도 반드시 투표하여야 하는 이유가 여기에 있다.

여당이 수도권과 영남권에서 '친박연대'라는 복병을 만나서 고전하고 있다. 갈등의 중심에 있는 박근혜 의원의 지원유세를 향한 구애가 애처롭다. 나폴레옹 1세는 "약속을 지키는 최상의 방법은 약속을 결코 하지 않는 것"이라고 했다. 필요하고 다급해서 감언이설로 약속을 하고 밥

먹듯 신의를 저버리는 정치판은 저질의 극치를 보여 준다.

인간관계의 생명은 신의에 있다. 이것이 무너지면 정의가 실종되고 엉망진창인 사회가 된다. 자신의 존재를 나타내고 주장을 내세우며 불만을 흡수하기 위한 몸부림으로 후보로 나서서는 안 된다. 특권 중에 으뜸을 누리고 있는 국회의원이 되면 만사가 해결이라는 풍조가 개선되어야 한다.

국회의원의 국민 소환제를 검토해 볼 필요가 있다. 탄핵제도의 개선을 통해 무능한 거짓말 정치인을 도태시켜야 한다. 며칠 남지 않은 18대 총선에서는 유권자가 기권하지 말고 행동으로 보여 주어야 할 때다.

지역을 팔고 유권자를 농락하고 사욕을 위해 혈안이 된 정치인을 도태시켜야 한다. '보석공천', '이삭공천', '쓰레기 공천'이란 말장난이 유권자의 귀를 더럽히고 있다. 유권자의 선택은 권리이자 의무임을 인식하여 표로써 심판하는 희망의 대열에 동참하길 바란다. 행동하지 않는 생각은 도둑질을 묵인하는 것과 같다. 역사발전의 역군이 되길 바란다.(2008. 4. 6.)

scene 3 :

탄탄한 식량안보를

식량은 우리 민족의 생존권과 직결되어 다른 나라에 의존할 수 없는 중요한 문제다. 이를 국가안보차원에서 논의하고 장기적인 안정수급대책을 세워야 한다. 세계적인 식량위기가 고조되고 있는 현실을 직시하고 우리의 식량문제를 심각하게 생각해야 할 때다. 세계는 수십억 명이 굶주림에 시달리고 있으며 고든 브라운 영국총리는 식량위기는 국제사회를 위협하는 첫째 문제이라고 경고했다. 굶주림의 해결 없이는 어떠한 평화나 행복을 기대할 수 없기 때문이다.

배고픔의 고통을 해결하고 미래의 번영과 평화를 위해서 안정적인 식량문제를 해결해 가야 한다. 식량자원의 수입의존도가 높은 우리는 서투른 식량외교와 미래의 식량 확보에 대한 미비한 점을 극복해 가야 한다. 미국은 세계 곡물생산량이 소비량에 비해 올해 2,900만 톤이 부족하다고 지적하고 있다. 세계 식량은 지난해 연말재고량이 사상최저치인 - 14.6%로 떨어졌다.

　세계의 주요 식량수출국인 러시아, 우크라이나, 중국, 아르헨티나에서 수출을 중단하였고 국제미가(米價)는 올해 7개월 사이에 12배로 급등하였다. 식량문제의 심각성을 계량적으로 나타내고 있는 현실을 외면할 수 없는 일이다. 우리의 식량 자급자족을 살펴보면 밀 0.2%, 옥수수 0.8%, 콩 13.6%로 너무나 미미하다. 현재 우리나라의 식량보유량은 FAO(UN식량농업기구)의 연간 식량소비량확보 권장재고량인 18% - 19%보다 훨씬 적은 실정이다. 우리나라의 곡물 재고량은 쌀 13.7%, 밀 11.8%, 옥수수 5.3%, 콩 10.6%(2007년도 재고량)이다.

　식량문제는 심각한 세계적인 문제로 80개 국가에서 7,300만 명이 식량부족으로 고통을 겪고 있다. G8정상회담에서도 식량위기를 심도 있게 논의했다. 지난 20일 개최된 제12차 유엔 무역개발회의(UNCTAD)에서 세계의 식량위기 문제를 심각하게 논의했으나 별다른 대안을 찾지 못했다.

　일본은 자국농지의 3배의 농경지를 세계 곳곳에서 확보해 놓고 있어 식량수급불안문제를 근본적으로 해결했다. 파키스탄은 정치 불안에 식량위기를 맞아 내치가 심각한 어려움에 봉착해 있다. 중국과 인도도 식량부족을 염려해 수출중단을 선언하는 등 위기가 다가오고 있다.

　특히 중국의 식량수출제한정책으로 북한의 식량대란 조짐은 밀수가 기승을 부리고 민심을 흉흉하게 만들어 사회불안이 고조되고 있다. 세계최대의 쌀 수입국가인 필리핀은 국제미가 급등에 국가경제가 휘청거리고 있다. 아시아의 쌀 위기는 농업에 대한 무관심에서 비롯됐다. 광활한 농지와 알맞은 기후, 토질 여건을 활용하여 안정적인 생산을 하지 못했기 때문이다. 오늘의 식량위기는 농업의 중요성을 외면한 퍼펙트 스톰(perfect stom, 원자재가격 인상)을 원인으로 볼 수 있다.

기후변화와 달리 약세, 유동성 감소로 인한 식량문제 해결을 위한 대책을 장기적으로 마련하여야 한다. 우리도 석유와 농산물 파동에 의한 물가앙등을 부채질하는 애그플레이션(agflation)이 우려되는 상황이다. 신토불이(身土不二)의 우리 먹을거리를 우리가 해결해 가야 한다. 결코 세계 어느 나라한테 식량문제를 의존할 수 없음은 당연하다.

우리나라의 식량자급률은 OECD국가 중 최하위인 25.3%이며 세계 식량수입국 3위라는 현실을 심각하게 인식하여 장기적인 식량 확보정책을 서둘러야 한다. 이명박 대통령은 연해주, 동남아 지역의 농경지를 임대해서 식량기지를 구축할 것을 강조하고 있다. 지금도 민간단체에서는 연해주, 몽골 등에서 농지를 임대해서 농사를 짓고 있으나 규모를 더 확대하여 재배하여야 한다. 연해주 지역에는 현재 종교단체에서 제주도 땅의 2.5배의 농지를 49년간 임대했으나 절반은 놀리고 있다. 483배가 넘는 높은 수입관세 때문이다.

외교적인 노력을 통해서 해결해야 할 당면문제다. 지자체에서도 외국에 식량자원 확보를 위한 노력을 기울여야 한다. 경기도의 서해안을 매립해서 농지를 확대하는 일에 대한 타당성을 조사하고 농경지를 확보하는 방안도 검토해야 할 문제다.

휴전선일대의 농경지조성문제에 대하여 타당성을 연구, 조사할 필요가 있다. 경기도는 식량생산기술의 보고(寶庫)이다. 1970년대 벼 다수확 품종을 개발하여 국민의 굶주림 문제를 해결한 녹색혁명(green revolution)의 본거지다. 식량문제는 토지, 품종, 재배기술, 작부체계의 종합적인 연계개발이 이루어질 때에 가능하다.

식량생산의 복합개발체제 확립을 위한 노력이 절실한 이유가 여기에 있다. 그리고 국내의 농경지를 효과적으로 활용하여 농사를 지어야한다. 농업의 매력적인 요인을 극대화시켜 가는 정책을 세워서 풍요로운 농촌의 터전을 일궈 갈 때에 식량문제도 원만해질 수 있다.

어느 경제학자는 비교우위론을 들어 경쟁력이 없는 농산물을 외국에서 수입하면 된다고 주장하는데 이는 어불성설이며 무지의 소치이다. 농업은 비단 식량을 생산하는 것 이외에 국토를 보전하고 홍수를 조절한다.

산소를 공급하고 쾌적한 환경을 유지시켜간다. 도시민의 산 교육장이 되며 휴식공간으로 그 기능을 다하고 있다는 사실을 인식하여야 한다. 식량위기를 제대로 대처하지 못하면 세계경제성장, 사회발전, 정치안정이 위협을 받으며 복합적인 국가위기를 초래할 수 있다. 이제 식량문제는 인류의 평화와 생존의 당면문제로 모든 국가가 함께 해결하기 위한 노력을 기울여야 한다.

후손을 위해서도 장기적인 식량기지 확보를 위해 해외로 눈을 돌려야 한다. 다수확품종개량과 경작방법개선으로 생산량을 늘려가는 방안도 찾아야 한다. 민족의 생존권을 보호하고 국민의 건강을 지키며 전통을 계승하는 농업문제에 관심과 애정을 갖고 대비하여야 할 때다.(2008. 4. 29.)

scene 4 :

불신시대의 지혜

인간은 자신에 대한 신뢰와 불확실한 미래에 대한 희망의 확신을 가질 때에 행복을 만끽할 수 있다. 개인이나 국가나 불신은 삶을 불안하게 만들고 생산 가치를 저하시키기 마련이다. 세계의 모든 나라가 정부에 대한 불신을 키워 가듯 우리나라도 마찬가지다.

국민들의 다양한 욕구와 편안한 환경을 충족시켜 주길 정부에 바라는 경향이 높아졌기 때문이다. 좌파정권 10년의 잃어버린 세월을 되찾기라도 한 듯 전폭적인 지지와 기대 속에 이명박 정부가 들어섰다. 경제 살리기를 정권목표로 내세워 유례없는 국민의 전폭적인 지지를 받았다. 취임과 더불어 닥쳐온 유가와 환율 상승에 물가와 실업률의 가파른 상승은 국민의 기대를 단숨에 무너트렸다.

세계적으로 겪고 있는 경제적 어려움 속에 대통령 취임은 내각검증 시스템의 혼란과 문제를 가져왔고 강부자 파문은 서민의 박탈감과 국민의 불신감을 키워 왔다. 고소영이란 특정학연, 교회, 지역 출신이 요직을 맡아 여론을 들끓게 하였다. 여기에 미국산 쇠고기 전면 수입개방은 시민불신을 타오르는 불길에 기름을 부은 꼴이 되고 말았다.

아직도 미국의 쇠고기 수입개방에 따른 진실공방이 정부와 국민사회에 불신의 장벽을 높게 쌓아 가고 있다. 번역이 잘못됐다면서 오락가락하는 농수산부의 행태도 문제다. 책임질 줄 알면서 국가와 국민을 위해 헌신 봉사하는 공복의 윤리가 아쉬운 현실이다. 정부 출범 3개월도 되지 않아 이렇게 혼란하고 우왕좌왕하는 정권은 일찍이 없었다.

참모와 집권여당의 위기대처능력이 한계를 드러낸 것 같다. 국민감정과 정서를 무시하고는 어떠한 일도 할 수 없음을 인식하여야 한다. 사건이 터질 때마다 앞장서서 수습하는 사람은 없고 폭탄 돌리기로 일관하는 것 같다. 이는 시스템의 문제다. 능력과 역할수행이 정상으로 발현될 수 있는 정부시스템을 하루빨리 구축하여야 한다.

대통령이 일일이 챙길 수 없기 때문에 정직과 신뢰를 바탕으로 각기 맡은 역할을 충실하게 수행할 수 있는 협력체계를 만들어야 한다. 과정과 결과를 시스템에 의해서 검증하면서 문제를 능동적으로 대처해 가야 함은 물론이다. 정부에 대한 시민불신은 사회분열을 야기하고 국가발전의 발목을 잡을 뿐이다.

참모와 정권실세들은 소아를 버리고 대아를 찾아 미래와 국민의 입장에서 생각하고 고민하지 않으면 안 된다. 이명박 대통령이 취임사에서 머슴정신을 강조한 헌신과 봉사의 공복을 찾아보기 어려운 현실이 안타깝다. 시민들로부터 신뢰를 얻기 위해서는 공복의 정직한 마음에 헌신적 노력이 요구된다.

그리스의 철학자 디오게네스(Diogenes)는 정직하고 온전한 삶을 찾아서 낮에 등불을 들고 다닌 사람으로 유명하다. 그는 자유와 만족의 삶을 살게 한 정신의 힘을 실천한 사람이다. 상실한 신뢰는 시민들로부터 얻어야 하는 인적 자원과 물적 자원을 지원받지 못하고 정책호응도 받지 못하게 되어 효과적이고 안정적인 정부기능수행이 어렵게 된다.

개인 간의 관계에서부터 국민과 국가의 관계에 이르기까지 신뢰를 잃으면 즐거움과 기대를 갖기 어렵다. 불신은 만인의 공적으로 삭막하고 살맛나지 않는 세상을 만들어 갈 뿐이다. 정부정책이 국민의 지지를 받고 신뢰의 지지가치를 실현할 수 있어야 한다.

이명박 대통령과 집권동기인 호주의 캐빈 러드 총리는 73%라는 높은 국민 지지율을 보이고 있다. 이명박 대통령은 취임 시 60%에 달하던 지지율이 지금은 반 토막 난 25.4%를 기록하고 있다. 민심은 천심이다. 정치는 생물 같아서 조석으로 변화하기 때문에 항상 예상하여 사전에 대책을 모색하고 끊임없는 기대와 비전을 제시하면서 실천해 가야 한다.

유교적인 이상적 위민정치를 구현하려는 노력이 필요하다. 어떤 일이 진정으로 국민을 위한 일인가를 숙고하여 정책결정을 할 때에 위민정치는 실현될 수 있다. 2002년도에 정권 전면에 등장한 후진타오는 위민정치의 구현을 위해서 노동개혁에 나섰고 인민의 지지를 받았다.

국민의 지지를 얻는 일에 대한 개혁은 빠를수록 좋다. 정부조직과 공기업의 과감한 구조조정을 통한 개혁과 세제, 법령, 제도개선이 시급한 이유가 여기에 있다. 신뢰는 기대와 희망을 갖게 해 주기 때문에 사회관계에 있어 최선의 가치로 인식하여 이를 바탕으로 과감한 변화를 시도하기 바란다.

이 대통령은 지난 석가탄일 不相違를 전했다. 즉 대중의 뜻을 거스르지 말아야 한다는 뜻이다. 지금부터라도 이명박 정부는 국민 불신을 불식시키기 위한 특단의 조치를 취하여야 한다. 공익을 위한 사업에 자신의 전 재산을 내놓겠다는 공약도 빠를수록 신뢰형성에 도움이 됨을 인식하기 바란다.

국가경영은 포용의 리더십과 미래를 향한 큰 밑그림을 그리는 것이 우선임을 강조한다. 70년대 전방대대장같이 사사로운 곳까지 일일이 챙기는 리더십은 파멸의 길뿐이다. 통 큰 정치와 비전의 정치를 주문한다. 친박문제도 큰 틀에서 보면 해결할 수 있지 않았는가. 얼마 전까지 동고동락한 식구였고 공천과정상의 하자도 국민이 심판하지 않았는가.

모든 것을 포용하고 현명한 판단을 할 수 있는 아량과 후덕한 지도자의 모습을 국민은 그리워한다. 최고지도자는 아집을 버리고 구성원이 비전을 향해 자신감을 갖고 창조적으로 업무를 추진해 가도록 분위기를 조성해 가야 한다.

인사시스템을 정비하고 국민의 피부에 와 닿는 개혁조치와 예산집행의 묘를 찾는 일이 시급하다. 국민신뢰가 이뤄질 때에 사회통합이 가능하고 생산력을 향상시킬 수 있으며 국정에 협조할 수 있어 세계적으로 겪고 있는 경제의 어려움을 극복해 갈 수 있다.

정치의 근본은 국민에게 불신의 부재인 신뢰와 확신을 심어 주는 데 있다. 국민의 정부불신은 아무것도 할 수 없음을 인식하여 지금부터라도 믿음의 정치를 하기 위해 총력을 기울이기 바란다. 이것이 불신을 걷어내고 신뢰의 정치를 하는 지혜임을 강조한다. 불신시대의 고통에서 벗어나는 길도 국민신뢰를 회복하고 모두를 아우르는 현명한 포용력에 있다.

지금은 시작이니 미래를 향해 신뢰의 확신을 갖고 힘차게 전진하자. 불신공화국의 오명에서 벗어나는 일이 시급하다.(2008. 5. 22.)

scene 5 :

수도권 규제, 상생의 지혜로

2,500만 명이 살고 있는 비수도권과 2,300만 명이 살고 있는 수도권의 이해관계에 따른 대립이 심각하다. 특히 수도권과 접경지역인 충청남도의 반발이 매우 심하다. 노무현 정권 때 추진하기 시작한 충남연기군에 건설 중인 행정수도에 대한 충청도민의 기대와 수도권주민이 바라보는 시각 차이는 엄청나서 상생이란 단어는 명분에 불과해 보인다.

양 지역의 주장과 첨예한 이해관계는 해결의 실마리를 찾기 어렵다. 문제는 어떻게 풀어 가느냐에 있으나 총론과 명분에 머문 수준이지 현실적인 대안은 요원하다. 상생이란 철학적이고 총론적인 명분에 반대할 사람은 세상에 없다. 그러나 현실에 와서는 지역이익과 결부되어 한 치의 양보가 없다.

김문수 지사는 연일 수위를 높이며 수도권규제철폐를 부르짖고 있다. 이명박 대통령과 한나라당에게 막말에 가까운 과격한 말을 쏟아내어 지역민의 성원 속에 적극적인 지지와 공감을 받고 있다. 김 지사의 충정은 경기도민의 지지와 박수를 받기에 충분하다. 반면에 비수도권 주민들의 반발은 도를 넘는 인신공격에 가까울 정도다. 충청지역민은 김 지사 성토에 여념이 없다.

이완구 충남지사의 맞장토론 제의에 선뜻 응하는 김 지사의 자신감과 용기는 경기도민에게 커다란 힘과 위안이 되었다. 토론은 총론적 수준을 못 벗어난 말꼬리 잡기와 지역적인 문제에 대해 논쟁을 했으나 문제해결의 이론과 대안은 빈곤하기 짝이 없다.

경기도와 충남도의 황해경제자유구역청 같은 공동과제부터 풀어 가기 위한 협력을 통하여 신뢰를 극복하고 실리를 추구하는 방법을 찾아야 한다. 수도권과 비수도권이라는 이분법적 개념을 바꿔야 할 때다. 비수도권 중 충남 천안, 아산, 서해안 지역민의 관심과 그 외 지역 주민의 관심이 다른 것도 사실이다. 연천, 포천, 강화 등은 오지임에도 수도권규제법 때문에 개발은 고사하고 축사나 주택건축마저 어렵게 만들었다. 획일적인 규제정책이 낳은 비극이다. 규제에 신음하고 있는 이들 지역은 빨리 풀어야 한다.

충청지역이나 다른 지역의 이해관계가 적기 때문에 가능하다. 한집안 형제간에도 차이가 있듯 지역 간 차이는 여건과 특성에 따른 불가피성이 있다. 국가경제발전과 국민 복리증진을 위해서 합리적인 협력이 중요하다. 현실을 무시한 채 지역 간 대립으로 오지의 특수성이 함몰되어서는 곤란하다. 물론 생존권과 직결되는 집단의 반발도 이해할 수 있다. 1964년에 수도권 정비법을 만든 후 44년 동안 규제에 묶여 고통받는 사람을 결코 외면해서는 안 된다.

수십 년간 묶여 있는 규제를 단번에 풀기에는 문제가 많다. 최상철 국가균형발전위원장이 규제합리화를 10월에 발표할 예정이다. 최근 한나라당 경기도 출신 국회의원은 기업규제완화, 군사시설규제완화, 팔당댐수질개선을 건의했다. 모두 시급한 문제다.

그러나 비수도권의 강력한 반발을 어떻게 해결해 가느냐에 고민이 있다. 상생과 균형의 가치 속에 국가발전을 생각하면 규제와 완화의 주장은 나름대로 설득력을 지니고 있다. 그러나 수도권이 국제경쟁력이 있으며 이의 발전이 곧 국가의 발전이라는 논리를 외면할 수 없다.

양 진영의 논쟁은 유치하고 명분의 빈약성을 강변한 수준이다. 설득력 있는 논리와 현실적 상황을 합리적으로 설명하는 노력이 필요하다. 국가안보와 서울시민을 위해 경기도민의 희생은 매우 크며 규제를 더이상 수용할 여유가 없음도 사실이다. 대통령의 공약인 규제를 풀어 경제를 살리자는 김 지사의 주장은 경기도민의 전폭적인 지지를 받고 있으나 충청권과 지방민의 반발을 증폭시키고 있다. 설득과 공감의 리더십이 요구된다.

일본의 경우 10년 장기불황을 2001년에 수도권규제를 풀어 동경을 중심으로 경제난을 극복하고 활기를 찾은 지혜를 활용해야 한다. 수도권규제를 풀어서 상생과 균형의 조화로 공동체 전체의 삶을 향상시켜 가는 통합적인 방안을 찾아야 한다.

7월 21일 정부가 선 지방균형발전 후 수도권규제완화 정책발표에 대하여 경기도 국회의원, 단체장, 지방의원, 경제단체장 1,000명이 모여 수도권규제철폐촉구비상결의대회를 개최했다. 충남도, 대전시 등의 비수도권 지방의원의 수도권규제완화 정책 규탄대회로 요란하다. 비수도권 13개 시도모임체인 지역균형발전협의회체는 막대한 예산을 들여 '수도권정책대응 및 지역균형발전방안' 연구용역을 발주하고 중간보고

회를 가졌다. 이 보고서를 논리와 투쟁의 무기로 삼을 요량이다. 민선 자치단체장의 매력적인 행태이기도 하다.

김 지사의 독설은 당원과 국민의 판단 몫이라는 홍준표 원내대표의 발언에 공감하며 한나라당 내에서 시도지사협의회를 통한 의견조율과 주민의견 반영 및 교류와 소통의 묘수를 찾고 있어 다행이다. 수도권은 우리 경제의 성장 동력으로 함부로 규제하고 외면할 수 없는 현실이다. 도지사의 책임과 품격 있는 대화의 기술을 통해서 문제해결의 실마리를 찾아보았으면 하는 바람이다.

수도권역 차별로 하이닉스 공장증설, 구리배출허용, kcc 여주공장증설허용, 4년제 대학 설립허용을 중첩 규제하고 있다. 지방분권화에 대한 중앙정부의 종속개념과 정부시스템의 민주화를 촉구한다. 지역문제를 언제까지 중앙정부가 통제할 것인가. 지방에 맡겨야 지방자치가 성공할 수 있다. 수도권 시민의 소외와 국가경제의 손실은 물론 지역 간 분열과 대결구도는 모두의 파멸과 퇴보일 뿐이다.

비수도권은 경제공황을 수도권 규제를 통해 막고 지방발전을 시킨다는 단순논리와 이분법적 시각에서 탈피하여야 한다. 각 지역의 여건과 특성을 살리면서 장점을 존중하여 발전시켜 가는 것이 상생의 원리이다. 첨예한 이해관계로 얽혀 있어 해결할 수 있는 방법이 마땅찮은 수도권규제 문제를 해결하기 위한 대아적 사고와 슬기가 요구된다.

불필요한 중복규제를 풀고 합리성, 효율성, 과학성에 근거한 순차적인 선택이 존중된 상생의 지혜가 필요하다. 상생이란 미명 아래 정치적 꼼수를 경계한다. 먼저 양 지역의 이해관계가 적고 공감할 수 있는 부분부터 문제를 풀어 가야 한다. 최선이 아니면 차선을 선택하는 양보와 여유를 가져 보라고 권하고 싶다. 양 지역이 공감할 수 있는 최대

공약수를 찾아 하나씩 풀어 가는 것도 한 방법이다. 공익의 변인을 창출해 가는 데 지혜가 필요하다.

정치인은 인기와 표심을 전제로 지역의 이익과 명분을 얻기 위해서 경거망동을 삼가야 한다. 지역보다 국가라는 전체를 바라보는 대승적 시각이 필요하다. 다양한 가치에서 수도권규제와 상생을 생각하는 지혜를 찾아가길 바란다.(2008. 9. 3.)

정당의 소멸과 섬김의 지도력

불확실성과 돌발변수가 많은 격변하는 미래사회를 예측하는 것은 매우 어려운 일이다. 사회변동에 대응 가능한 예측을 통한 준비와 노력이 필요하다. 정치학자들은 한국정치현상을 과학적 분석을 통해서 변화의 단초를 찾아 나름대로 설명하고 있다. 앞으로 한 세대 후인 2030년에는 고도정보화, 세계화, 분권화, 고령화 등의 사회변화요인으로 정치지형을 비롯한 한국사회 전체가 격변해 갈 것으로 설명하고 있다.

후진성과 갈등의 늪에서 허덕이는 정치의 구조적 변화에 관심을 가져야 하는 이유다. 정당의 사당화와 붕당정치는 공익과 사회보다는 몇몇 사람의 사익과 야욕을 충족시키는 데서 존재가치를 찾고 있는 현실이다. 지금도 지역을 볼모로 소수정치집단이 여야를 오가며 펼치는 곡예를 유권자는 가소롭게 보며 냉소할 뿐이다.

반세기를 지나면서 우리가 경험했던 정치인의 말장난과 권력의 칼을 휘두른 행태는 소름끼치도록 지겹다. 정당의 구성원이 정강정책과 당론에 반하는 자신의 가치와 소신을 주장하면 해당행위로 매도된다. 생명 없는 기계의 부품 같은 정치인은 포퓰리즘과 영합하며 적당히 권력을 누리며 안주해 왔다. 공천장사와 오합지졸의 퍼레이드 속에 야합과 작당의 모습은 한동안 지속되어 왔다.

이제는 빠른 속도로 변해 가는 세계화시대에 더 이상 용인할 수 없게 될 날이 머지않았다. 미래에 펼쳐질 정당의 소멸과 국민을 섬기는 리더십의 사회 도래를 기대하고 준비하여야 한다. 섬김의 리더십은 전통적인 리더십에 대항하여 대안으로 제시한 로버트 그린리프의 남을 위한 봉사에 초점을 맞추고 있다.

공동체구성원의 욕구를 충족시켜 주기 위한 헌신봉사에 본질을 두고 있다. 생활의 자동화와 기계화에 따라 생기는 시간의 여유를 자원봉사활동을 할 때만이 삶의 가치를 만끽할 수 있다. 미래학자들은 시민운동이 활성화되어 다양한 조직에 국민이 선택적으로 참여하므로 정치조직이 약화될 것이라고 전망하고 있다.

최첨단과학기술의 발달은 직접참여 정치를 확대시키므로 조직이 없어도 지도력을 발휘할 수 있다. 작년 총선 직후 실시한 여론조사에서 "평소에 가깝게 느끼며 자신의 의견을 대변해 줄 정당이 있다."에 대한 질문에서 22.6%만이 있다고 대답했다. 이러한 불신은 낮은 투표율로 나타나고 있다.

대화와 토론을 통해서 합일점을 찾기보다는 정당보위와 존재성 부각에 여념이 없는 정당의 현실은 국민들로부터 외면받을 수밖에 없다. 정치지도자는 사익과 소아를 버리고 공익과 대아를 생각하면서 행동할 때만이 존재가치가 있다. 공동선(共同善)과 평화공동체를 추구하는 시민을 위한 지도력을 바라기 때문이다.

오만 방자하고 자신이 제일인 양 거드름 피우는 노욕에 찬 정치지도자는 앞으로 존재가치를 잃어 갈 것이다. 나 아니면 누구도 할 수 없다는 경직된 독재적 사고는 공동체를 괴롭힐 뿐이며 지도력을 발휘할 수 없게 된다. 위대한 대중의 지혜를 구하여 자신의 모자라고 빈 곳을 채우려는 리더십이 없이는 통합과 평화를 논할 수 없다.

이것은 타인의 섬김을 통해서만이 이루어 갈 수 있다. 불확실하고 불완전한 자신은 겸손과 수용의 자세로 상대의 지혜를 구하지 못하는 아집의 지도자는 대중과 결별하여 퇴출되기 마련이다. 세상의 존재가치를 존중하고 자신의 부족함을 항상 찾아 이것을 대중들로부터 채우려는 수용적 사고를 필요로 하는 세상이 도래할 전망이다.

다양성과 개별성이 존중되어 창의력과 협력에 의해 만들어 내는 가치의 산물은 우리의 미래를 매우 유익하게 해 줄 전망이다. 윤리적으로는 소유의 시대를 넘어 서로 공유하여 활용하는 자세를 가져야 한다. 더불어 살아가는 공동체의 구현은 행복과 사랑을 키워 갈 때 가능함을 인식해야 한다. 구성원 개개인에서 공동체를 위한 리더십이 창출되어 사회를 발전시켜 갈 수 있다.

앞으로는 소수의 정당지도자나 엘리트가 영향력을 미치며 좌지우지하는 시대의 종말이 올 것이다. 이들의 기능은 가치의 변화와 첨단기술이 대신해 줄 수 있기 때문이다. 개인에게 주어진 역할과 기능의 소중함을 재인식하여야 한다. 직업의 선호와 권력의 배분이 아닌 구성원 각자의 만족과 행복의 지수를 증진시키는 일이 중요하게 된다.

일상적인 생활에서 삶의 보람과 의미를 찾고 리더십을 발휘해 갈 때에 모두가 행복해질 수 있다. 국민 각자가 축소된 정당의 기능을 담당하게 될지 모른다. 나무도 보고 숲도 보듯이 세상을 통합적으로 접근하여 조화를 이룰 수 있는 자질을 갖춰야 한다. 각자가 상대방의 존재 가치를 존중하면서 상호 간에 결합하고 협력하여 전진할 수 있는 자세와 능력이 필요한 세상이 올 것이다.(2009. 1. 31.)

scene 7 :

정치선진화와 망각의 유권자

국민복리 증진과 국가발전을 국정과제로 이를 위해 여야가 중지를 모으는 데서 정치의 가치를 찾을 수 있다. 지금처럼 국가의 경제위기로 국민고통이 심할 때는 여야가 하나 되어 문제를 풀어 가야 하는데 첨예한 대립으로 허송세월만 보내고 있어 안타깝다.

우리 정치는 국가나 국민의 이익에 앞서 지지 세력과 자당의 이익을 위해 광분해 왔다. 타협과 협력의 미덕은 야합과 작당으로 변질되어 왔다. 선진국인 영국정치도 합의(consensus)라는 미명 아래 무책임과 나눠먹기의 폐해를 누적시켜 안주하다가 격변의 시대가치 구현을 위해 몸부림치고 있다. 1987년 민주화 이후 합의가 민주주의라는 굳어진 정치사회적 통념이 변화되어야 한다.

진정한 합의는 국민과 국가를 먼저 생각하는 지혜가 수반되어야 한다. 권위주의 정권 시절에 독재의 수단으로 다수의 횡포가 자행된 것에 대한 반동의 산물로 합의의 중요성이 명분화되어 왔다. 우리 현실은 정치적 소수파인 좌파세력이 기회를 놓치지 않고 민주주의의 과잉상황에 편승하여 민주주의는 합의라는 유사(類似)이데올로기를 만들어 냈다. 합의와 야합의 구분이 설득장애집단에게는 무의미하다. 하나를 얻기 위해 억지로 두 개의 명분을 내세워 강요하는 집단과의 대화와 설득을 통한 합의를 기대할 수 없다.

국회의석은 한나라당 172석, 민주당 83석으로 두 배 이상의 차이가 난다. 그러나 민주당이 합의해 주지 않으면 어떤 법안과 결의안도 처리가 어려운 현실이다. 지난 연말 국회 법사위는 의석 1.7% 정당인 민주노동당의 점거농성에 한때 마비됐다.

소수당의 의사일정 방해, 다수당의 단독 처리, 정국 경색이란 패턴의 반복을 벗어나지 못하고 있는 정치현실이다. 이것은 국민의 위임 한계를 벗어난 국회의 월권(越權)이고, 국민의 최종 심판권을 가로채는 범죄행위다.

민주적 절차에 따라 국민으로부터 권력을 위임받은 정치주체의 합법적 활동을 자당의 당리당략에 의해서 가로막는 행위가 존재하는 한 정치선진화를 기대할 수 없다. 민주당은 10%대에 머문 지지율의 의미를 더 이상 외면해서는 안 된다. 다수 국민이 생산 없는 국회투쟁에 냉소를 보내고 있음을 절감해야 한다. 아무것도 못 하는 공룡여당이 합의와 협력에 의한 국민요구와 국익을 구현할 수 없음의 본질적 원인을 유권자는 알고 있다.

국민은 안중에도 없고 소아적 사고와 억지로 국정을 마비시키는 싸움질에 따른 피해는 고스란히 국가의 몫이 된다. 합의와 원칙을 무시하는 우유부단과 무책임성 때문에 아무 일도 제때 못 하는 불임(不妊)정치는 국민에 대한 배신이며 불신의 근원이다. 정치선진화를 위해서는 유권자의 선택기준 중 지난 행적에 대한 올바른 비판과 평가가 뒤따라야 한다. 정치선진화의 길을 국민 모두가 다 함께 열어가기 위해서는 진실과 성실한 합의도출과 이행이 있어야 한다.

우리나라는 20년의 민주화 과정을 숨 가쁘게 달려와 세계 10위권 경제 강국이 되었으나 정치수준은 후진성을 면치 못하고 있다. 정치선 진화는 건국 후 헌정의 일관된 이념 축인 자유민주주의와 시장경제의 원칙을 확대 발전시킬 수 있는 정치 제도, 정치 세력의 인적 구성, 유권자 의식의 유기적인 결합과 상승작용이라고 할 수 있다.

정당 민주정치 구조의 허약성과 미성숙성을 극복하지 못하는 한 정치선진화를 기대할 수 없다. 지역주의 정치 고착화와 승자 독식주의를 극복하지 못하고 정책 대결과 이성이 실종된 한국정치 수준의 제고는 유권자의 몫이다.

2030 민간사업단의 기초보고서에 따르면 선진국으로 진입한 13개국을 분석한 결과 이들 나라는 대체로 개방을 통해 글로벌 경쟁력을 높였다. 노사안정을 꾀했고 정치 불안을 잠재웠으며 서비스산업을 성장 동력으로 육성한 것이 공통점이다. 싱가포르는 1989년 1인당 국내총생산(GDP) 1만 달러를 달성한 후 5년 만인 94년에 2만 달러에 도달했다. 94년 1인당 GDP 1만 달러를 달성한 홍콩 역시 무규제 · 무관세 · 저세율을 기본으로 하는 자유무역주의를 내걸고 외국자본을 적극 유치하는 한편 서비스산업을 집중 육성했다.

아일랜드나 룩셈부르크도 금융특구 설치나 개방적인 관세 · 외환 거래를 통해 선진국으로 발돋움했다. 우리도 정치선진화를 이뤄 국가와 민족을 생각하며 불합리한 제도를 개선하고 선진법률을 만들면 성장속도가 몇 배 이상 빨라질 것이다.

지난 일에 대한 올바른 평가를 통한 이성적인 심판을 할 줄 아는 국민이 되었을 때에 정치선진화를 기대할 수 있다. 정치에 대한 환멸과 외면을 쉽게 망각하지 말고 왜곡된 괴변에 대한 맹신을 비평하는 제 목소리를 낼 수 있어야 한다.

다음 선거에는 국민의 명예와 양심을 걸고 올바른 심판을 통한 정치선진화의 초석을 만들어 가야 한다.(2009. 2. 1.)

scene 8 :

누구를 위한 정치인가

세계적인 경제위기를 극복하고 국제경쟁력을 키울 수 있는 방안을 찾아 관련 법률을 만들고 민생 살리기에 시급한 법안을 빨리 통과시켜야 할 때다. 한시가 급한데 여야는 정쟁과 당략에 매달려 시간을 끌고 국회의 기능을 마비시키고 있다. 역사의 준엄한 심판을 받을 일이다.

거리로 내몰린 350만 명의 실직자, 임시·일용직 700만 명이 일자리를 잃었고, 2개월 만에 42만 개의 자영업체가 도산하거나 폐업을 한 현실이다. 삶을 포기하고 목숨을 끊으려 하는 청년실업자의 절박하고 비극적인 현실을 타계할 생각을 하여야 한다. 경제회생을 위해서 국회는 머리를 맞대고 정책을 수립해야 되는데 언제까지 싸움만 할 것인가. 민주당이 반대하는 쟁점법안 상당수는 민주당이 여당 시절 추진하던 것인데 악법이라 외치며 결사반대를 하고 있다.

장관의 청문회는 능력과 자질 검증보다는 흠집 내기에 급급하다. 사사건건 반대를 위한 반대와 여야대립은 고통받는 국민생활은 안중에도 없다. 용산철거민 불법폭력시위를 진압한 결과로 경찰총수가 물러난 것도 정치공세의 산물이다. 고층건물에서 대로를 향해 시너와 화염병이 난무하는 시위를 경찰은 보고만 있어야 되는가. 국민과 대의의 안정과 요구를 위해서 경찰이 진압에 나서는 것은 당연하다.

안녕과 공공질서를 지키기 위해서 공권력이 행사되는 것은 지극히 마땅한 일인데 이를 독재 운운하는 것은 어불성설이다. 이것이 매도되고 왜곡되어 흥정하는 정치는 질서와 안정을 본질적으로 외면시키게 만들 수 있다. 법과 규범은 준수하고 평등하게 적용될 때에 존재가치를 갖게 된다. 고비용 저효율의 정치를 청산하고 국민을 위한 정치를 할 수 있는 제도개선과 법 개정을 서둘러야 한다.

야당은 용산사태를 이용하여 정부에 대한 정치공세에 더 이상 시간을 소비해서는 안 된다. 불과 1년 전까지만 해도 법을 바탕으로 정권을 담당했던 사람들이 아닌가. 법보다 주먹이 먼저라는 감정적인 인식의 동정은 이제 사라져야 한다. 상생과 공존이라는 미덕을 정치권에서 정착시켜 가기 바란다. 우리 역사가 말하는 민족단결의 사례와 교훈을 이어갈 때에 국가의 위기를 극복해 갈 수 있다.

수많은 외침의 역사를 우리 민족은 한마음 한뜻으로 힘을 모아 극복하지 않았나. 이주보상비가 적다는 상가 세입자들의 하소연을 여야는 경청하여 대책을 마련하려 노력했어야 한다. 소 잃고 외양간 고치는 식의 낡은 정치를 국민은 더 이상 바라지 않는다. 법적 권리에 앞서 국민들의 현실적 어려움을 정치의 손길로 문제를 풀어 가기 바란다. 국민의 어려운 곳을 찾아가서 사전에 문제발생을 예측하고 대책을 세우려는 선량의 의무는 어느 곳에서도 찾아볼 수 없는 현실이다.

이제부터라도 충실하여 기능과 역할을 다하기 바란다. 법과 원칙에 따른 공권력의 행사를 보호해 주므로 국민은 그들을 신뢰할 수 있고 법을 지키려 할 것이다. 여기에는 당쟁과 정파의 구분이 있어서는 안 될 말이다. 정치인이 눈앞의 이해만을 생각해서 내 편의 이익을 챙길 수 있다고 계산한다면 큰 오산이다.

국민은 국회의원들의 활동을 하나하나를 평가하고 있음을 알아야 한다. 연말의 국회의사당의 폭력장면이 전 세계로 중계되어 국가신인도와 국민의 수준을 땅에 떨어트린 부끄러운 불법폭력 공화국의 이미지를 심어준 죄를 정치인은 뼈저리게 반성하여야 한다. 뽑아준 유권자가 얼마나 자책하고 당신들을 원망하고 있는지를 잊어서는 안 된다.

만인 앞에 평등한 법의 지배가 이 땅에 뿌리내리려면 정치경제사회 지도층의 도덕성 제고가 우선이다. 양심과 공의는 뒤로한 채 인기영합과 붕당의 충성을 위해 돌진하는 작태는 이제 사라져야 한다. 정치지도자는 도덕적으로 깨끗한 사회적 신뢰를 쌓아 가야 한다. 아직도 집단 떼 법의 억지가 통하는 사회를 개탄할 뿐이다.

진지하게 논의하여 공통된 의견을 모아서 국민이 수용할 수 있는 법을 만들고 정책을 펴야 한다. 국민의 소망을 찾아서 물 흐르듯 순리적으로 해결해 가는 정치의 기본을 더 이상 외면해서는 안 된다. 좌절과 절망에 빠진 사람에게는 희망과 새 출발을 할 수 있는 기회를 제공해 주고 여유 있는 사람에게는 함께 살아가는 미덕을 실천해 갈 수 있도록 앞장서서 모범을 보여야 한다. 만인을 위해서 봉사, 헌신하는 국회의원상의 정립을 위한 범국민적 자정운동을 벌여야 한다.

자질이 안 되는 의원은 응징할 수 있는 제도를 활용하여야 한다. 진정으로 국민을 위해 민의에 근거한 법률을 만들고 국가를 위한 새로운 제도를 만들 수 있도록 법적 뒷받침이 절실한 때다. 선량은 자신의 영광과 권력을 누리기에 앞서 주변의 힘든 사람에게 사랑과 관심을 가져야 한다. 국민과 국가를 위한 참된 봉자로서 정치인이 거듭나서 국민을 위해 헌신하는 정치인이 되길 바란다.(2009. 2. 18.)

정치지도자의 자기성찰

　지도자의 존재가치는 끊임없는 자기성찰을 통한 모범적인 언행을 실천해 만인의 귀감이 되는 데 있다. 반성과 회개를 통한 행동교정은 바람직한 인간모형을 형성하게 된다. 얼마 전 선종한 김수환 추기경이 온 국민의 존경을 한 몸에 받아 온 것은 자기성찰과 심신도야를 통해 모범을 보여 왔기 때문이다.

　사랑의 실천을 지극정성으로 실천해 온 결과로 볼 수 있다. 인간 공동체는 지도자를 중심으로 구성원의 끊임없는 자기성찰이 이루어질 때에 신뢰사회를 만들어 갈 수 있다. 신뢰사회건설은 불신과 반목의 우리 정치가 추구해야 할 당면과제다. 우리 정치인은 공자의 1일3성은 고사하고 일 년 내내 단 한 번의 반성을 하지 않는 오만 불순한 집단처럼 보인다. 국제사회에서 한국 국회의원들의 욕설과 멱살잡이가 조롱거리로 되고 있다.

영국 파이낸셜타임스는 한국 국회의원들이 카메라 앞에서 싸우는 동안 개혁 법안들은 쌓여만 간다고 보도했다. 국민은 안중에도 없고 당파와 당쟁만 존재하는 집단 같다. 보통사람은 카메라를 들이대면 싸우다가도 중지하는데 한국 정치인들은 지역구민을 의식해 더 극렬하게 싸운다. 과연 지역구민들이 바라는 행태일까. 지금이 유신시대의 악법을 제정할 때도 아닌데 말이다.

국제사회의 부끄러운 망신을 언제나 지워갈까 걱정이다. 세계 13위의 경제대국 대한민국이 정치인 때문에 계속 무시당하고 있다. 해머로 회의실 문을 부수는 폭력국회모습을 외신은 대서특필해서 망신살이 극치에 올랐다. 외신은 한국 의원들을 걸핏하면 싸우는 성질 급한 정치인들이라고 보도했다.

버락 오바마 미국 대통령까지 교육열과 산업 경쟁력을 부러워하는 나라지만 국회의 모습은 한심한 수준 미달이다. 외국의 정치인은 경제 살리기에 여야가 따로 없이 불철주야 합심하여 방안을 찾기에 고심하고 있다. 우리는 어떠한가를 자성하여야 한다. 개혁입법이 지지부진하고 시기를 놓친 지원예산은 문제해결의 발목을 잡고 있다. 이제 국가와 국민을 생각하는 정치력을 보여 주어야 할 때다.

우리는 여당의 독선과 힘의 논리보다 대화와 설득의 능력을 함양하기 바란다. 야당의 고질적 반대를 위한 반대보다 대안과 타협의 정신을 실천하길 주문한다. 낡은 이념과 당리당략에 매몰돼 사사건건 반대만 하는 야당의 자기성찰을 촉구한다. 야당을 움직이는 것도 국정 최고지도자의 중요한 임무임을 인식하여 참여와 설득 노력을 기울여 가기 바란다. 국회에서 차분한 법안심의는 사라지고 다수결 원칙을 무시한 농성과 폭력이 난무하는 한국국회다. 이는 있을 수 없는 총선 민의를 짓밟는 폭거다. 왜 유권자가 여야 국회의원 수를 결정해 주었는가를 생각해야 한다. 폭력국회가 우연히 나온 어제오늘의 문제가 아닌 고질적이라는 데 심각성이 있다.

정치인들의 지속된 초법, 탈법의식의 산물이다. 구태와 구습을 뿌리 뽑는 일이 정치지도자의 당면과제다. 산업정책연구원에 따르면 세계 66개 국과 비교한 우리의 분야별 법질서 경쟁력에서 정치인은 거의 꼴찌 수준이다. 국회의원들의 준법정신이 정착하여 외국 언론의 비웃음을 면하고 당당히 선진정치의 소망을 실현하는 일에 앞장서 주기 바란다.

관객의 마음을 움직이는 사랑으로 연주하는 지휘자 같은 포용의 정치지도자가 나라를 이끌어 갈 때에 국민은 고통도 기쁘게 감내할 수 있다. 보·혁 간 갈등과 지난 정권의 단죄보다는 포용으로 국력을 키우고 사회통합을 이끌어 가려는 노력이 절실한 때다. 지도자는 남 탓보다 내 탓을 먼저 생각하는 자성이 필요하다.

자기중심적이며 타협과 대화를 거부하는 아집을 가져서는 안 된다. 국민을 설득하는 예리한 이성과 움직이는 풍부한 감성이 필요하다. 위대한 지도력은 영감을 넣어 주며 국민들에게 생기를 불어넣어 줄 수 있도록 이끌어 주는 고도의 통찰력을 요구한다. 지도자는 올바로 인식하고 신속하게 판단하며 과감히 추진하는 능력이 있어야 한다.

지도자는 유능한 참모를 발굴하고 비전 있는 국정방향을 제시하며 끊임없는 원동력을 제공하여야 한다. 아집과 파당을 위해 앞장서는 참모는 영원히 결별하여야 한다. 책임과 비판은 역사에 맡겨두고 민생과 국가발전을 위해 최선을 다하는 지도력을 발휘해야 한다. 폭력과 반목을 청산하고 국민에게 활력을 줄 수 있는 정치지도자의 리더십을 기대해 본다.

정치지도자는 자기반성을 통한 국민의 공익지향적인 가치를 구현해 가야 한다. 편향적 사고를 버리고 전체를 아우르는 수용의 자세가 중요하다. 국민의 존경과 지지를 받으며 지도자의 역할을 수행해 가기에 부족함이 없도록 자기성찰을 하여야 한다. 정치지도자는 구도자의 길보다 더 어렵고 외로운 길을 걸어가듯 자기성찰을 통한 인격을 도야시켜 가야 함을 강조한다.(2009. 3. 15.)

scene 10 :

권력의 막장

과거정권의 실세들이 줄줄이 구속되는 역사의 현장을 보면서 정치인의 진실한 자기관리의 중요성을 생각한다. 자신의 주변관리도 못 하는 지도자가 국가를 경영한 결과이기에 한심스럽다. 정치지도자는 자신에게 엄격한 잣대로 분별하고 면도날보다 예리한 이성으로 판단하며 국가와 민족을 위해 헌신하여야 한다.

진실과 정의의 기준으로 권력을 행사하지 못하고 사적으로 악용하여 정당성을 상실할 때에 엄청난 대가를 치르게 된다. 법과 제도에 충실한 권력행사를 위해 부단히 주변 관리를 해야 한다. 권불10년(權不十年)과 화무십일홍(花無十日紅)은 권력과 화려한 존재의 덧없음을 말하고 있다.

시간의 개념을 떠나 항상심을 갖고 공의를 위한 사심의 부재를 실천해 가야 한다. 그러나 다양한 요인에 의해서 사욕과 이해관계를 끊지 못하면 결과가 파멸을 불러올 수밖에 없다. 노무현 정부가 임기를 마친 지 1년이 지난 지금 판도라상자가 열리면서 걷잡을 수 없는 혼란으로 정치판이 요동친다.

검찰의 박연차 리스트 수사로 참여정부 실세들이 구속되는 수난을 겪고 있다. 유난히도 도덕성을 강조한 노무현 정부가 저지른 부정부패의 진실이 밝혀지면서 국민의 충격은 클 수밖에 없다. 순진한 시골노인이라면서 자신의 형을 비호하던 말이 무색하게 비리의 전문가 같은 범행수법에 넋을 잃게 한다. 헌정사를 살펴보면 권력의 정점에 있던 사람이 대부분 비리사건에 연루되어 사법 처리되어 왔다.

정치권력이 탈법과 불법으로 각종 이권에 개입했기 때문이다. 전두환 대통령은 5공 비리로 인해서 백담사에서 은둔했고 노태우 대통령과 함께 문민정부에 의한 5, 6공 청산으로 수감생활을 했다.

이 두 사람의 천문학적인 비자금 조성은 국민의 공분을 샀다. 결과는 명예를 잃고 역사에 부정부패의 총수로 낙인 찍혔다. 새 정권의 등장과 함께 집권 초기에는 대대적인 사정을 통해서 전 정권을 단죄하고 있다. 문민정부와 국민의 정부는 아들이 비리에 연루되어 사법 처리됐다. 참여정부는 임기종료 1년 만에 대통령 친형과 실세가 구속을 면치 못하고 있다.

지난 반세기 동안 주권자인 국민을 존중하는 정치권력을 만들기 위해서 많은 사람들이 희생을 무릅쓰고 노력해 왔으나 성공하지 못했다. 부정부패를 근절하는 시스템구축도 실패하고 말았다. 무소불위한 정치권력의 행사에 대한 시스템이 작동되어 검증하고 국민이 감시, 판단하는 체계 확립이 절실하다.

국가권력에 의한 부정부패의 연결고리를 국민의 감시와 노력으로 끊는 데는 한계가 있어 시스템의 확립이 절실하다. 내부고발풍조의 확산을 위한 대책도 필요하다. 역사를 보면 독일에서 히틀러 나치의 등장이나 일본제국에서 군국주의 파시스트들의 등장과 궤적에는 감히 국민의 비판과 감시는 상상할 수 없었고 일인 절대독재 권력을 행사했기에 가능했다.

지금은 성숙한 자유민주주의가 주권재민의 원칙을 실현해 가고 있다. 비판세력에 대한 수용성, 언론자유, 정의로운 권력행사, 권력견제의 존중은 권력임기 이후에 당당할 수 있는 튼튼한 터전을 만들 수 있다. 소수특권층에 의해 행사되는 권력시스템을 만들어 감시하며 공명정대하게 행사되도록 하는 일이 중요하다.

이탈리아의 현 총리 베를루스코니는 탈세 등의 사실로 수차례 기소되었으나 면책특권을 부여하는 법을 추진하여 통과시켰다. 잉태한 비리와 부패는 반드시 밝혀지기 마련이고 단죄된다는 사실을 베를루스코니는 알아야 한다. 세계가 몸살을 앓고 있는 절대 권력자의 전횡을 인류차원에서 대안을 마련할 것을 촉구한다.

국제사법기능을 강화시켜 가는 일을 포함해서 종합대책을 세워야 한다. 물 흐르듯 순리와 원칙에 충실한 정권만이 탈 없음을 인식하여 항시 후일을 생각하며 정의로운 권력행사를 해야 한다. 권력은 마치 칼과 같아서 어떻게 행사하느냐에 따라 역사의 평가를 받게 된다. 한 치 앞을 못 보고 기고만장한 권력의 주변부를 항시 점검하고 관리하는 많은 지도자의 기본적 책무이다.

권력을 멀리하고 청빈한 삶을 살아온 옛 선비의 지조와 자세가 우리에게 주는 교훈을 상기해야 한다. 권력을 잡으면 그동안 힘을 모아준 사람에 대한 배려와 굶주림 때문에 칼을 휘두르며 떵떵거리게 된다.

이것이 5년도 못 간다는 사실을 인식해야 한다. 정권이 바뀔 때마다 연례행사처럼 진행되는 부정부패의 단죄라는 악순환의 고리를 끊어야 한다. 전정권의 계승과 협력의 관계를 발전시켜 가는 선진정치의 정착을 위해서 깨끗하게 헌신 봉사하는 권력윤리를 지켜 가는 일이 절실하다.

무상한 권력쟁취를 위해서 수단방법을 가리지 않고 영원한 것처럼 권력의 칼을 휘두르면 그것이 부메랑이 되어 자신에게 되돌아온다는 사실을 알아야 한다. 권력의 막장은 파멸과 회한의 눈물만 있음을 명심해야 한다. 정치지도자는 앞장서서 정의와 정직으로 권력을 다스려 부정부패의 청산을 위한 도덕적 수양을 게을리해서는 안 된다.(2009. 4. 5.)

scene 11 :

시장(市長)은 아무나 하나

1995년 지방자치제도가 실시되어 제4기를 마감하고 5기 체제가 11개월 남았다. 말도 많고 탈도 많은 단체장의 자질논란과 부정부패연류 문제는 지자체 폐지를 주장하는 사람을 양산시켰다. 존폐논란 속에서 성장해 가는 모습이 희망을 준다.

경기도는 지난 선거에서 단체장의 35%가 선거법과 정치자금법을 위반하여 재판을 받았다. 취임 이후에도 독직사건으로 구속되어 재선거를 실시한 곳이 부지기수다. 호랑이가 산짐승을 잡아먹는 줄 다 알지만 언제 어디서 어떻게 잡아먹었느냐 물으면 대답할 사람 없듯이 관리가 육하원칙에 의해서 뇌물을 수수했음을 밝혀내는 일은 이와 같이 어려운 일이다. 비리혐의로 형사 처분을 받은 과거에 시장을 지낸 사람이 출마준비에 사람 모으고 세 과시에 열을 올리고 있다는 보도다. 시민과 사법부에 대한 도리가 아니다.

공인은 평생 청렴하고 정직해야 한다. 단 한 번의 실수도 용인해서는 안 되기 때문이다. 시민의 심판을 받겠다는 명분을 내세우고 있으나 이미 사법부의 심판을 받지 않았던가. 현 시장은 비교적 자신감 속에 여유를 갖고 시정운영의 업적에 따른 평가를 기다린다는 소식이다. 여기에다 지역을 볼모로 한 지역당 출신 국회의원이 준비를 저울질하고 있단다.

지역바람의 쾌감을 다시 즐기려는 발상인가. 이 외에도 몇몇 후보들이 준비를 서두르고 있다. 지방언론은 삼파전이라며 속단하기 어려운 성급한 보도를 한다. 지자체장은 정치인과 달리 지역출신 사람으로 지역의 문화와 특성을 잘 파악할 줄 아는 청렴한 사람이어야 한다. 높은 도덕성을 지닌 정직한 사람으로 시민의 귀감이 되어야 한다.

최소한 사욕과 무지에 의해 세금을 낭비하지 않는 인격과 능력을 지녀야 한다. 공익과 시민복리증진을 해서 헌신 봉사할 수 있는 공익을 우선시하는 사람이어야 한다. 브로커 노릇을 해서 형사 처분을 받고 판사 앞에서 다시는 선거에 나가지 않겠다고 애원하여 선처를 받아 석방된 사람이 다시 단체장을 하겠단다. 기막힌 일이다.

현직 국회의원은 선거구민과의 4년 임기 동안 충실하게 의정활동을 하겠다는 약속 아래서 시민의 표를 얻었다. 어떤 이유에서도 이 약속을 배반해서는 안 된다. 선거구민은 물론이며 국민에 대한 기본적인 도리가 아니기 때문이다. 내년 6월에 실시되는 지자체 선거에는 정말로 시민에게 헌신 봉사하며 도덕성이 높고 정직한 사람이 목민관의 역할을 담당할 수 있도록 단체장을 선출하여야 한다.

이제 사리사욕과 야합에 의해 좌우되는 선거의 비극을 청산하고 존경받는 목민관을 선출하는 일을 우리 고장에서부터 바로잡아 나가야 한다. 이것이 충청도민의 진정한 자존심임을 강조한다. 이해관계에 따라 이 당 저 당 옮겨 놓고 그럴듯한 변명을 늘어놓는 저질과 부도덕성에 시민은 몸서리친다. 아무리 사조직을 가동하고 돈을 써도 시민은 바위처럼 끄떡하지 않는 정의의 의지를 갖고 판단하여야 한다.

유치하기 그지없는 몇 사람의 정치노름에 놀아나는 일이 더 이상 있어서는 안 된다. 흘러간 물로 자꾸 물레방아를 돌리려는 어리석은 사고를 접기 바란다. 첨단과학도시의 대전은 이제 도약과 글로벌시대의 경쟁력을 키우기에 혼신을 다하는 단체장과 관료 그리고 시민들의 단결만이 필요한 때다.

현명한 시민은 금전의 유혹과 감언이설의 말장난에 더 이상 놀아나서는 안 된다. 분명한 것은 거명되지 않는 사람 중에도 정말로 시민을 위해서 헌신 봉사할 수 있는 능력 있고 청렴결백한 지도자가 있다는 사실은 시민의 자랑이다.

정치 현실에서 한 걸음 떨어져 있는 정직하고 청렴하며 능력 있는 지도자를 발굴하여 추대하는 일도 위대한 시민의 몫이다. 풍수해가 없는 천혜의 선민이 모여 사는 곳, 사통팔달 중원의 중심지며 세계첨단기술메카의 시장선출에 시민의 중지를 모아 구태를 청산하고 새로운 역사를 써 가야 할 이유다. 비단 어느 지역뿐만 아니라 전국의 지자체가 비리전과자의 단체장 진출을 막고 숨은 인재발굴에 힘을 모아가야 할 때다.

단체장의 첫째 덕목은 도덕성이며 이것이 훼손된 자는 출마를 해서는 절대로 안 된다. 백옥같이 깨끗한 지도자가 양심과 희생으로 주민을 위해 열정을 바칠 수 있어야 한다. 혹세무민의 말장난에 더 이상 속지 않는 유권자가 되도록 시민단체와 지식인이 나서야 한다.

거짓과 부패, 위선과 패륜적 사람이 시장이 되겠다는 생각을 갖지 못하도록 할 때에 아름답고 살기 좋은 지자체로 발전할 수 있음을 강조한다.(2009. 7. 6.)

scene 12 :

지도자는 도덕성이 생명이다

지도자의 타락은 도덕성의 붕괴에 있으며 이것은 사회구성원으로부터 철저히 외면받게 된다. 선진국에서는 정치지도자가 도덕성에 상처를 입으면 재기불능이 되어 은퇴한다. 유권자를 변명과 감언이설로 현혹시키려 하지 않는다. 유독 몬순지대에 사는 사람들과 후진국 사람들만이 이를 쉽게 잊어버린다.

정치지도자는 무엇보다 도덕적 우월성을 지녀야 지지를 받을 수 있다. 정치지도자의 부도덕성 난무는 정당의 정체성을 훼손시키고 유권자를 혼란시키며 사회를 부정부패 속으로 몰아넣는 기능을 한다. 이의 방지를 위해 정당공천 시 후보자의 도덕성 검증을 우선시하는 이유다.

이삭 줍듯 흠집 많은 부도덕한 사람을 불러 모아 공천하는 야합정치는 이제 종말을 고하여야 미래가 있다. 기업, 사회, 종교, 교육지도자도 도덕성을 상실하면 제 기능과 역할을 제대로 수행할 수 없음은 자명한

사실이다. 도덕성(morality)이란 개인이나 사회집단이 가지고 있는 주
관적·자율적인 도덕의식이지 개인이나 사회집단이 가지고 있는 행동
규범에 대한 객관적인 기준이 아니다.

개념의 오인으로 변명이 난무하는 세상이 됐다. 사람으로서 마땅히
지켜야 할 도리와 그것을 자각하여 실천하는 행위의 총체이다. 옳고
그른 것에 대한 사회적 규범을 자신의 것으로 받아들여 그에 따라 행
동하게 하는 기준으로 사회구성원이 반드시 지켜 가야 한다. 지도자는
도덕성을 상실하거나 상처받게 되면 존재가치와 기능을 상실하게 된다.

정치인이나 연예인의 도덕성이 중시되는 것은 일반대중에 미치는
영향력이 크기 때문이다. 관심과 사랑이 많으면 채찍질, 질타, 칭찬도
따르기 마련이지만 이는 개인적인 인정이지 사회적인 시각은 아니다.
사회와 국가발전을 바란다면 냉철한 판단과 용기로 부도덕한 지도자를
퇴출시키는 일이 중요하다.

정치는 통치와 지배, 이에 대한 복종·협력·저항 등의 사회적 활동
의 총칭이므로 지도자의 청렴결백과 도덕적 우위가 빛나야 한다. 정치
인도 실수하기 마련이나 변명으로 이를 만회하려는 어리석은 생각을
버리고 은퇴하는 것이 사회적 도리이다. 미래사회 변동차원에서도 지
도자의 도덕성은 더더욱 강조되어야 할 사항이다.

도덕성은 어떤 사회의 관습적, 전통적, 문화적 규범을 사회에 소속된
개인이 내면화시킨 후 내면화된 규범에 따라 자신의 행위를 자율적으
로 통제하는 인지, 태도, 행동이다. 도덕성은 유아기에 기초가 형성되므
로 전통적인 명문가문에서의 정치지도자의 배출은 시사하는 바 크다.

Kohlberg와 Piaget의 도덕성 발달이론에 따르면 유아기의 도덕성
발달은 유아의 행동은 부모의 판단에 많이 의존한다고 한다. 점차 자

라면서 타인의 판단기준과 칭찬과 벌에 의존하여 옳고 그름을 판단하기보다는 옳고 그름에 대한 기준을 내면화시키면서 양심이 발달한다. 도덕적 기준과 행동은 친구에 의해서 영향을 받으나 사회에서는 정치지도자에 의해 큰 영향을 받게 된다.

양치기소년의 반복된 거짓말을 동네사람들이 믿지 않아 결국 죽음을 맞이하는 비극적인 우화가 우리에게 주는 교훈을 되새겨야 할 때다. 도덕성은 공동체생활에서 기본이며 특히 정치지도자의 제일 덕목이 되어야 한다.

판단과 시행의 기준이 사욕과 사심이 있어서는 안 되기 때문이다. 공정성과 공공성 그리고 선행의 실천은 도덕성에서 기인한다. 앞으로 10개월 남은 지방자치선거에서는 배임, 횡령, 사기, 절도 등의 경제범죄자를 비롯한 선거법 위반자의 공천배제와 매니 페스토 운동을 통해 낙천낙선 운동이 활발하게 전개되길 바란다.

감히 이 땅에 전과자가 지도자가 되겠다는 생각을 하지 못하게 하는 일도 역사발전을 위해 우리가 할 몫이다. 우리나라의 정치문화를 한 단계 업그레이드시키고 민주역량을 강화하여 사회와 국가를 발전시켜 갈 수 있는 지도자를 발굴하고 추대하며 지지해 가는 일에 앞장서야 할 때임을 강조한다.

도덕성이 훼손되지 않은 세계의 지도자인 카터 · 클린턴 · 블레어 등은 국제분쟁 해결에 지도력을 발휘해서 퇴임 뒤에 더 빛나는 업적을 남기고 있다. 우리도 이들처럼 정직하고 도덕적 우월성을 가진 지도자를 키워 가는 일에 앞장설 때임을 강조한다.(2009. 8. 10.)

scene 13 :

무소불위 실세권력

어느 시대를 막론하고 실세정치인은 정권창출의 일등공신이 차지하기 마련이다. 주군이 권력을 잡자 측근은 벼락출세를 하거나 준거적 권력을 누리게 된다. 주종관계를 유지하며 권력의 단맛에 취한다. 눈치를 보면서 과잉충성을 하여 문제와 갈등을 유발시킨다. 권력은 총구에서 나온다는 마오쩌둥의 경구는 공산체제나 독재국가의 압제체제에서 통용되는 말이다. 자유민주주의의 권력은 민중으로부터 나온다. 민중의 존경과 지지를 받아야 정권을 유지할 수 있다.

정치권력은 권모술수가 통하고 여론왜곡이 가능하지만 행정 권력은 전문성과 정직성에서 나온다. 정치인을 비평하고 외면하는 이유다. 특히 광역자치단체 중 광역시는 정치인보다 전문행정가가 해야 되는 당위적 요인으로 일일생활권이란 공간적 특성을 들 수 있다. 전문적인 행정력을 발휘해서 시민복리를 효율적으로 증진시킬 수 있다.

행정전문성은 시민의 편의와 권익을 우선하는 가치다. 그러나 부도덕한 정치인이 수단방법을 가리지 않고 시장이 되면 정치적 판단과 이해적 관점이 작용하여 권력을 행사하므로 시민에게 피해를 주기 마련이다. 정치적 상황을 판단의 기준 삼아 임기응변적 시정을 운용하면 역기능이 크다. 정치인은 선거를 도운 참모를 중용하게 되고 그가 무소불위한 권력의 칼날을 휘두르기 때문이다.

실세의 파워 정도에 비례해 정책은 강력하고 다양하며 과시적이 된다. 김대중 정권이 들어선 1998년 3·3개각 당시 교육문제는 국정의 최대 이슈였다. 이해찬이 교육부를 이끌면서 엄청난 교육체제의 변화로 반발을 야기하였다.

실세장관의 취임으로 교육부는 전례 없는 전성기를 누렸다. 3년 임기를 9월 30일에 시작한 이재오 국민권익위원장이 이명박 정권의 실세다. 이 위원장을 사람들은 정권 2인자라 호칭하며 실세임을 알아서 존중해 준다. 이것이 실세파워의 실상이다. 본인의 의지와 관계없이 작용되는 현실에서 부작용과 역기능을 막을 수 있는 길은 실세는 정권이 다할 때까지 자리를 맡지 않고 칩거하는 방법이 좋다.

그러나 이 위원장은 취임 이후 거침없는 광폭행보를 보이고 있다. 권익위도 이 위원장과 함께 힘이 부쩍 세지고 위상도 크게 높아진 느낌이다. 이 위원장은 고위공직자 청렴도를 평가하여 공개하겠단다. 권익위·감사원·검찰·경찰·국세청 등 5개 기관의 감사관을 불러 모아 반(反)부패 연석회의를 했다. 역대정권에서 찾아볼 수 없는 일이다.

5,000원짜리 점심을 먹어야 한다는 등 자신의 권한 내 또는 권한 밖을 넘나들며 정책과 제안을 의욕적이고 과시적으로 내놓고 있다. 부패를 당장 모두 없애 버릴 기세지만 사회개혁은 하루아침에 이루어질 수

없다.

　지도자가 솔선수범을 보이고 국민들이 따라갈 때에 가능해진다. 이 위원장이 지금 보여야 할 자세는 3년 임기를 어떤 일이 있어도 채우겠다는 약속이다. 반부패는 대한민국이 선진국으로 가기 위해 반드시 청산해야 할 절대과제다. 이의 청산은 바로 국가와 국민을 진정으로 위하는 길이다.

　자신의 지역구국회의원이 당선무효가 확정되어 내년 7월에 보선을 앞두고 있다. 정권실세니까 마음대로 할 수 있으나 국민과 공조직의 윤리를 먼저 생각하는 것이 실세의 기본자세다. 정권실세를 비롯해서 조직실세의 권력남용을 막기 위해서는 시민들의 감시기능과 소환기능이 활성화되어야 한다.

　정치지도자나 행정지도자 그리고 사회지도자는 도덕성이 생명이 되어야 하는 이유다. 금전과 연루되고 약속을 어기는 전과자는 어떤 일이 있어도 권력을 잡아서는 안 된다. 주변 권력을 행사하는 사람은 사심이 없고 정직해야 한다.

　권력이 사심과 보복적으로 휘둘러질 때에 피해 보는 민중을 생각해야 한다. 자유민주주의에서는 무소불위한 권력이 철저히 감시받고 정당성을 유지하도록 시민의 감시기능이 강화돼야 한다.(2009. 11. 1.)

scene 14 :

실세권력의 종말

　　실세권력의 위력은 대단하지만 그것은 주군의 권력과 신임에 의해 행사된다. 어느 시대를 막론하고 실세정치인은 정권창출의 일등공신이 차지하기 마련이다. 주군이 권력을 잡자 측근은 벼락출세를 하거나 준거적 권력을 누리게 된다. 주종관계를 유지하며 권력의 단맛에 취한다.

　　권력을 누리는 자의 주변에는 아부와 충성의 인위장막을 쌓게 된다. 무소불위한 권력의 위력으로 자신이 변별력을 잃거나 무시하게 된다. 막강한 권력 앞에서는 모든 것이 하찮아 보이고 아무것도 아닌 것처럼 보이기 때문이다. 권력의 본질을 망각하고 쾌락과 오묘한 맛에 취하기 마련이다.

　　주변 사람은 눈치를 보면서 이간과 과잉충성을 하여 문제와 갈등을 유발시킨다. 권력은 총구에서 나온다는 마오쩌둥의 경구는 공산체제나 독재국가의 압제체제에서 통용되는 말이다. 자유민주의의 권력은 민중으로부터 나온다. 민중의 존경과 지지를 받아야 정권을 유지할 수 있다. 권력행사자의 도덕성과 공평성이 요구되는 이유다.

정치권력은 권모술수가 통하고 여론왜곡이 가능하지만 행정 권력은 전문성과 정직성에서 나온다. 정치인을 비평하고 외면하는 요소 중의 하나다. 특히 광역자치단체 중 광역시는 정치인보다 전문행정가가 해야 되는 당위적 요인으로 일일생활권이란 공간적 특성을 들 수 있다. 전문적인 행정력을 발휘해서 시민복리를 효율적으로 증진시킬 수 있기 때문이다.

행정전문성은 시민의 편의와 권익을 우선하는 가치다. 그러나 부도덕한 정치인이 수단방법을 가리지 않고 시장이 되면 정치적 판단과 이해적 관점이 작용하여 권력을 행사하므로 시민에게 피해를 주기 마련이다. 정치적 상황을 판단의 기준 삼아 임기응변적 시정을 운용하면 역기능이 크다.

정치인은 선거를 도운 참모를 중용하게 되고 그가 무소불위한 권력의 칼날을 휘두르기 때문이다. 실세의 파워 정도에 비례해 정책은 강력하고 다양하며 과시적이 된다. 김대중 정권이 들어선 1998년 3 · 3개각 당시 교육문제는 국정의 최대 이슈였다. 이해찬이 교육부를 이끌면서 엄청난 교육체제의 변화로 반발을 야기하였다. 실세장관의 취임으로 교육부는 전례 없는 전성기를 누렸던 시기를 상기하여야 한다.

3년 임기를 9월 30일에 시작한 이재오 국민권익위원장이 이명박 정권의 실세. 이 위원장을 사람들은 정권 2인자라 호칭하며 실세임을 알아서 존중해 준다. 이것이 실세파워의 실상이다. 본인의 의지와 관계없이 작용되는 현실에서 부작용과 역기능을 막을 수 있는 길은 실세는 정권이 다할 때까지 자리를 맡지 않고 칩거하는 방법이 좋다.

주변 사람과 주군이 그냥 놔두지 않는 것이 문제다. 이 위원장은 취임 이후 거침없는 광폭행보를 보이고 있다. 권익위도 이 위원장과 함께 힘이 부쩍 세지고 위상도 크게 높아진 느낌이다. 이 위원장은 고위공직자 청렴도를 평가하여 공개하겠단다. 권익위·감사원·검찰·경찰·국세청 등 5개 기관의 감사관을 불러 모아 반(反)부패 연석회의를 했다.

역대정권에서 찾아볼 수 없는 일이다. 5,000원짜리 점심을 먹어야 한다는 등 자신의 권한 내 또는 권한 밖을 넘나들며 정책과 제안을 의욕적이고 과시적으로 내놓고 있다. 부패를 당장 모두 없애 버릴 기세지만 사회개혁은 하루아침에 이루어질 수 없다.

지도자가 솔선수범을 보이고 국민들이 따라갈 때에 가능해진다. 이 위원장이 지금 보여야 할 자세는 3년 임기를 어떤 일이 있어도 채우겠다는 약속이다. 반부패는 대한민국이 선진국으로 가기 위해 반드시 청산해야 할 절대과제다. 이의 청산은 바로 국가와 국민을 진정으로 위하는 길이다.

자신의 지역구국회의원이 당선무효가 확정되어 내년 7월에 보선을 앞두고 있다. 정권실세니까 마음대로 할 수 있으나 국민과 공조직의 윤리를 먼저 생각하는 것이 실세의 기본자세. 정권실세를 비롯해서 조직실세의 권력남용을 막기 위해서는 시민들의 감시기능과 소환기능이 활성화되어야 한다. 정치지도자나 행정지도자 그리고 사회지도자는 도덕성이 생명이 되어야 하는 이유다.

실세권력자는 항상 권력의 짧은 종말을 인식해서 공정하게 공익을 위해서 당당하게 권력의 칼을 휘둘러야 한다. 권력 앞에 무서워하지 않고 당당할 수 있는 국민이 되기 위해서 정의와 진실의 윤리를 실천해 가는 길밖에 없다. 금전과 연루되고 약속을 어기는 전과자는 어떤 일이 있어도 권력을 잡아서는 안 된다. 주변 권력을 행사하는 사람은 사심이 없고 정직해야 한다. 권력이 사심과 보복적으로 휘둘러질 때에 피해 보는 민중을 생각해야 한다.

자유민주주의에서는 무소불위한 권력이 철저히 감시받고 정당성을 유지하도록 시민의 감시기능이 강화돼야 한다. 실세권력의 종말을 생각하는 측근이 되길 바란다.(2009. 11. 4.)

scene 15 :

철새들의 대이동

 선거 때마다 이합집산이 이루어지고 석연치 않은 공정성, 객관성, 도 덕성을 외면한 공천은 유권자를 혼란시키고 있다. 선거 때만 되면 전 문가가 되고 경력과 학력을 세탁하고 불법, 탈법을 자행하여 표를 구 걸하는 작태는 이제 사라져야 한다. 이는 후보자보다 유권자의 잘못이 크다. 올바른 사람을 선출하는 현명한 유권자의 역할을 다하지 못하기 때문이다.

 지방자치선거가 9개월 정도 남았다. 각 정당은 당선 가능성 있고 당 발전에 헌신한 사람을 공천하려고 바삐 움직인다. 후보자들은 유권자 의 지지도가 높아 당선 가능성이 있는 정당을 찾아 기웃거린다. 유권 자의 의식수준이 아직은 후보자의 도덕성과 능력보다는 바람에 의한 정당의 지지도에 따라서 무조건 판단하여 휩쓸리는 경향이다.

 공천을 받은 사람과 해 준 사람은 종속관계를 맺어 자신의 소신과 철학은 사치스러움에 불과하다. 정당은 정치적 이상과 정책을 공유하는 데 존재가치가 있으나 오직 현실적 이해관계만 있을 뿐이다. 유권자는 안중에도 없고 영향력 있는 사람끼리 지분을 분할하여 관리하는 양상을 벗어나지 못하고 있다. 아직도 정당민주주의가 먼 현실이다. 말로는 상향식 공천을 해야 한다며 실제는 정책공천이라는 미명 아래 하향식 공천을 하고 있다.

민주적 방식을 통한 공천 개혁을 정착시켜 가야 한다. 공천과정의 투명한 공개를 통해서 유권자의 지지를 받도록 해야 한다. 형벌법규를 위반한 선거사범, 파렴치범 등 모든 전과자를 비롯해서 결격사유가 있는 사람을 절대로 공천해서는 안 된다. 엄격한 도덕적 잣대로 적용해야 한다. 공정하고 깨끗한 공천을 위해 일종의 공천 배심원제를 도입하는 것도 바람직하다. 공천부조리가 해결되어 새로운 공천 시스템을 갖춘 후엔 현장 인터뷰에서 공천 심사위원들을 감동시킬 수 있는 능력과 도덕성을 지닌 후보자를 찾아내야 한다.

지역 현실을 잘 알고 지역에 대한 자부심과 애정이 있는 후보를 찾아 공천하는 일도 중요하다. "현대국가는 정당국가며 국가주권의 지위에 현실적으로는 정당주권이 진입했다."는 K. 뢰벤슈타인의 지적처럼 정당의 역할이 중요하다. 이 역할 중 제일 중요한 것은 올바로 후보자를 공천하는 데 있다.

철학도, 소신도 없이 자신의 영달만을 위해서 이 당 저 당 기웃거리는 철새들을 공천에서 우선으로 배제하여야 한다. 정당의 기본적인 노력을 통해 올바른 정치 철학을 구현하는 데 앞장서야 한다. 지방자치제도는 1991년 기초의원의 선출 이후, 1995년 단체장의 직선제와 지방선거가 동시 실시된 이후 내년이면 지방자치 민선 5기의 출범을 앞두고 있다.

지방자치가 20년 가까운 세월 속에 오히려 국민들은 지방의원이나 단체장에 대한 불신의 벽만 높아졌다. 이것은 지방자치단체로부터 발생되는 부정, 부패, 불법적 예산집행, 지방공무원의 비리발생 등 불미스런 사건들이 계속적으로 발생되었기 때문이다.

시민들의 무관심도 큰 요인이라 할 수 있다. 현재 지방의회는 중앙정치의 부정적인 모습을 답습하고 주종관계 같은 모순된 구조를 갖고 있다. 지방의원이나 단체장의 공천 시 후보자의 자질에 대한 철저한 검증 없이 정략적이고 정치적 계산에 의한 방법으로 실시된 결과이다. 법과 제도의 허점을 악용한 이익 추구, 자기 책임을 소홀히 하는 태도, 집단이기주의 등의 모럴해저가 심각한 이유다.

모럴해저의 극복으로 철새정치인을 몰아내고 도덕성 높고 청렴결백한 후보자를 선출하여 지역주민에 헌신 봉사할 수 있는 사람을 산출하야 한다. 지역의 모든 단체가 선거 기간에는 후보자를 검증하고 공표하여 유권자가 올바른 판단을 할 수 있도록 하여야 한다.

우리나라도 이제 선진국처럼 감히 전과자가 정치를 하겠다는 생각을 할 수 없게 만들어야 한다. 이것이 유권자와 시민단체가 당면한 과제다. 정녕 온갖 잡새가 기웃거리는 철새의 계절은 오는 건가?(2009. 8. 23.)

scene 16 :

자치단체장 비리의 악순환

2010년 6월 2일에 실시되는 제5기 지방자치선거가 5개월 앞으로 다가왔다. 벌써부터 당선 가능성 정당을 기웃거리며 공천권자와 줄 대기에 혈안이 되어 있다. 정당의 민주화가 외면되고 하향식 공천의 실체가 빚어내는 구조적 모순이다. 지방선거는 중앙정치지도자의 양성을 위한 기능에 충실해야 하고 지역민의 당면한 과제를 해결해 주는 일에 헌신 봉사할 사람을 뽑아야 한다. 선거 비리를 저질러서 형사 재판받은 자치단체장과 지방의원이 근절되지 않는 현실을 언제가지 끌고 갈 것인가 답답하다.

지자체는 비리백화점이라는 오명을 씻기 위해서도 공천을 깨끗하게 하고 유권자는 올바른 선택을 하여야 한다. 비리유형은 건축공사, 인사 등이다. 지나친 단체장의 권력과 감시기능의 부족을 지적할 수 있다. 정부가 지방자치단체의 대형공사 심의 과정에서의 비리를 없애기 위해

방안을 내놓았으나 성과는 회의가 간다.

지방의회의 경우 민선 1기부터 5기까지 지방의원 2만 2,600여 명 가운데 5%인 1,025명이 사법 처리되었다. 의원직을 상실한 의원도 492명이다. 매기마다 증가하여 5기에는 211명이 사법 처리되고 95명이 의원직을 상실했다. 경기도 안성·시흥시장 등 여러 명의 단체장들이 비리 혐의로 구속되었다.

중앙정부가 청소, 도시계획, 인사 같은 지자체 고유의 자치사무에 대해 감사를 할 순 있지만 법령위반이 확인될 경우로 국한한다는 지방자치법 171조를 재검토할 필요가 있다. 지방자치단체와 지방의회 권력이 사실상 일당독재체제라는 점도 문제이다. 상호 견제가 불가능한 지방자치단체와 지방의회 권력을 하나의 정당에서 독식하므로 제 식구 감싸기란 모순 속에 비리가 덮어지고 있다.

현재 지자체마다 감사 담당인력을 갖고 있으나 유명무실해질 수밖에 없는 현실이다. 지자체 감사 담당직원들은 순환보직에 따라 일반업무조직으로 가게 되므로 감사의 전문성이 배제되고 동료의식 때문에 정당한 감사기능이 발현되지 못한다. 복잡한 기명성의 인간관계에서 원칙에 입각한 감사를 벌인다는 건 쉽지 않기 때문이다.

충청남도 홍성군 공무원 108명이 7억 원의 예산을 빼돌려 유흥비 등으로 사용해 검찰이 적발됐다. 이들은 허위공문서를 작성해 4년 동안 조직적으로 예산을 유용했다. 논산시 수도사업소에서도 공무원이 41억 원의 공금을 횡령한 사건이 발생했다.

감사기능의 구조적 모순을 극복하기 위한 제도개선도 서둘러야 한다. 지자체감사 기능의 독립성과 견제성이 필요한 이유다. 공직자의 업무와 감독관계의 방치의 결과로 볼 수 있다. 문제는 도덕성 높은 사람을 선출하도록 제도화하여야 한다. 시민감시기능의 강화는 투명한 행정 권한 배분과 선출 시에 도덕성이 우선 강조되어야 한다.

아직도 지역에 따라서 바람몰이를 하고 자격이 안 되는 사람을 단체장과 지방의원으로 선출하는 모순을 극복해 가기 위해서 유권자가 이성을 찾아야 한다. 지방자치단체 업무추진비 집행에 관한 규칙이 있지만, 규칙을 준수하지 않는 실정이다.

단체장의 선거법 위반 논란 및 업무추진비 집행의 투명성 문제가 야기되고 있다. 차기 선거를 의식해서 조직 관리와 생색내기에 집행하지 못하도록 문제를 보완해야 한다. 업무추진비의 투명성 제고와 제도 개선 차원에서 개선방안을 모색하여야 한다. 지자체 업무의 분산과 단체장의 권한을 감소시키고 인사위원회의 독립성을 강화시켜야 한다.

지방자치단체의 장, 시·도지사, 시장, 군수, 구청장의 도덕성 있는 정직한 후보를 선출하는 일에 유권자가 관심을 갖고 나서야 할 때다. 승자와 패자로 편이 갈리지 않고 모두가 같은 공간에서 살아가는 행복한 지역민이 되기 위한 지자체선거가 이뤄져야 한다. 유권자의 올바른 판단과 선택의 몫임을 강조한다.(2009. 12. 28.)

scene 17 :

혼탁한 지방선거 개혁을

제5회 지방선거를 두 달 가까이 앞두고 공천과 선거운동에 대하여 불법, 편법, 탈법이 심각하다. 시민의식 개혁과 제도개선이 이루어지지 않은 정치후진성의 산물이다. 정당공천의 폐해가 심각한 채 중앙정치의 축소판이 돼 버린 지방자치단체선거제도의 문제극복과 유권자의 올바른 선택이 절실하다.

지방자치의 취지를 살리기보다는 정당의 눈치만 살피는 현재의 정당공천제와 기호표기제는 후보자들이 중앙정치에 예속화될 수밖에 없다. 순차적으로 정당공천제의 문제해결을 위해 정당임의 표방제를 실시하는 것이 바람직하다.

우리나라는 1995년 기초단체장 선거부터 정당공천제를 도입했으나 부정부패의 근원이 되며 지방자치의 본질을 크게 훼손시키고 있다. 중앙당이 검증한 후보자를 공천함으로써 책임정치를 구현할 수 있다는 취지는 상실되고 공천 비리와 중앙당을 의식한 인사비리 등의 문제점이 심각하게 표출되고 있는 현실이다.

단체장의 비리가 하늘을 찌르는 부정부패로 인해서 자치행정의 불신이 높다. 경기남부지역 단체장이 줄줄이 비리연루로 구속되고 있는 현실이 그러하다. 안성시장은 불법정치자금 수수로, 오산시장은 건설업자로부터 금품 수수로, 군포시장은 뇌물 수수로 구속 중이다. 안산시장은 뇌물 수수로 수사 중이며, 용인시장은 인사비리로 기소되어 재판 중이다. 수원시장은 개발행위규제로 경찰수사를 받고 있다.

고질적인 인사비리와 개발 사업에 관련한 인허가 비리가 계속 늘어나고 있다. 주민발안, 주민소환, 주민투표, 직접참여제도의 실천화 등이 지자체주인인 주민의 기본원리가 작동되지 않아 감시체계의 허술함과 무관심 속에서 부정부패가 판을 치고 있다. 1991년부터 지자체가 실시되어 19년이 되었으나 부정부패의 고리는 단절되지 않고 있다.

공무원의 기회주의와 권력에 따른 줄서기는 사전선거운동, 불법인허가, 금품 수수, 토호세력 유착으로 이어지고 있어 부정부패를 확대 생산해 내고 있다. 민주당은 이번지방선거공천에서 시민공천 배심원제를 도입하고 비리전력자를 배제하며, 운영과 의정활동의 업무평가 등의 일을 계량화하여 공천할 방침이다.

여기에 많은 장점을 살려서 공정한 공천이 정착되길 바란다. 현재의 광역단체의원을 보면 회기 때에 자리를 보전하며 의정활동을 형식적으로나마 제대로 하는 사람이 10%에 불과하다. 월급만 타 먹고 공적 의무를 외면한 채 사적 활동을 위한 간판으로 활용하는 의원은 당연히 사표를 내야 마땅하다.

임기보장과 무감독의 영역에 있는 의원들에게는 양심과 도덕성에 맡기는 수밖에 없다. 관리감독이 없다고 기본적인 의무마저 외면하며 제 마음대로 행동하는 저질지방의원을 이번 선거에서 낙선시켜 혼탁한 지방선거개혁의 기반을 마련해야 한다. 비리전력과 연류 가능성을 검증하여 정직하고 인격을 갖춘 후보자를 공천해야 한다.

당후원금과 공천후원금의 모호성으로 문제가 야기되는데 이의 경계를 분명히 해서 편법과 야합의 근절을 뿌리 뽑는 일도 중요하다. 4회 지방의원선거를 보면 공천헌금사범 118명을 비롯해서 부정부패와 연류되어 293명의 의원이 사법 처리되었다. 5회에는 226명이 사법 처리되었는데 이 중 광역의원이 10%인 71명이 부정비리와 연류되어 처벌받았다. 유권자의 외면과 불신을 가중시키게 하는 중요한 요인이다.

지방의원 대부분이 전문성 부족, 무성의한 의정활동, 이권개입, 과학적 분석력 부족으로 제 기능과 역할을 다하지 못하고 이권 챙기기에만 급급한 실정이다. 정당의 지역색이 강한 곳의 후보자들은 지역민을 위한 정책을 내놓기보다 당의 공천을 받는 데 더 치중하여 줄을 대고 돈 바치기에 광분한다는 비평을 받고 있다.

정당임의 표방제는 후보자가 자유롭게 자신이 지지하는 정당을 선택해 정치노선을 지역민들에게 알리는 제도로 유권자의 객관적인 선택 기회를 제공해 주어 정당한 선택에 기여할 수 있다. 후보자들의 정당 참여는 인정하되 한 정당에서 한 후보자만 나올 수 있는 독점적인 참여를 방지하므로 공천비리문제를 해결할 수 있다.

정당 임의표방제를 도입하면 지자체 선거의 본래 취지에 맞게 후보자들이 중앙당보다 지역민에게 더 책임의식을 갖게 된다. 당장 도입이 어렵다면 정당공천과 표방제를 병행할 수 있다. 후보자들마다 기호를 부여하는 것도 자치선거의 취지와 맞지 않는다. 이번 6·2 지방선거처럼 한 사람이 여덟 번을 기표해야 하는 1인 8표제 상황에서는 투표자들이 앞 번호만 찍는 번호 찌르기의 위험이 클 수밖에 없다.

정당 간 정책 차이가 크지 않고 문맹률이 극히 낮은 우리나라에서는 기호표기제가 후보자 선택을 왜곡시킬 수 있다. 하루빨리 지방자치법을 개정하여 도덕적으로 흠결이 없는 정직하고 헌신 봉사할 수 있는 후보자를 유권자가 선택할 때에 혼탁한 지방선거가 개선될 수 있다.(2010. 3. 28.)

scene 18 :

역류(逆流)의 불행

역사의 후퇴는 민족이 고통을 받게 되고 사회가 퇴보하면 시민이 살기 어려워진다. 도전과 응전을 통한 역사는 발전할 뿐이지 후퇴하지 않는다. 정체와 외면은 퇴보와 파멸을 가능하게 한다. 한 번 흘러간 물은 다시 물레방아를 돌릴 수 없는 대자연의 섭리를 인간은 과욕과 아집으로 다시 돌리려 한다.

꽃은 눈 내리는 겨울날에 피어나지 않고 따뜻한 봄날에 피어나듯이 인간도 나설 때 안 나설 때를 가려야 한다. 과욕에 눈이 멀어 분별력을 상실한 사람은 불행의 씨를 심게 된다. 이는 주변 사람을 혼란하고 괴롭게 하는 비윤리적 행위로 간주할 수 있다. 안분자족 하는 마음이 필요한 때다. 자신의 현재 위치와 과거의 업적에 만족할 때에 역사는 그를 염치 있는 사람이라고 할 수 있다.

정상적으로 이룰 수 없는 일을 하고 그것도 부족하여 더하려고 발버둥치는 사람을 몰염치한 사람이라고 부른다. 수뢰죄로 재판받을 때에 판사 앞에서 다시는 정치 안 하고 반성하며 살겠다는 약속을 버리고 다시 권력의 언저리에서 몸부림치는 작태가 한심스럽다. 민주시민은 반드시 약속을 지켜야 한다.

그것이 사사롭고 하찮아도 지키는 것이 도리이다. 하물며 시민을 위해 일하겠다는 사람이 약속을 저버려서는 안 된다. 시민의 정당한 저항에 고통받아야 마땅하다. 역대 독재대통령이 그러했고 과욕에 찬 정치인이 그러했다. 나 아니면 안 된다는 어리석은 과욕을 억제 못 하는 사람이 무슨 남을 위해 헌신하고 봉사할 수 있겠는가. 아버지가 아들에게 일자리를 양보하지만 빼앗지는 않는다.

우리 사회도 후배를 위해서 비켜설 줄 아는 여유를 가져야 한다. 뻔뻔스럽고 천박스런 변명으로 자기합리화하려는 어리석은 사람들에게 자성을 촉구한다. 전문가도 정치인도 아닌 사람이 정치상황에 휩싸여 운이 좋아서 한 번 시도지사를 한 사람이 과욕을 부려 다시 하겠다는 명분은 어느 구석에서도 진정성과 당위성을 찾을 수 없다.

시류를 좇아서 호의호식해 온 사람은 이제 제자리를 찾아서 자성하면서 사회에 봉사하는 것이 도리이다. 선조들의 아름다운 양보와 헌신과 희생의 터전인 충청도에 모듬살이를 하는 사람들은 과욕을 버리고 자숙하며 사랑을 실천하며 살아왔다. 지방의원, 시장군수, 시도지사를 하려는 사람은 정직하고 도덕으로 무장하여 자기관리에 성공한 사람이어야 한다.

자기관리에 실패한 사람이 나서는 일은 불행의 씨를 심는 것과 다름없다. 선출직 공직자는 정직의 덕목이 첫째이며 이것이 훼손된 사람은 봉사활동을 하면서 반성하는 자세를 견지하는 것이 옳다.

정도를 걸으며 공동체를 위해서 도움이 되는 삶을 영위해 가는 일이 복된 일임을 인식하여야 아름다운 사회건설이 가능해짐을 강조한다. 녹색시대의 도래를 예견하고 도심에 심은 수십만 그루의 나무는 시민에게 얼마나 이익을 주는가. 사심 없는 행정의 산물이기에 지지를 받는다.

무릇 지도자는 사심을 버리는 일이 우선이다. 미래지향적인 철학을 지닌 사람만이 시민을 감동시킬 수 있으며 정직한 목민관을 시대는 요구하고 있다. 낡은 사고와 사욕으로는 시민의 지지와 존경을 받을 수 없다. 더불어 살아가는 윤리의 실천은 자기성찰을 통한 공공의 이익을 위해서 헌신하고 봉사하는 데 있음을 강조한다.

눈 내리는 겨울날씨에 새싹을 기대할 수 없듯이 인간도 기회를 상실하고 범죄를 저지른 사람이 공익 운운하며 헌신봉사를 들먹이는 것은 사리에 맞지 않음을 다시 한 번 강조한다. 한민족이 국난의 어려움을 극복하고 조국을 발전시킨 것은 정의와 진실의 철학을 존중했기 때문이다.

여기에서 우러나오는 저력은 역경과 난제를 극복할 수 있었다. 내년 지선을 앞두고 자행되고 염려되는 후보자의 작태를 감시하고 올바른 시민의 판단을 도와주는 일도 민주시민의 중요한 일이다.(2010. 4. 20)

환경

scene 1 :

농촌이 희망이다

농촌도 농사를 지어 잘살 수 있음을 충남도 농민이 증명하고 있다. 풍요롭고 넉넉한 사람들이 행복을 농촌에서 일궈 가는 모습이 아름답다. 충남도 내에는 연간 순이익이 1억 원 이상인 농민이 1,478명으로 전국 농촌가구의 19.2%를 차지하고 있다. 웬만한 중소기업보다 수익이 높음을 간과해서는 안 된다.

과거 오륙십년대의 가난과 무지와 질병의 상징처럼 되어 왔던 농촌이 고소득의 새로운 일터로 대변신하여 글로벌시대의 새로운 희망의 지대가 되고 있다. 농민들의 선도적이고 창조적인 사고와 근면을 실천하는 행동윤리가 만들어 낸 산물이다.

FTA시대에 경쟁에서의 승리요인인 원가절감, 생산량 증가, 유통구조개선 등을 통합적으로 발현시킨 결과다. 끊임없는 농민의 창조적 노력과 국민의 관심이 우리 농촌을 희망지대로 변화시키고 있다.

품목별로는 축산업이 제일 많고 채소, 벼, 특용작물, 과수, 화훼, 밭작물 등으로 다양하여 우리 농촌의 잘살려는 꿈의 실현이 가까워지고 있다. 특히 10억 원 이상의 농민도 18명이나 된다.

농촌을 미래의 희망으로 생각하여 충남도로 귀농하는 사람이 늘어나고 있다는 반가운 소식이다. 타 지역 농촌보다 농지가 비싼 여건에도 불구하고 수도권과 가깝고 지자체의 적극적인 행정지원과 지역민의 인심과 관심이 매력적 요인으로 작용하고 있다. 충남도는 부농 프로젝트를 마련하여 종합적인 정보제공을 해 주고 재정지원을 해 주고 있다. 체계적인 귀농시스템으로 초보자의 실패를 최소화할 수 있다.

실직하고 마땅히 할 일이 없어서 마지못해 농촌에서 농사를 짓겠다는 사고를 가진 사람은 농촌에 정착할 수 없다. 이제 농촌도 높은 수입을 창출할 수 있는 산업으로 전문적인 기술과 확신에 찬 의지를 가진 사람을 원하고 있다. 전문기술자와 엘리트가 농사를 짓고 문화인이 자연을 노래하는 농촌은 꿈만 아니라 현실로 다가오고 있음을 인식해야 한다.

사전에 철저한 계획을 수립하여 재배에서 판매에 이르기까지 빈틈없는 관리를 하여야 한다. 충청도는 대량소비처인 수도권과 가까운 지리적 이점을 잘 활용하여 신선도를 유지하고 유통비를 절감할 수 있는 경쟁요인을 살려야 한다.

귀농유인효과는 도내 지자체에서 귀농자에 대하여 주택구입 및 수리비와 시설자금을 지원해 주는 등 다양한 정책을 펼친 것도 큰 도움이 되었다. 귀농학교를 운영하여 사전에 농업에 대한 지식과 철저한 준비를 위한 교육훈련을 한 것도 성공요인의 하나가 됐다. 절망의 농촌에 희망의 불을 밝히기 위해서 중지를 모으고 행·재정지원을 아끼지 않은 지방농정의 결실이기도 하다.

충남도는 연간소득 1억 원 달성 농가를 1만 호 육성한다는 목표를 수립하였다. 이것이 성공하면 충남도는 선진농업도로서 면모를 과시하게 된다. 고령화의 상징이 되어 버린 농촌을 생기 넘치는 부유한 터전으로 변신시키기 위하여 농업의 과학화와 체계적인 관리로 경작경비를 줄이고 수입을 증대시키는 일에 충실했다.

선도농가의 경영노하우를 벤치마킹하여 고소득농촌건설에 헌신적인 노력을 기울이면서 철저한 준비 기간을 거쳐서 시행착오를 없애는 노력을 기울여 온 결과로 볼 수 있다. 시장분석을 통한 재배 종목을 결정하여 과감한 투자를 시도하는 등 끊임없는 노력과 새로운 아이디어 시책이 빛을 보고 있다.

물론 농민들의 자발적이고 창의적인 결실이기도 하다. 다양한 종합적인 노력의 결과로 충청농업의 비전이 실현되어 가고 있어 다행스럽다. 그러나 고소득의 가능성을 확인하고도 농촌을 떠나는 것은 교육시설, 의료시설, 문화시설 등 문화 인프라가 부족하기 때문이다. 엄청난 예산이 투여되는 농촌의 사회시설확충과 문화생활보장은 국가적 문제이며 장기과제다.

인력도, 자금도, 기술도, 희망도 없다는 농촌은 이제 살맛나는 곳으로 대변신을 시도하고 있다. 물 맑고 깨끗한 농촌에는 농민 모두가 내일의 희망을 노래하며 우리 민족의 생존권을 지켜 가는 일에 충실하고 자긍심을 가져야 한다.

세계적으로 식량전쟁을 우려하는 미래에 대비하여 식량을 확보하여 만족생존권을 지키며 글로벌경쟁에서 승리하여 농산물의 수출로 부촌의 꿈을 이뤄 가야 한다. 기업농, 전업농의 육성도 중요하지만 대다수의 소농과 임차농에 대한 적극적인 대책을 마련하는 일이 시급하다.

농촌을 지키는 근원인 이들의 육성 없이는 미래를 기대하기 어렵다. 이제 농업이 1차 산업이 아닌 2차, 3차의 복합다기능산업으로 육성하여 소농과 임차농 문제를 풀어 가는 방법을 찾아가기 바란다. 수탈과 빈곤의 역사를 넘어 베풂과 부유한 터전을 만들어 가는 농촌의 희망을 위해서 온 국민의 관심과 격려가 필요한 때다.

우리 농촌은 역사가 말하는 것처럼 인간 공동체의 터전이며 함께하는 미덕의 가치를 키워 가는 행복한 곳이어야 한다.(2009. 4. 5.)

scene 2 :

아름다운 도농(都農) 공동체

　도시집중화와 농촌공동화(空洞化)는 해결해야 할 당면과제다. 쾌적한 공간배치 속에 평안하고 풍요로운 삶을 살 수 있도록 정책적 배려로 방안을 찾아야 한다. 지혜로운 방법을 실천하는 아름다운 상생공동체로 문제해결의 실마리를 풀어 가고 있어 주목받는 사례가 있다.

　강원도 정선군 남면 낙동 2리 개미들 마을이 그곳이다. 39가구에 84명의 주민이 사는 고요하고 한적한 시골마을이 사람 사는 소리로 하루종일 시끌벅적하다. 중학생 370명이 수학여행을 와서 오전에는 농사체험으로 밭에서 조와 수수를 심는다. 관음동굴에 들어가 부침과 더덕 및 산채 튀김, 수수떡이 만들어지는 과정을 보고 맛도 본다.

　마을에서 생산한 곰취, 더덕, 도라지 등의 나물로 만든 산채비빔밥으로 점심을 먹는다. 오후에는 마을을 동서로 흐르는 지장천에서 송어를 잡는다. 잡은 송어는 즉석에서 회를 떠서 먹는다. 오월의 싱그러운 자연을 한

가롭게 볼 수 있어 좋고 산채비빔밥은 물론 송어회도 일품이다.

산골의 개미들 마을이 수학여행지로 뜨고 있다. 전국 각지에서 학생들이 낙동리를 찾아 수학여행을 온다. 마을사람은 올 10월까지 모두 20여 회에 7,000여 명의 학생이 수학여행을 올 계획이라고 밝혔다. 개미들 마을이 학생들로부터 받는 경비는 체험비 2만 5,000원과 한 끼 식사비 5,000원 등 1인당 3만 원이다. 150명밖에 수용할 수 없지만 마을에서 숙박을 하면 7,000원이 추가된다. 숙박비를 제외하고도 400명 기준으로 1회 수학여행을 유치할 경우 1,200만 원 정도를 벌어들인다. 마을은 음식을 전담하는 부녀회와 프로그램 진행자의 인건비, 음식재료비 등을 제외하고도 500만 원 정도의 순수익을 올린다.

이에 따라 올해 수학여행만으로 이 마을은 순이익 1억 원과 주민 인건비를 포함하면 2억 원의 소득을 올릴 수 있다. 가족단위 농촌관광만으로는 소득을 높이기 어려워 지난해부터 개미들 마을이 수학여행단 유치에 나섰다. 몇 개 학교가 마을에서 봉사 겸 체험활동을 한 것을 계기로 수학여행 유치를 계획했다.

2003년부터 개최하고 있는 백이산 산나물축제를 통해 인연을 맺은 교사를 중심으로 30여 개 학교 홈페이지에 체험프로그램을 소개하고 협조를 구하는 공문을 보냈다. 여행사에도 유치를 의뢰하고, 일부 학교는 직접 방문해 마케팅 활동을 벌였다.

지난해 정선군의 농촌로하스타운 사업 공모에 뽑혀 5억 원을 지원받아 펜션과 야생화 단지, 박물관 등 기반을 조성한 것도 계기가 됐다. 개미들 마을은 올해 야영장을 개장하고, 금년에는 폐교되는 낙동분교를 임대하여 수련원으로 활용할 계획이다. 로하스단지도 조성하는 등 최고의 농촌관광마을로 가꾼다는 구상이다. 이를 위해 전문기관에 마을 발전을 위한 컨설팅도 하고 있다.

개미들 마을 새 농촌추진단을 만들어 작은 마을이지만 구간별로, 계절별로 테마를 달리한 프로그램을 운영해 수학여행단을 포함해 연간 5만 명의 관광객을 유치할 계획이다. 농촌의 쾌적하고 넓은 공간과 풍부한 자원을 활용하여 도시민에게 볼거리, 먹을거리, 체험할 수 있는 터전을 제공해 주므로 도농이 함께하는 연계프로그램을 작은 마을에서 성공적으로 추진하고 있음에 주목해야 한다.

도시와 농촌이 부족한 점을 상생의 방법으로 보완해 주므로 물질적으로나 정신, 정서적으로 풍요로운 삶의 공동체를 영위해 갈 수 있음은 아름다운 일이다. 물질적으로 풍요로우나 정서적으로 메말라 있는 도시 사람들이 농촌의 여유 있고 아름다운 대자연 속에서 다양한 생명 체험을 통해서 지친 심신을 풀고 새로운 활력을 얻을 수 있다.

경제적으로 어렵고 사람이 귀한 농촌에서 사람소리가 그치지 않고 생기 넘치는 새로운 공간으로 기능을 할 수 있어 서로가 행복하고 만족한다. 자연의 장점과 기능이 도시의 모순과 풍요가 상호 보완작용을 하여 아름다운 연계공동체를 형성하여 살맛 나는 세상을 일궈 갈 수 있어 기대가 크다.

충청지방도 특산물과 역사유적지 전통문화를 결합한 다기능 도농교류프로그램을 활성화시켜 가기에 적극적인 행정을 펴야 할 때다. 특히 서해안의 많은 섬과 바다, 아름다운 자연환경을 살려서 다양한 도농교류프로그램을 개발해 가기 바란다.

농촌이 지니고 있는 전통문화와 아름다운 문화는 도시민들의 새로운 체험과 휴식공간으로 기능을 다할 수 있다. 도시의 풍요로운 물질과 편리한 생활 속에 형성되는 복잡하고 다양한 문화를 수용하는 기회가 된다. 상이한 두 문화의 결합으로 통합적 창조문화를 만들 수 있다.(2009. 6. 14.)

scene 3 :

친환경농업 성공하려면

21세기는 자연 상태를 얼마나 유지, 보호하면서 살아가느냐에 대한 깊은 고민을 하여야 한다. 인간은 자연에서 생산된 농산물을 먹고 그 속에서 여유롭게 살아갈 수 없을까를 오랫동안 연구해 왔다. 공해와 인위적 가공식품 피해의 심각성을 극복하기 위해서다. 인류는 양보다 자연 상태의 질적인 농산물을 선호하고 있다. 세계유기농대회 등을 개최하여 먹을거리의 안전과 인간의 건강문제를 논의한다.

경기도가 친환경농업을 세계적 수준으로 끌어올리기 위한 전략사업을 집중으로 추진함은 이런 흐름에 따른 것이어서 다행스럽다. 팔당클린농업벨트 조성, 친환경농산물 물류센터 건립, 제17차 세계유기농대회 개최 등을 통해 친환경농업의 세계 중심지로 우뚝 선다는 야심찬 계획을 세웠다.

경기도 광주시에는 집배송, 저온저장, 급식자재센터 등 친환경농산물 종합물류센터를 건립할 계획이다. 금년에는 7개 시, 군에 클린농업벨트를 조성하고 내년에는 친환경농산물 물류센터를 건립한다. 클린농업벨트의 농경지 면적은 4만 800ha로 4만여 농가가 참여한다.

이들 지역에는 오염총량제가 도입돼 가축분뇨, 농약 등의 사용 및 배출이 엄격히 제한되고 친환경퇴비장, 미생물발효장 등 오염물질 배출을 막기 위한 다양한 기반시설이 들어선다. 친환경농산물 수요에 대처하고 친환경농산물의 유통활성화와 물류비 절감을 위해 오는 2010년까지 총 720억 원을 투입, 광주시 실촌면에 친환경농산물종합물류센터를 건립할 예정이다. 또한 경기지역을 동아시아 친환경유기농업 허브로 육성하기 위한 2020오가닉(organic)프로젝트를 추진한다.

친환경유기농가가 도내의 6,000여 곳에 이르는데 2011년까지는 1만여 곳으로 늘릴 계획이다. 친환경인증농지면적도 1만 1,000ha로 늘리고 유기농특구를 지정한다. 친환경농산물유통센터도 문을 열어 판매를 활성화할 계획이다.

전체 농지의 5%를 유기농지로 늘릴 계획인데 이는 호주의 2.6%, 유럽의 1.4%, 아시아의 0.2% 수준보다 매우 높다. 클린농업벨트 지정관리, 유기농마이스터학교 설립, 친환경농업전문가 육성, 전용 브랜드개발가공식품업체, 화장품생산업체, 섬유패션, 장난감, 가구업체도 천연재료를 쓰도록 할 계획이다. 유기가공식품시장이 2020년에는 4조 원대에 이를 것이란 전망 속에 이런 계획이 추진되어 도민의 기대가 모아진다.

유기농인증기관과 유기농기능대회 등 유기농에 대한 소비자의 관심 증진을 위해서 지속적인 교육과 홍보활동을 전개하는 문제가 관건이다. 생산자와 소비자의 신뢰구축을 위한 직거래상시 관리시스템을 구축한다. 건강과 유기농의 관련성을 깊이 연구하고 홍보하여야 한다. 포장과 유통을 정부차원에서 개발해 간다. 유기농과 관련한 모든 문제를 정책적으로 수립하여 국가와 국민이 참여하는 실질적인 성과를 높여가야 한다.

경기도를 세계적인 친환경농업지구로 육성하여 지역농업인의 소득 향상과 삶의 질을 높일 계획을 중장기적으로 구체적이고 현실적으로 수립함이 중요함을 강조한다. 외국 농산물의 수입증가와 웰빙 바람을 타고 건강한 삶에 대한 관심이 높아지면서 농산물의 안전성에 대한 중요도가 더욱 증대되고 있는데 이를 더욱 확산시켜 가려는 노력도 함께 하여야 한다.

앞으로 FTA 등 개방화 시대를 맞아 친환경농업을 중요 산업으로 육성해 가길 바란다. 농산물과 환경에 대한 관계의 이해를 위한 교육이 필요하다. 농민생산자와 시민소비자 교육을 구분하여 전문적이며 지속으로 실시하여야 효과를 높일 수 있다. 경기도를 5개의 대도시권역별로 구분하여 인근 농촌에 친환경농업생태 체험장을 조성하여 교육장으로 활용하여 중요성과 필요성을 인식시켜야 한다.

친환경 교육전문가를 국가차원에서 대학과 연계하여 육성하고 이들의 활용계획을 수립하는 인력활용체계를 확립해 가는 일도 시급하다. 영역별로 나누어서 친환경전문가의 인재육성을 서둘러야 한다. 전 국민이 관심을 갖고 친환경농산물을 애용하고 유통구조가 단순화되어 값이 싸고 신선도가 높으며 질이 좋을 때에 소비자의 신뢰를 받고 사랑을 받게 됨을 인식하여야 한다.

친환경재배농가에 대한 정부차원의 과감한 지원을 통해서 생산의욕을 북돋아 주어야 한다. 농산물폐기물의 발효퇴비화, 세제혜택, 포장,

농자재의 원가공급, 운송 판매경비 보조가 필요하다. 특히 포장과 디자인 개발을 통해서 친환경농산물의 이미지 제고에도 관심을 기울여야 한다.

자연은 거짓과 변명을 모르듯이 친환경농업도 정직한 믿음만이 성장을 약속할 수 있다. 현명한 소비자는 정직한 신뢰의 생산자를 양산할 수 있다. 생산자와 소비자가 친환경농산물을 통한 아름다운 관계가 이루어질 수 있기를 기대한다.(2009. 7. 28.)

녹색인재 육성이 우선이다

세계는 녹색산업만이 21세기의 살길이라며 저탄소 정책에 전력을 기울이고 있다. 경제위기극복전략도 지구온난화 방지와 녹색성장의 실천에서 출발하여야 한다는 시각이다. 신재생에너지와 탄소절감 에너지 등 녹색이 강조됨에 녹색생활화는 물론, 소수력 발전도 각광을 받게 됐다.

작은 하천이나 폭포의 낙차를 이용해서 전기를 일으키는 소수력 발전건설에 따른 필요한 인력을 국내에서는 찾기 힘든 실정이다. 실개천, 계곡 등 소수력 활용자원이 많으나 인력부재로 개발을 서두르지 못하고 있다. 외국에서 퇴직 기술자를 찾았으나 원하는 연봉이 너무 많고 언어 문제도 장벽이다. 인력 가뭄으로 해외 인력 유치 전쟁이 도를 넘고 있다.

녹색산업 기업들이 우후죽순마냥 생겨나고 정부도 관련 정책을 연이어 내놓지만 기업들의 극심한 녹색인력난은 당분간 지속될 전망이다. 녹색산업 분야는 외국현지에서도 고급 인력이라 한국이 유치하는 것에 대해 현지 기업과 정부가 경계의 눈길을 보낸다.

녹색산업 인력문제는 중소기업이나 대기업의 경우도 비슷하다. 신재생에너지 관련 대기업들은 각 분야 경력자들의 동향에 늘 촉각을 곤두세우며 기회를 엿보고 있다. 한 기업에서 계약 기간이 끝난다는 소문이 돌면 곧바로 영입 전쟁이 시작된다. 유사 분야의 인력을 전환하여 교육훈련을 시킨 후 활용하기 위해서 녹색산업과 비슷한 산업 분야의 인력을 최대한 활용해야 한다.

반도체나 디스플레이 분야 기술자를 조금만 교육시키면 녹색인력으로 전환할 수 있기 때문이다. 학계의 녹색산업 연구 인력육성에 대한 외면도 큰 문제다. 해외에서 관련 분야 학위를 받고 돌아오는 연구자들에 대한 획기적인 대우가 절실한 현실이다. 국내에선 처우가 좋지 않다 보니 외국에서 취업하여 귀국을 외면하고 있다. 유능한 해외연구 인력에 대한 처우를 개선하여 국내에서 관련 분야를 연구하도록 기반을 만들어야 한다.

미래 산업은 친환경 저탄소형 녹색산업이어야 하며 환경에 기반을 둔 녹색성장을 통하여 이뤄가는 그리노믹스(Greenomics = Green + Economics)로 경제를 이끌어 가야 한다. 덴마크의 경우 1973년 오일쇼크 때에 기름 값을 올리고 자동차 판매가격, 보험료, 관련 세금을 모두 올리는 혁명적인 조치를 시행하여 휘발유판매를 획기적으로 감소시켰다.

우리도 이와 같은 그리노믹스 제도를 서둘러서 사업촉진을 꾀하여야 한다. 풍력과 바이오메스, 지열발전 등 가능한 에너지개발에 주력할 필요가 있다. 생활방식을 바꾸고 그리노믹스를 강조하는 교육이 우선되어야 한다. 덴마크의 경우 오일쇼크 후 이런 국민교육을 통하여 새로운 에너지 강국으로 거듭난 사실을 유념할 필요가 있다.

아동기부터 녹색에너지의 중요성을 인식시키고 환경을 생각하는 교육을 지속적으로 실시하여야 한다. 친환경 속에서 경제를 생각하는 국민으로 만들기 위한 체계적인 교육시스템을 만들어 가야 한다. 국민 모두가 에너지를 아끼고 소중하게 관리하려는 사고가 습관적으로 몸에 스며들어야 함은 물론이다.

녹색생활의 습관화를 위해 교육을 시키고 새로운 방안을 모색해 가기 위해서는 이와 관련된 녹색인재를 양성하여야 한다. 지자체와 국가 모두가 이에 예산을 투입하여 서둘러 육성하지 않으면 엄청난 대가를 치르게 된다. 그리노믹스를 생활 속에 실천하기 위해선 인재육성이 우선돼야 함을 다시 한 번 강조한다.

뿐만 아니라 그리노믹스를 일상생활 속에서 생각하고 실천할 수 있도록 교육을 강화시켜 가야 한다. 늦은 감이 있지만 지금부터라도 녹색인재를 육성하는 일에 전력을 기울여야 한다. 가정에서부터 녹색생활화를 영위해 가면서 녹색교육을 사회화시켜 가는 일이 중요하다. 시민단체가 주축이 되어 지역사회차원에서 주기적으로 녹색체험활동을 실시하면서 자연스럽게 녹색 환경인식을 고취시켜 가야 한다.

물론 학교에서도 녹색과목을 개설하고 각 과목마다 녹색강조내용을 삽입하도록 정책적으로 추진해 가야 한다. 오늘의 '녹색인'을 선정하여 시상하고 홍보하여 아이디어를 확산시키며 사회적 분위기를 조성해 간다. 국가차원에서는 반녹색, 비녹색생활과 관련된 것에 대한 강력한 단속을 실시하여 위반자에게 과중한 벌과금을 부과하여 이를 녹색기금으로 사용하도록 한다. 녹색기금을 수조 원 규모로 조성하여 녹색인재를 양성하고 양성한 인력을 활용할 수 있는 장기적인 대책을 세워야 한다.

녹색전문 인력양성을 위한 국가차원의 교육을 수립하여 연차적이고 체계적으로 교육시켜 가야 한다. 녹색교육전문가에게 인센티브를 제공할 필요가 있다. 녹색전문가은행을 만들어 인력을 특별 관리하는 일도 중요하다. 녹색인력은 녹색산업의 기반이 됨을 강조하며 인재육성을 촉구한다.(2009. 8. 26.)

scene 5 :

시의 생명줄, 그린벨트

이명박 정부가 들어서면서 38년간 지켜 온 그린벨트가 너무 많이 풀리고 있어 걱정이다. 삭막한 도시를 푸른 공간으로 유지시켜 시민들 삶의 질을 지켜 온 그린벨트다. 무분별한 개발을 방지함은 물론 최소한 녹지공간을 보호하여 시민의 터전을 정책적으로 지켜 왔다.

그린벨트는 1971년에 도시계획법을 개정하여 개발제한구역(그린벨트) 제도를 신설하여 62개 시, 군 지역을 지정하여 오늘에 이르기까지 잘 보존하여 무분별한 도시개발을 막아 녹지공간을 유지해 왔다. 국토해양부는 이명박 대통령이 밝힌 집 없는 서민을 위한 획기적인 주택정책의 일환으로 서민 주택 공급 확대 방안을 시행하기로 했다.

이런 그린벨트에 보금자리주택 32만 가구를 시세의 50~70% 수준으로 2012년까지 전부 공급한다는 잘못된 발상을 정책으로 추진하고 있어 문제다. 수도권 그린벨트에 내년부터 4년여에 걸쳐 민간 중대형

아파트 약 12만 6,000가구를 비롯해서 수도권 그린벨트에는 2013년까지 총 44만 6,000가구의 주택을 공급할 계획이다.

부족한 주택은 재개발과 유휴지 개발에서 찾는 것이 합리적이고 옳은 생각이다. 그린벨트 해제의 필요성을 대통령이 국민과의 대화에서 제기한 후 추진이 가속도가 붙었다. 한 번 훼손한 자연환경은 원상회복이 불가능하므로 미래적 시각에서 신중하게 숙고해야 할 문제를 속도개념으로 밀어붙여서는 곤란하다.

그린벨트는 1944년에 영국 런던 주변지역의 최소 8km 폭을 환상녹지로 설정한 것을 모방한 것이 시원이다. 인간이 쾌적한 공간에서 살아갈 권리를 보장하려는 도시개발 정책으로 세계 도시민의 각광을 받아왔다.

세계적인 추세와 지지를 무시하고 그린벨트를 모두 개발할 경우 수도권의 녹지공간, 공기정화기능, 시설물 배치, 도시 동적 밀도, 시민생활에 어떠한 영향을 미치는가에 대한 연구 분석이 우선이다. 현재 2기 신도시에도 미분양 아파트가 쌓여 가는데 도심 팽창을 막기 위한 최후 보루인 그린벨트를 대통령의 말 한마디로 풀려고 야단법석을 떠는 것은 문제가 많다. 민생 챙기기와 민원 처리를 이처럼 신속하게 처리하기 바란다.

경기도의 하남, 의왕, 과천, 고양시 등이 도심 가까운 그린벨트로 남아 있는 곳이다. 38년을 지켜 온 그린벨트는 성공한 우리나라 도시계획사업 중의 하나이다. 이를 해제하는 일에 전문가와 환경단체 그리고 시민의 동의가 이루어진 후에 결정하여야 한다. 그린벨트는 국민적 관심 속에 보호되어야 마땅하다.

독일의 경우 자연적인 샛강을 훼손하지 않고 그대로 보존하며 개발의0 역기능을 피해 오늘의 아름다운 생태계를 지키고 있음도 생각하기 바란다. 최소한의 녹지공간을 보존하므로 공기정화는 물론 기본적인 생태계를 지킬 수 있음을 인식하여야 한다. 오늘의 도시를 건설하는 일도 중요하지만 후손을 위해서 쾌적한 최소한의 공간을 잘 보존하고 가꿔서 물려주는 일이 더 중요하다.

물론 문제점을 보완하여 그린벨트 거주자나 소유자의 권익도 보호해 주고 도시의 녹지공간을 지키는 방안을 모색하여야 한다. 그린벨트에 묶여서 재산권 행사를 못 하고 피해를 보는 사람에 대한 세제, 대토, 이주, 매입 등으로 보상하는 다양한 방안을 찾아야 한다.

자연이 파괴된 만큼 인간의 삶이 핍박해진다는 사실을 유념하기 바란다. 내셔널트러스트운동을 전개하여 꼭 보존할 녹지를 후손에게 물려주는 방법도 있다. 자연형 공원과 녹지대를 조성하여 그린벨트를 보존할 수 있듯이 다양한 방법을 찾는 일이 시급하다.

파괴와 과부화는 자연의 공격으로 커다란 역기능이 인간에게 돌아온다는 이치를 외면해서는 안 된다. 그린벨트의 중요성과 미래가치를 생각하면서 신중하고 철저하게 현실을 분석하는 공인기구를 만들어 주민, 전문가, 정치가가 참여하여 토론을 벌이고 중지를 모아서 해제 여부를 결정하는 것이 바람직한 방법이다.

실적을 올리기 위해서 대통령의 한마디로 수십 년간 보존되어 온 그린벨트를 하루아침에 뒤집는 어리석음을 범하지 말아야 한다. 한 번 해제된 그린벨트는 재지정이 어렵고 복원이 불가능하다는 사실을 명심해야 한다.

값싸고 편안한 주거공간에서 살아갈 권리도 중요하지만 미래의 후손이 깨끗하고 맑은 쾌적한 공간에서 행복하게 살아갈 수 있도록 녹지를 보호하여 관리하는 의무도 중요함을 강조한다. 그린벨트는 시민의 권리와 의무가 동시에 작용하는 특별한 사항임을 충분히 고려하여야 한다.

단견과 조급함이 역사를 후퇴시켰고 엄청난 공공재화를 낭비하여 피해를 후손에 물려주었던 실패한 정치지도자의 점철을 밟지 않기를 바란다. 현재도 중요하지만 미래가 더 중요하다는 사실에 주목하여야 한다. 미래가 없는 국가나 사회는 희망이 없고 발전이 없는 절망의 세상임을 알아야 한다.

도시민의 생명줄이며 후손의 터전인 그린벨트 해제를 제고하길 강력히 주장한다.(2009. 9. 30.)

scene 6 :

환경성과지수 꼴찌 나라

맑은 물과 깨끗한 공기는 인간생존을 위한 기본요소이며 삶의 질을 높여 주는 자연환경의 대표적인 요인이다. 지구촌이 환경파괴와 오염으로 몸살을 앓고 있는 현실을 직시할 때에 쾌적한 환경 만들기에 우리의 실질적인 노력이 절실하다. 공기, 물, 토양을 자연 상태로 청정하게 유지하며 오염발생을 억제하는 일이 우선과제다.

매연, 폐수, 쓰레기 발생량을 줄이기 위한 다각적인 노력에 모두가 나서야 할 때다. 오염물질 총량제를 실시하여 기준을 잘 지키는 사람에게는 인센티브를 주고 위반하는 사람에게는 엄한 제재를 가하여야 한다. 특히 사람이 깨끗한 공기를 호흡할 수 있도록 탄산가스를 줄이고 녹색성장을 지향하는 정책은 인간의 삶과 밀접한 관계가 있다.

우리나라가 세계경제포럼에서 발표한 환경성과 지수(EPI) 평가에서 세계 하위권으로 나타났다. 경제협력개발기구 30개 회원국 중에서 꼴

찌이고 전체 163개국 가운데 94위를 기록하고 있다. 이는 2년 전 환경평가지수 51보다 무려 43계단이나 떨어진 것으로 아직도 환경후진국에서 벗어나지 못하고 있다.

환경후진국의 불명예를 벗어야 선진첨단기술과 관광객 유치가 용이해질 수 있다. 공개된 EPI평가 결과에 따르면 우리나라는 가중치가 큰 평가 항목에서 매우 낮은 점수를 받은 것으로 나타났다. 가중치가 가장 큰 기후변화 부문에서는 무려 66계단이나 떨어진 147위를 기록했다. 또 대기오염물질 지표에서도 최하위권이다. 질산화물 158위, 비메탄휘발성 유기화합물 156위, 이산화황 145위, 오존 132위로 평가됐다. 우리나라는 10개 정책 분야의 25개 세부항목을 종합한 성적이 100점 만점에 57점에 그쳤다.

환경부는 평가의 지표 구성 체계나 자료 수집 및 평가기준에도 약점이 있다면서 평가결과에 의문을 제기하고 있다. 그러나 문제는 경제성장의 대표적 역기능인 대기오염을 철저하게 관리하며 맑은 물을 유지시켜 가려는 정책구현을 위한 노력의 부족이다. 친환경연료 사용과 배출가스정화를 위한 획기적인 연구와 개발이 절실한 이유다.

2010판 EPI평가는 이제 겨우 세 번째로 나온 것으로 개선할 여지가 많다. 정부의 보다 더 적극적인 노력으로 유해오염물질개선에 대한 연구 관리를 철저히 해야 한다. 정부는 지난해 녹색성장위원회 회의 등을 통해 우리나라의 EPI순위를 2030년까지 세계 10위 이내로 끌어올리겠다는 목표를 밝힌 것을 조기에 달성할 수 있도록 최선의 노력을 기울여야 한다.

환경부문의 취약점을 발견하여 이를 정책결정 과정에 반영하고 국민이 실천하는 일이 우선이다. 대통령 직속 녹색성장위원회가 2월 3일에 제7차 회의를 개최하여 2010년 녹색성장 추진계획, 녹색성장 7대 실천과제, 지역 녹색성장 활성화 방안, 포스코 온실가스 감축활동, 음식물 쓰레기 줄이기 종합대책, 농업 녹색기술 개발과 현장 실용화 등 4개 안건을 논의하였다.

문제는 어떻게 원인을 찾아서 근원적으로 오염발생을 최소화하고 철저하게 처리하느냐가 관건이다. 정부, 연구가, 실천가가 앞장서고 온 국민이 자발적으로 실천하는 시스템을 하루빨리 만들어야 한다. 녹색성장위원회는 실행모드에 돌입하면서 실질적 성과창출을 위해서 구체적인 실천과 관리체계를 만들어 추진해야 함을 강조한다. 금년에 선정한 7대 실천과제를 성공적으로 추진하기 위해서 시민단체의 솔선수범과 자치단체의 관리가 중요하다.

아무리 중앙정부가 나서도 국민들의 자발적인 참여를 위한 교육은 지자체에서 실시하여야 효과를 기대할 수 있다. 7대과제로 온실가스 감축 목표 실행 방안 마련, 10대 핵심 녹색기술의 성장동력화와 우수 녹색기술 창업, 녹색건축물, 교통 확대와 녹색금융 활성화, 에너지 가격 세제의 친환경적 개편, Me First 녹색생활 정착, 녹색성장 국제협력이다.

그리고 지방단위 사업 중 도시교통, 건축물, 지역공간, 일자리 창출, 녹색생활 등을 중점 분야로 선정하고, 중앙과 지방을 연계하는 방안을 마련하기로 했다. 환경은 지금 살고 있는 현세대보다 앞으로 살아가는 후세를 위해서 아끼고 보호하여야 한다.

한 번 훼손되거나 오염된 환경을 원상회복시키기는 불가능하며 엄청난 돈과 시간이 들기 때문에 사전에 오염을 철저하게 차단하여야 한다. 이를 위해서 국민을 대상으로 사회교육을 강화하고 사회적 분위기를 형성해 가도록 언론매체의 역할이 중요하다. 오염총량제의 성공을 위하여 지역마다 특성을 살린 매뉴얼을 개발하여 오염감소와 정화를 생활화해 가야 한다.

정책추진자의 헌신봉사정신과 이를 인식하고 자발적으로 참여하는 국민의 노력이 수반되지 않으며 헛구호에 그치고 만다. 철저한 관리감독과 함께 국민교육 및 홍보를 통하여 참여 실천의지를 키워 가야 함을 강조한다.(2010. 2. 7.)

정하성

충남대학교를 졸업하고 대만 R.T.I.에서 지역사회와 청소년 연구를 마친 후 대구대학교 대학원에서 지역사회학을 전공하여 행정학 박사학위를 취득하였다.

청소년지도연구원장, 한국청소년학회장, 대전지역사회개발협회장 등 30여 년을 한결같이 청소년과 지역사회에 대한 학문연구와 지도자로 활동하고 있다. 국가시험 청소년지도사 출제위원 겸 검정위원, 청소년상담사 자격검정위원으로 활동하고 있다. 『으름꽃향기를』 등 수필집 네 권이 있으며 문인협회 회원으로 활동하고 있다. 한양대학교 대학원 외래교수를 거쳐 평택대학교 학생처장, 사회교육원장, 사회복지대학원장을 역임하고 현재 청소년복지학과 교수로 재직 중이다.

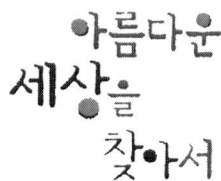

정하성 시사칼럼집 6

아름다운 세상을 찾아서

초판인쇄 | 2010년 6월 15일
초판발행 | 2010년 6월 15일

지 은 이 | 정하성
펴 낸 이 | 채종준
펴 낸 곳 | 한국학술정보㈜
주   소 | 경기도 파주시 교하읍 문발리 파주출판문화정보산업단지 513-5
전   화 | 031) 908-3181(대표)
팩   스 | 031) 908-3189
홈페이지 | http://ebook.kstudy.com
E-mail | 출판사업부 publish@kstudy.com
등   록 | 제일산-115호(2000. 6. 19)

ISBN   978-89-268-1130-6 03070 (Paper Book)
         978-89-268-1131-3 08070 (e-Book)